电子商务
名师名校新形态精品教材

电子商务 法律法规

微课版

张荣刚 ◎ 主编

王卫东 席晓娟 席凌云 ◎ 副主编

E-COMMERCE LAWS AND REGULATIONS

人民邮电出版社

北京

图书在版编目（CIP）数据

电子商务法律法规：微课版 / 张荣刚主编. -- 北京：人民邮电出版社，2021.9（2024.1重印）
电子商务名师名校新形态精品教材
ISBN 978-7-115-56914-1

Ⅰ. ①电… Ⅱ. ①张… Ⅲ. ①电子商务－法规－中国－教材 Ⅳ. ①D922.294

中国版本图书馆CIP数据核字(2021)第133633号

内 容 提 要

　　本书以电子商务运营与管理的流程为导向，采用模块化方式组织内容，对电子商务法概述、电子合同、金融服务及电子支付法律法规、物流与供应链法律法规、电子商务消费者权益保护、电子商务纠纷解决、电子商务财税法律法规以及电子商务治理和监管等内容进行了系统全面的介绍。每章还设有学习目标、本章重点、导入案例、知识拓展、关键术语、基本知识与原理、思考与练习等环节，以方便读者检查学习效果，把握学习进度。

　　本书提供了实用有效的教学解决方案，针对性强，通用性好，可以作为高等院校电子商务、市场营销、国际贸易、经济学等专业的教材，也可以作为相关行业企事业单位从业人员的参考书。

◆ 主　　编　张荣刚
　　副 主 编　王卫东　席晓娟　席凌云
　　责任编辑　孙燕燕
　　责任印制　李 东　胡 南
◆ 人民邮电出版社出版发行　　北京市丰台区成寿寺路 11 号
　　邮编　100164　电子邮件　315@ptpress.com.cn
　　网址　https://www.ptpress.com.cn
　　山东华立印务有限公司印刷
◆ 开本：787×1092　1/16
　　印张：13.5　　　　　　　　　2021 年 9 月第 1 版
　　字数：307 千字　　　　　　2024 年 1 月山东第 7 次印刷

定价：49.80 元

读者服务热线：(010)81055256　印装质量热线：(010)81055316
反盗版热线：(010)81055315
广告经营许可证：京东市监广登字 20170147 号

前 言 Preface

我们正在全面步入数字经济时代，中国特色社会主义法治体系更加完善。电子商务作为数字经济的核心代表，交易规模持续扩大，对社会消费品零售总额的贡献率快速提升；创新融合不断加速强化，行业渗透率不断增长，服务能力和应用水平快速提高，发展引领作用日益凸显，也提出了加快建设法治社会的新的具体要求。

党的二十大报告指出，法治社会是构筑法治国家的基础。我国电子商务的规模和发展持续引领全球，电子商务信息发布、电子商务支付、电子商务物流、电子商务认证、电子商务纠纷处理、电子商务监督与管理、电子商务安全……新业态层出不穷，新技术广泛应用，新需求不断涌现。前述环节的良好运行与发展，离不开对电子商务全流程的关注、监督、规范与治理，而电子商务相关法律法规是实现这些功能的定海神针。

我国正在加快发展数字经济，促进数字经济和实体经济的深度融合，打造具有国际竞争力的数字产业集群。以电子商务为先锋的数字经济快速发展，对人才的需求迅猛增长，尤其是亟需大批精电商、通规范——"精商明法"的高层次复合型人才，无论是管理层面、技术层面还是市场层面，都需要这些优秀人才去推进和实现规范化、持续化、整体化和系统化，因而对电子商务法律法规的学习和研究就成为重中之重。以《中华人民共和国电子商务法》为代表的一系列法律法规的制定和实施，对这一需要的正确应对，也必将促进我国电子商务行业稳健、持续的发展。

为了更好地帮助读者从电子商务总体运行的视角把握规则、从电子商务从业主体的视角遵循制度、从电子商务监管主体的视角审视规制，我们必须将电子商务法律法规与电子商务生态系统结合起来学习。基于这一理念，本书在电子商务相关法律法规、国际公约和行业规范的基础上，以电子商务生态链的运行和治理为指引、以电子商务运营与管理的流程为导向，采用模块化的方式组织编撰学习内容，帮助读者系统理解和深刻掌握电子商务的各类规范。

本书的教学内容与专业规范相结合，以"理实并重"为指向，既强调基础又注重实践，力求体现新知识、新应用、新发展和新趋势；书中采用大量图表呈现所讲内容，图文并茂，直观明了。同时，本书还注重理论和实践相结合，通过经典案例分析，详细介绍电子商务法律法规的基本原则和立法依据与思路，培养读者"敏思善行"，综合运用所学知识解决实际问题的能力。每章均有客观和主观练习题，有利于读者进行检测，也有利于教师提升教学效果。

本书的建议课时为 36～54 课时，建议采用理论与实践一体化的教学模式，各章的推荐课时见下表。

课时分配表

章	课程内容	课时
第 1 章	电子商务法概述	4
第 2 章	电子合同	4～6
第 3 章	金融服务及电子支付法律法规	4～8
第 4 章	物流与供应链法律法规	4～6
第 5 章	电子商务消费者权益保护	6～8
第 6 章	电子商务纠纷解决	4～8
第 7 章	电子商务财税法律法规	6～8
第 8 章	电子商务治理和监管	4～6
课时总计		36～54

本书由西北政法大学副校长、博士生导师张荣刚教授担任主编，西北政法大学王卫东、席晓娟、席凌云担任副主编，其中，第 1 章和第 2 章由席凌云编写，第 3 章和第 8 章由张荣刚编写，第 4 章和第 5 章由王卫东编写，第 6 章和第 7 章由席晓娟编写，西北政法大学的赵知非、张宇轩、李静和朱博涵也参与了编写工作。

本书在编写过程中参考了多位专家学者的资料与成果，谨致以诚挚的谢意。由于电子商务实践的飞速发展，也由于编者水平、时间和能力有限，本书难免有欠妥之处，恳请广大读者批评指正。

编　者

目 录 Contents

电子商务法概述 | 第1章

【学习目标】

1. 掌握电子商务的定义和特征
2. 了解电子商务的类型和业务流程
3. 掌握电子商务法的概念及构成
4. 了解电子商务的法律体系
5. 掌握电子商务经营者的概念
6. 掌握电子商务经营者的经营原则和义务
7. 掌握数据电文与电子签名的概念
8. 了解电子商务各主体间的法律关系

【本章重点】

1. 电子商务的定义和特征
2. 电子商务的类型
3. 电子商务法的定义
4. 电子商务经营者
5. 数据电文、电子签名和电子认证
6. 电子商务各主体间的法律关系

【导入案例】

李某某、某科技有限公司网络购物合同纠纷

2018年4月25日，李某某通过某科技公司提供的广告链接在某网站订购了两箱53度酱香型白酒，共计12瓶，价款10 200元，付款方式为货到付款。2018年4月28日，李某某收到通过某快递公司从联系人为张经理处（联系电话：159×××× 5015）寄来的白酒两箱及某贸易公司出具的增值税普通发票一张，该增值税普通发票开具日期为2018年4月26日，发票代码为111001776011，发票号码为01077586，票面开具内容为白酒两箱，税价合计10 200元。当日，李某某将货款10 200元通过支付宝转账支付给快递员王某某。一审庭审中，李某某及某贸易公司、某科技公司均认可李某提供的两箱53度白酒为假酒。

现李某某认为其收到通过某快递公司邮寄来的案涉白酒是假酒，并有某贸易公司出具的发票，故要求某贸易公司返还货款10 200元并赔偿损失102 000元及鉴定费800元。因某科技公司是网络平台广告宣传的提供者，所以李某某要求某科技公司承担连带责任。

一审庭审中，某科技公司陈述，经其查询，某网站主办人名称为张某某。现该网站已无法

访问。

关于某贸易公司出具的增值税普通发票，经税务局征收管理科2019年8月27日出具的《发票真伪鉴定结果通知》，发票上打印的18位纳税人识别号及加盖的发票专用章上的纳税人识别号均与实际情况不符。故认定上述增值税发票为未按照规定开具的发票。

知识拓展 1-1

法院的判决结果，请扫描二维码阅读。

知识拓展 1-1

1.1 电子商务概述

1.1.1 电子商务的定义、特征及发展

1. 电子商务的定义

电子商务没有统一的定义。通常认为电子商务的定义分为广义的电子商务和狭义的电子商务。

广义的电子商务源于英文 Electronic Commerce，简写为 EC。该定义包含两个方面：一是电子方式；二是商贸活动。其泛指各商务主体以电子化、网络化的方式在各行业中开展经营活动。

《中华人民共和国电子商务法》（以下简称《电子商务法》）第二条规定，所谓电子商务是指通过互联网等信息网络销售商品或者提供服务的经营活动。狭义的电子商务，是指电子商务主体依靠互联网技术，通过电子通信手段，从事商品销售或购买、提供或者接受服务的经营活动，或者与此相关联的其他民事、商事主体之间所进行的一切商务活动。

从本质上讲，电子商务仍是一种商务活动。电子商务兴起与发展的基础是互联网的普及以及电子通信技术的迅猛发展。在当今时代，数字经济已经成为一种新型的、重要的经济模式，而电子商务已经与数字经济融为一体，二者密不可分。电子商务离不开数字经济的支持，同时，数字经济的发展也将以电子商务为载体。

2. 电子商务的特征

与传统意义上的商务活动相比，电子商务活动是依托互联网技术、运用现代电子信息技术手段所从事的商务行为。现代电子信息技术的产品主要包括电话、电报、传真、电子邮件等。电子商务活动的范围主要是商品和服务。[①]

[①] 温希波，刑志良，薛梅. 电子商务法：法律法规与案例分析（微课版）[M]. 北京：人民邮电出版社，2019.

根据《电子商务法》第二条对电子商务的规定，结合电子商务的表现形式，本书认为电子商务具有以下特征。

知识拓展 1-2

关于对电子商务特征的理解，请扫描二维码阅读。

知识拓展 1-2

（1）电子商务是依靠互联网技术，通过电子通信手段所进行的商务活动。离开了互联网技术与电子通信手段，就不会有电子商务的产生及发展。

（2）电子商务是指通过互联网等信息网络进行的销售或购买商品、提供或者接受服务的活动，以及与此相关联的其他民事、商事主体之间所进行的一切商务活动。

（3）电子商务是以营利为目的的经营活动。商务行为必须具有营利目的，营利的结果未必归经营主体自身，也可以由他人享有。

（4）电子商务的主体包括自然人、法人和非法人组织。

（5）电子商务具有虚拟性与现实性相结合的特征。任何一个线上电子商务主体都会对应一个线下民事、商事主体。

（6）电子商务具有全球化、快捷性、便利性的特征。由于依托于互联网，电子商务实现了全球化，交易非常快速、便利。

3. 电子商务的发展阶段

（1）全球电子商务发展阶段。

① 起步阶段（20 世纪 70 年代至 20 世纪 90 年代）。20 世纪 70 年代末到 20 世纪 80 年代初，美国和西欧的一些主要发达国家逐渐开始采用 EDI（Electronic Data Interchange，电子数据交换）技术进行商业交易。20 世纪 90 年代，互联网技术和电子通信技术得到普及，电子商务开始出现。

② 快速发展阶段（20 世纪 90 年代中期至 20 世纪末）。1996 年 12 月 6 日，联合国第八十五次全体会议颁布了《联合国国际贸易法委员会电子商业示范法》，向世界各国的立法主体提供了一个国际标准。《联合国国际贸易法委员会电子商业示范法》的制定和颁布标志着电子商务进入了快速发展阶段。

③ 平稳发展阶段（21 世纪的前 10 年）。21 世纪初，互联网经济泡沫破裂，电子商务遭受了巨大打击。2005 年 12 月，联合国第六十届会议通过了《联合国国际合同使用电子通信公约》，电子商务开始进入正常有序的平稳发展阶段。

④ 电子商务发展新阶段（2011 年至今）。2011 年，互联网信息碎片化以及云计算技术愈发成熟，电子商务摆脱了传统的销售模式，主动互联网营销模式出现。阿里巴巴、腾讯、eBay、京东等企业

依靠电子商务技术的高速发展，从最初获得几百万元或几千万元投资迅速成长为市值高达数百亿元甚至数千亿元的巨型企业。^①

（2）我国电子商务发展阶段。

① 起步阶段（1993—2002 年）。1993 年 6 月，中华人民共和国国务院（以下简称"国务院"）启动了以发展我国电子货币为目的、以电子货币应用为重点的各类卡基应用系统工程——金卡工程。金卡工程的实施，推动了我国商业银行的电子化进程，为电子商务的发展打下了基础。从某种意义上来说，金卡工程本身就是电子商务在我国的应用试点，并取得了显著成效。其中，包括 EDI、EFT（Electronic Funds Transfer，电子资金转账）的实际应用，金卡工程的建设为实现网上支付与资金清算提供了很好的条件。2001 年 8 月，为了进一步加强对推进我国信息化建设和维护国家信息安全工作的领导，我国成立了国家信息化领导小组，具体工作由中华人民共和国工业和信息化部（以下简称"工信部"）承担。在国家信息化领导小组的直接领导下，我国 IC 卡的开发生产和应用如雨后春笋般发展起来。

② 崛起阶段（2003—2007 年）。2002 年 1 月，"银联卡"开始在北京、上海等城市发行，并逐步扩展到全国几十个城市。2002 年 3 月，中国银联股份有限公司在上海成立。2003 年，国内的电子商务行业出现了淘宝网、拍拍网、eBay 三足鼎立的局面。2007 年，国家发布了《电子商务发展"十一五"规划》。在此阶段，电子支付、物流服务、电子认证等与电子商务密切联系的服务行业也得到了快速发展。

③ 转型融合阶段（2008 年至今）。2008 年，我国电子商务市场规模达到了 744 亿元。中华人民共和国商务部（以下简称"商务部"）统计数据显示，自 2012 年到 2016 年，我国网购用户从 2.42 亿人增长至 4.67 亿人，增长近一倍，电子交易额从 8.1 万亿元增长至 26.1 万亿元，年均增长 34%。其中，网络零售交易额从 1.31 万亿元增长至 5.16 万亿元，年均增长 40%。电子商务的发展带动就业人数从 1 500 万人增长至 3 700 万人。2015 年，我国电子商务出现了融合转型、整合、合并等特点，如 58 同城和赶集网合并等。

中华人民共和国国家统计局（以下简称"国家统计局"）于 2021 年 1 月 18 日发布了《2020 年中国经济公报》。报告显示，2020 年社会消费品零售总额为 391 981 亿元，比上年下降 3.9%。2020 年，全国网上零售额为 117 601 亿元，比上年增长 10.9%。其中，实物商品网上零售额为 97 590 亿元，增长 14.8%，占社会消费品零售总额的 24.9%，比上年提高 4.2 个百分点。

4. 电子商务的发展趋势

（1）电子商务的涉及领域将更多，范围将更广，交易额将进一步提升。

（2）电子商务的发展将更加人性化。

（3）电子商务的配套设施将不断完善，法律法规将不断健全。

① 郭锋. 中华人民共和国电子商务法法律适用与案例指引[M]. 北京：人民法院出版社，2018.

1.1.2　电子商务的类型

根据电子商务的主体与交易内容，可将电子商务做如下分类。

1. 依据电子商务的交易内容分类

（1）销售商品的电子商务。

电子商务中销售的商品具有传统意义上的有形商品的特征。在电子商务的特定环境中，商品也包括无形商品，如数字音乐、信息产品等。

（2）提供服务的电子商务。

提供服务的交易所包括的内容比较多，不仅包括如商务信息服务、生活信息服务等，也包括利用专业知识为客户或消费者提供某一领域的特殊服务，如法律服务、咨询服务、承揽服务等。服务交易也可以细分为两种类型：一是交易对象本身即服务的服务交易，如法律咨询服务、在线教育服务等；二是支撑在线交易的相关活动。[①]

2. 依据电子商务的交易方式分类

（1）B2C

B2C（Business To Consumer）中文简称为"商对客"，"商对客"是电子商务的一种模式，也就是通常说的商家直接面向客户销售产品和服务的商业零售模式。

（2）B2B

B2B（Business To Business）是指商家对商家进行交易的模式。

（3）B2G 或者 G2B

B2G（Business To Government）是指商家与政府方面的电子商务；G2B（Government To Business）是指政府与商家之间的电子商务。

（4）C2C

C2C（Consumer To Consumer）是指个人对个人进行交易。

（5）O2O

O2O（Online to Offline/Offline to Online）是指"从线上到线下"或"从线下到线上"进行的交易，简单的理解就是打通线上与线下，将线上的流量转化为线下的消费，或者把线下的客户引流到线上。

3. 根据电子商务发生的地域范围分类

（1）我国境内的电子商务。

我国境内的电子商务是指在我国境内进行的电子商务活动。与电子商务主体身份无关，只以电子商务发生地为区分标准。

（2）跨境电子商务。

跨境电子商务是指分属不同关境的交易主体，通过电子商务平台达成交易、进行电子支付结算，

---

① 赵旭东. 中华人民共和国电子商务法释义与原理[M]. 北京：中国法制出版社，2018.

并通过跨境电子商务物流及异地仓储送达商品，从而完成交易的一种国际商业活动。

我国从立法上推动建立与不同国家、地区之间进行跨境电子商务的交流合作，参与电子商务国际规则的制定，促进电子签名、电子身份等的国际互认；推动建立与不同国家、地区之间的跨境电子商务争议解决机制。

知识拓展 1-3

关于跨境电子商务的法律规定，请扫描二维码阅读。

知识拓展 1-3

1.1.3　电子商务的业务流程

从现行的电子商务经营模式看，电子商务分为以下两类经营模式。一是利用平台进行交易的业务流程；二是电子商务经营者与消费者通过网络服务直接进行交易的业务流程。不同的经营模式，其业务流程也不相同。

1. 利用平台进行交易的业务流程

在这种电子商务模式中，电子商务平台相当于传统交易中的中介机构，其电子商务的业务流程如下。

（1）电子商务经营者将自己所销售的商品或者提供的服务信息通过平台进行发布。

（2）消费者通过电子商务平台网站发出的销售商品或者提供服务的信息选择商品或服务。消费者选择商品或服务的信息会通过平台反馈给平台经营者。

（3）平台经营者通过传递电子商务经营者与消费者的信息，促使双方签订电子合同。

（4）消费者通过与其关联的第三方支付者向平台网站指定的机构完成付款。

（5）平台指定的机构将收到款项的信息通知电子商务经营者，电子商务经营者再通过快递物流为消费者发货。

（6）消费者收货后，将收货信息反馈给平台，再由平台通知指定收款机构向电子商务经营者支付货款，从而完成付款收货的整个电子商务业务流程。

2. 电子商务经营者与消费者通过网络服务直接进行交易的业务流程

（1）消费者通过浏览相关网站、网页获取商品信息。

（2）消费者选中商品或者服务，通过购物对话框设置的内容填写购物信息。

（3）消费者选择电子商务经营者给出的支付方式付款，如微信转账等。

（4）电子商务经营者检查支付方的汇款额，在确认消费者成功付款后，向消费者发出商品。

1.2 | 电子商务法律法规概述

1.2.1 电子商务法

1. 电子商务法的概念

电子商务法是调整电子商务活动中各参与主体之间依靠互联网等信息网络和电子通信技术，以数据电文为交易手段所产生的各种商事交易关系，以及与这种商事交易关系密切相关的社会关系、政府管理关系的法律规范的总称。

2. 电子商务法的调整对象

狭义上讲，电子商务法的调整对象即通过互联网等信息网络销售商品或者提供服务的经营活动。其中，信息网络包括互联网、移动网络，商品交易包括有形产品和无形产品（如数字产品）的交易，服务交易是指服务产品交易，经营活动是指以营利为目的的商务活动。[①]

广义上讲，从《电子商务法》的立法框架及内容可以看出，电子商务法调整的对象不仅包括通过互联网等信息网络销售商品或者提供服务的经营活动，还包括因此而产生的物流服务、电子支付、电子商务监管、争议解决、电子商务治理等多种法律关系。

3. 电子商务法调整的例外情形

金融类的产品或服务，利用信息网络提供新闻信息、音视频节目、出版以及文化产品等内容方面的服务，不适用本法。

1.2.2 电子商务的法律体系

从《电子商务法》的结构体系可以看出，《电子商务法》规定了电子商务主体进入、退出电子商务的条件和机制，具有主体法的内容；规范了主体之间在电子商务中的法律关系及交易行为，具有行为法的内容；还规范了政府及社会对电子商务的纠纷解决及监管内容。同时，还具有促进电子商务交易、推动电子商务发展的促进法内容。

电子商务活动的广泛性、多样性导致参与主体类型众多。同时，电子商务的交易内容几乎涵盖了传统意义上的商业范畴。

为了避免与其他已有法律发生冲突，《电子商务法》仅对电子商务领域的特殊事项进行了规范。对于电子商务主体，因从事电子商务活动所涉及的民事、商事及其他领域的行为，还需要用民事、商事法律、经济法、知识产权法、刑法等法律法规予以调整。因此，调整电子商务的法律体系就包括《电子商务法》《中华人民共和国民法典》《中华人民共和国电子签名法》《中华人民共和国消费者权益保护法》《中华人民共和国产品质量法》《中华人民共和国著作权法》《中华人民共和国商标法》

[①] 郭锋. 中华人民共和国电子商务法法律适用与案例指引[M]. 北京：人民法院出版社，2018.

《中华人民共和国专利法》《中华人民共和国反不正当竞争法》《中华人民共和国反垄断法》《中华人民共和国企业所得税法》《中华人民共和国个人所得税法》《中华人民共和国网络安全法》《中华人民共和国刑法》等法律法规。为了便于理解电子商务的法律体系，我们从电子商务主体及其相互关系上了解相应的法律法规。

1. 调整电子商务主体的相关法律法规

电子商务主体包括自然人、法人和非法人组织。

电子商务主体参与电子商务活动，依法取得电子商务主体资格，享有权利，履行义务。对自然人而言，其必须具有民事行为能力与民事权利能力。对于法人、非法人组织而言，其要依法设立、登记，具有民事行为能力与民事权利能力。这些主体资格的取得，应该要依据具体情形受到《中华人民共和国民法典》《中华人民共和国公司法》《中华人民共和国合伙企业法》《个体工商户条例》等法律法规的调整。

2. 调整电子商务主体行为的相关法律法规

电子商务主体从事经营活动，应当受到商法的约束，同时也要遵守国家关于监管方面的法律法规。比如，经营者销售的商品必须要符合相关的质量标准，应受到《中华人民共和国产品质量法》《中华人民共和国消费者权益保护法》《中华人民共和国食品安全法》的约束；电子商务中的物流服务提供者、电子支付服务提供者，应受到《中华人民共和国邮政法》《中华人民共和国商业银行法》《非金融机构支付服务管理办法》等法律法规的调整；电子商务的监管与税收应受到《中华人民共和国反不正当竞争法》《中华人民共和国反垄断法》《中华人民共和国企业所得税法》《中华人民共和国个人所得税法》《中华人民共和国行政许可法》《中华人民共和国广告法》《中华人民共和国网络安全法》《中华人民共和国商标法》《中华人民共和国专利法》《中华人民共和国著作权法》《中华人民共和国刑法》等法律法规的调整。

3. 调整跨境电子商务的法律法规

跨境电子商务应受到《联合国国际贸易法委员会电子商务示范法》《联合国国际贸易法委员会电子签名示范法》《联合国国际合同使用电子通信公约》《联合国国际货物销售合同公约》等法律法规的调整。

1.2.3 《电子商务法》与其他相关部门法律之间的关系

1. 上位法优于下位法

在电子商务中，若出现《电子商务法》与其他相关部门法律均对电子商务中涉及的某一内容作出规定，而且这两个部门法不属于同一位阶的情形，应该依据"上位法优于下位法"的原则适用上位法。

2. 特别法优于一般法、新法优于旧法

在电子商务中，若出现《电子商务法》与其他相关部门法均对电子商务中涉及的某一内容作出规定，而且这两个部门法属于同一位阶的情形，应根据"特别法优于一般法""新法优于旧法"的原则适用特别法或者新法。

3. 有规定的优于无规定的

在电子商务中,若《电子商务法》没有对某一电子商务涉及的内容作出规定,而其他相关法律有规定,那么,应该适用作出规定的具体部门法的内容进行调整。

1.3 电子商务主体及电子认证

1.3.1 电子商务经营者概述

电子商务经营者,是指通过互联网等信息网络从事销售商品或者提供服务的经营活动的自然人、法人和非法人组织,包括电子商务平台经营者、平台内经营者以及通过自建网站、其他网络服务销售商品或者提供服务的电子商务经营者。

知识拓展 1-4

关于电子商务经营者概念的法律规定,请扫描二维码阅读。

知识拓展 1-4

---

1. 电子商务平台经营者的概念和特征

(1)电子商务平台经营者的概念。

电子商务平台经营者,是指在电子商务中为交易双方或者多方提供网络经营场所、交易撮合、信息发布等服务,供交易双方或者多方独立开展交易活动的法人或者非法人组织。自然人不能成为平台经营者。

(2)电子商务平台经营者的特征[①]。

① 电子商务平台经营者是电子商务平台的所有者。电子商务平台经营者对电子商务平台享有占有、使用、从中获得收益、按照自己的意愿进行处分的权利。

② 电子商务平台经营者是利用电子商务平台为电子商务活动提供服务的经营者。电子商务平台经营者工作的内容是为在平台上进行交易的双方或者多方提供平台服务。

③ 电子商务平台经营者服务的方法是提供电子商务平台,使利用电子商务平台进行交易的双方或者多方,在电子商务平台上独立开展交易活动。

④ 电子商务平台经营者的性质是法人或者非法人组织。电子商务平台经营者必须是法人或者非法人组织。自然人不能成为平台经营者。

---

① 杨立新. 电子商务法规定的电子商务交易法律关系主体及类型. [N]. 山东大学学报,2019(2).

2. 电子商务平台内经营者的概念和特征

（1）电子商务平台内经营者的概念。

电子商务平台内经营者，是指通过电子商务平台销售商品或者提供服务的电子商务经营者。自然人、法人、合伙人等均可经营网店，成为平台内经营者。

（2）电子商务平台内经营者的特征。

① 平台内经营者是利用电子商务平台进行交易活动的经营者。

② 平台内经营者在电子商务平台上的经营内容是销售商品或者提供服务。

③ 平台内经营者的主体性质是电子商务经营者，自然人、法人或者非法人组织均可成为平台内经营者。

在 C2C 平台上进行经营活动的平台内经营者，可以是自然人；在 B2C 平台上进行经营活动的平台内经营者，B 为法人或者非法人组织，C 是个人消费者。

④ 平台内经营者在电子商务平台上的交易行为须独立进行。

在电子商务平台进行交易的平台内经营者，都是独立的民事主体，要独立进行电子商务经营活动。

3. 自建网站经营者的概念和特征

（1）通过自建网站、其他网络服务等方式从事电子商务的经营者的概念。

通过自建网站、其他网络服务等方式从事电子商务的经营者，是指通过自建网站、其他网络服务等方式从事电子商务的自然人、法人和非法人组织。

（2）通过自建网站、其他网络服务等方式从事电子商务的经营者的特征。

① 经营者通过自建网站从事电子商务。

与典型的电子商务经营活动相比较，经营者自建网站进行销售商品或者提供服务的交易行为类似于电子商务平台的网站属于经营者所有，该种行为下经营者通过自建的网站与消费者进行交易活动，而不是利用他人的电子商务平台进行交易。该模式只有进行交易的双方当事人，因而属于"传统交易行为+自建网站"的方式。自建网站应当具有交易中的下单功能，即能够通过网站订立电子合同，进行交易。如果某网站仅仅是企业建立的门户网站或者官网，只介绍自己的产品而无下单功能，不能认为是经营者的自建网站。

② 经营者通过其他网络服务从事电子商务。

随着电子商务模式的发展变化，经营者依托于社交网络等也可以从事商品销售或提供服务。例如，"微商"就是经营者通过微信软件进行的电子商务活动。

该交易的结构流程是"其他网络服务+销售商品或者提供服务"。其他网络服务，就是非专业的电子商务网络服务。例如，在微信上进行的交易行为就是利用微信的"朋友圈"发布商品或者服务信息，他人接收该信息，用其他方式进行交易。如果微信服务提供者开设专门的交易窗口，为微信用户或消费者提供交易平台，撮合交易，则该提供者就不是其他网络服务经营者，而是电子商务平台经营者。

4. 电子商务经营者从事经营活动的原则和义务

（1）电子商务经营者从事经营活动的原则。

电子商务经营者从事经营活动，要受《电子商务法》《中华人民共和国民法典》（以下简称《民法典》）、《中华人民共和国消费者权益保护法》（以下简称《消费者权益保护法》）的约束。其原则如下。

① 自愿，是指电子商务经营者在电子商务中，可以依据自己的意愿从事或者不从事电子商务活动。

② 平等，是指各电子商务参与方在电子商务中的法律地位是平等的。

③ 公平，是指电子商务经营者在电子商务中应合理确定各方的权利和义务。

④ 诚信，是指电子商务经营者在电子商务中应当遵循诚信原则，秉持诚实，恪守承诺。

（2）电子商务经营者从事经营活动的义务。

① 遵守法律和商业道德。其是指经营者要在法律及道德的约束下，通过电子商务获取经营利润。不得因获取利益而违反法律法规、违反公序良俗、违反商业伦理。

② 公平参与市场竞争。其是指经营者不得利用技术上的优势垄断市场，损害其他电子商务主体的合法权益。

③ 履行消费者权益保护、环境保护、知识产权保护、网络安全与个人信息保护等方面的义务。其是指电子商务经营者在电子商务中，遵守《消费者权益保护法》《中华人民共和国环境保护法》《中华人民共和国商标法》《中华人民共和国专利法》《中华人民共和国网络安全法》等法律法规，不得因经营电子商务而违反相关法律法规。

④ 承担产品和服务质量责任。其是指电子商务经营者在电子商务中，应遵守《中华人民共和国产品质量法》《中华人民共和国消费者权益保护法》等关于产品和服务质量的法律规定。

⑤ 接受政府和社会的监督。其是指电子商务经营者在电子商务中，有义务接受政府监督部门以及工会、消费者协会等社会组织的监督，依法、规范经营。

知识拓展 1-5

关于民事主体从事民事活动应遵守原则的法律规定，请扫描二维码阅读。

知识拓展 1-5

5. 消费者

（1）电子商务消费者的含义。

在电子商务关系中，有经营者，那就有消费者。电子商务中的消费者，是指为生活、经营需要消费、使用商品或者接受服务的自然人、法人和非法人组织。

根据《消费者权益保护法》第二条规定，消费者为生活消费需要购买、使用商品或者接受服务，其权益受本法保护；本法未作规定的，受其他有关法律、法规保护。可见，消费者是为了生活需要而购买、使用或者接受服务的自然人。在电子商务中，平台内的经营者对于平台经营者来说是消费者，但其消费目的是从事经营活动，所以，电子商务中的消费者不限于自然人。《消费者权益保护法》中的消费者与电子商务中的消费者属于不同的概念范畴。

（2）电子商务消费者的范畴。

《电子商务法》中对电子商务消费者使用了三个概念。

① 电子商务当事人。当事人的概念包含电子商务经营者和电子商务消费者。

② 用户。电子商务领域中的用户相当于电子商务消费者。

③ 消费者。这里的消费者就是电子商务消费者，而不是一般的消费者。

这三个概念的主体因参与电子商务活动，成为电子商务中的消费者。

6．电子商务的监管者

为了确保电子商务的健康有序发展，及时解决电子商务中发生的各种纠纷，《电子商务法》对电子商务的监管也作出了相应规定，按照监管的主体及监管的对象可以分以下几个方面。

市场监督管理部门对电子商务经营者的监管。

① 市场监督管理部门对电子商务经营者的监管范围及内容包括：对经营者的纳税、电子商务活动的行政许可、保障人身财产安全及环境保护的合法性要求、出具发票、证照信息公示、消费者的知情权和选择权、遵守广告法、是否虚构交易欺骗消费者、押金退还、公平竞争、用户信息查询、个人信息保密、出口的监督等方面进行监管。

② 市场监督管理部门对电子商务平台经营者的监管范围及内容包括：对平台内经营者的形式审查义务、协助市场监管部门对平台内经营者的监管义务、对平台内经营者的违法经营处置报告、网络安全保障、交易信息保存、制定并公示平台服务协议和交易规则信息及链接标识、按时在首页显著位置公开征求修改交易规则意见且不得阻止平台内经营者退出、以显著方式区分自营业务和平台内经营者的业务、为消费者提供对平台内销售的商品或者提供的服务进行评价的途径且不得删除消费者的评价。

知识拓展 1-6

关于市场监督管理部门对电子商务平台经营者监管的法律规定，请扫描二维码阅读。

知识拓展 1-6

---

③ 电子商务平台经营者协助市场监管部门对平台内经营者进行监管的范围及内容包括：向市场监督管理部门报送平台内经营者的身份信息、提示未办理市场主体登记的经营者依法办理登记并为应当办理市场主体登记的经营者办理登记提供便利、向税务部门报送平台内经营者的身份信息和与

纳税有关信息、对没有取得相关行政许可或者违法交易的采取必要的处置措施并向有关主管部门报告等。

1.3.2 数据电文及电子签名

在电子商务中，电子商务主体均依托互联网，通过电子通信手段，从事商品销售或购买、提供或者接受服务的商务活动。在电子商务中，无论是对电子商务主体的身份确定，还是对其行为方式及内容的认定都是以数据电文形式来实现的。为了解决电子商务的虚拟性给交易带来的不确定性，电子签名与电子认证就成为规范电子商务法律规范的构成部分。

1. 数据电文

（1）数据电文的概念。

数据电文，是指以电子、光学、磁或者类似手段生成、发送、接收或者储存的信息。

知识拓展 1-7

关于数据电文概念的法律规定，请扫描二维码阅读。

知识拓展 1-7

（2）数据电文的特征。

不同的学者对数据电文的特征有不同的总结，本节从以下几个方面总结数据电文的特征。

① 数据电文是信息，具有数据性特征。数据电文的生成、发送、接收或者储存均为信息。

② 数据电文的虚拟性特征。一般来说，表现数据电文内容的图像、文字、音视频等都是以电子、光学、磁或者类似手段生成、发送和接收的。

③ 数据电文具有易消失及易改动的特征。数据电文是以数据形式生成、发送、接收或者储存的，在任何一个环节，都可能会因为电子设备、互联网的客观特征以及电子商务主体的主观意愿而消失、被修改，所以数据电文具有易消失、易被修改的特征。

④ 数据电文具有法律效力，可以作为证据使用。数据电文虽然是以电子、光学、磁或者类似手段生成、发送、接收或者储存的，但仍可作为证据使用，具有法律效力。

知识拓展 1-8

关于数据电文可以作为证据使用的法律规定，请扫描二维码阅读。

知识拓展 1-8

（3）数据电文的发送人。

在电子商务中，只有确定了数据电文的发送人，才能确定或者判断电子商务的行为主体，进而确定其相应的权利和义务。所以，如何判断数据电文的发送人就变得意义重大。

根据《电子签名法》的规定，符合下列情形之一的，视为数据电文是由发件人发送的。

① 经发件人授权发送的。

② 发件人的信息系统自动发送的。

③ 收件人按照发件人认可的方法对数据电文进行验证后结果相符的。

当事人对上述事项另有约定的，从其约定。

（4）数据电文的发送时间。

在电子商务中，交易行为及内容是通过数据电文的方式表示的，数据电文的发送时间，也是电子商务主体对交易行为的完成时间。

《电子签名法》规定，数据电文进入发件人控制之外的某个信息系统的时间，视为该数据电文的发送时间。

（5）数据电文的接收时间。

电子商务主体只有在接收交易相对人发出的数据电文后，才可以确切地知悉相对人的真实交易意思，从而对是否要与相对人进行交易做出判断。因此，对接收相对人关于电子商务的数据电文的时间作出规定也很有必要。具体按照以下方式推定数据电文的接收时间。

① 收件人指定特定系统接收数据电文的，数据电文进入该特定系统的时间，视为该数据电文的接收时间；未指定特定系统的，数据电文首次进入收件人的任何系统的时间，视为该数据电文的接收时间。

② 当事人对数据电文的发送时间、接收时间另有约定的，从其约定。

③ 法律、行政法规规定或者当事人约定数据电文需要确认收讫的，应当确认收讫。发件人收到收件人的收讫确认时，数据电文视为已经收到。

2．电子签名

（1）电子签名的概念。

电子签名是指在数据电文中以电子形式所含、所附用于识别签名人身份并表明签名人认可其中内容的数据。

（2）电子签名的作用。

① 通过电子签名能识别电子签名人的身份。在电子商务中，电子签名具有唯一性的特征。一个可靠的电子签名，可以识别使用该电子签名的人的身份，通过该种识别可以确认电子商务主体。

② 通过电子签名，可以推定签名人认可电子签名中使用的数据电文表达的内容。

③ 当事人约定使用电子签名的，对使用电子签名的当事人具有约束力。

④ 可靠的电子签名与手写签名或者盖章具有同等法律效力。

（3）可靠的电子签名。

电子签名的表现形式为数据电文，要使电子签名发挥其快捷、方便的作用，必须确保电子签名的可靠性。对电子签名可靠性的判断使用推定的方法，同时符合下列条件的电子签名，视为可靠的电子签名。

① 制作数据用于电子签名时，属于电子签名人专有。

② 签署时，制作数据仅由电子签名人控制。

③ 签署后，对电子签名的任何改动能够被发现。

④ 签署后，对数据电文内容和形式的任何改动能够被发现。

当事人也可以选择使用符合其约定的可靠条件的电子签名。

（4）电子签名人的保管义务及法律责任。

① 电子签名人应该妥善保管电子签名制作数据。

② 电子签名人知悉电子签名制作数据已经失密或者可能已经失密时，应当及时告知有关各方，并终止使用该电子签名制作数据；否则，给电子签名依赖方、电子认证服务提供者造成损失的，应承担赔偿责任。

③ 伪造、冒用、盗用他人的电子签名，构成犯罪的，依法追究刑事责任；给他人造成损失的，依法承担民事责任。

1.3.3　电子认证概述

1. 电子认证的概念

电子认证，是指由指定的可充分信任的第三方机构，出具电子商务参与者的身份、资格、产品、服务等符合特定标准或规范性文件的证明活动。[①]

2. 电子认证的作用

（1）证明电子商务主体的身份。通过第三方机构对使用数据电文的电子签名进行认证，能够确定电子商务交易主体的身份，可以消除电子商务当事人对交易主体身份的顾虑。

（2）证明电子商务的交易内容。通过对使用数据电文的电子签名进行认证，能够确认电子商务当事人交易的具体内容，明确电子商务当事人的权利和义务关系，便于当事人行使权利、履行义务。

（3）促进电子商务规范发展。电子认证的普遍应用，有利于建立电子商务经营者等各主体的信用机制，能够起到预防欺诈、保证交易安全的作用。

3. 电子认证服务提供者的法定义务及责任

（1）电子认证服务提供者的法定义务。

① 对电子签名认证申请人的检验和审查义务。电子认证服务提供者收到申请后，应当对申请人的身份进行查验，并对有关材料进行审查。

---

① 温希波，刑志良，薛梅. 电子商务法：法律法规与案例分析（微课版）[M]. 北京：人民邮电出版社，2019.

② 对电子签名信赖方的义务。电子认证服务提供者应当保证电子签名认证证书内容在有效期内完整、准确，并保证电子签名依赖方能够证实或者了解电子签名认证证书的所载内容及其他有关事项。

③ 妥善保存与认证相关信息的义务。信息保存期限至少为电子签名认证证书失效后五年。

（2）电子认证服务提供者的法律责任。

① 赔偿责任。电子签名人或者电子签名依赖方因依据电子认证服务提供者提供的电子签名认证服务从事民事活动而遭受的损失，电子认证服务提供者不能证明自己无过错的承担赔偿责任。

② 其他法律责任。电子认证服务提供者未经许可提供电子认证服务的，不遵守认证业务规则，或者有其他违法行为或者犯罪行为的，将遭受相应的行政处罚、承担民事责任或者刑事责任。

4. 电子签名认证证书的法律效力

（1）确认电子签名的真实性和有效性。电子认证服务提供者是依法设立的从事电子认证的第三方机构，其在认证过程中，也是依法执业。因此，经过认证的电子签名具有真实性和有效性。

（2）电子签名认证证书具有证明力。当电子商务当事人发生纠纷时，电子签名认证证书具有证明效力，可以作为证据使用。

1.3.4 电子商务主体的市场准入和退出

1. 电子商务主体市场准入、退出制度的含义

电子商务主体市场准入制度实际是指电子商务主体资格取得、审核、确认、丧失的有关法律法规。

《电子商务法》规定，电子商务经营者包括自然人、法人和非法人组织，同时规定，电子商务经营者应当依法办理市场主体登记。广义的电子商务主体既包括电子商务经营者，又包括消费者、物流快递服务提供者、电子支付服务提供者、监管部门等。在各类主体中，既有传统意义上的商事主体，又有自然人的民事主体。物流快递服务提供者、电子支付服务提供者的准入依据相应行业规范要求，而消费者作为电子商务经营者的相对方，除了需要尊重交易规则外，没有市场准入、退出的限制。监管部门因履行监管职责，不应涉及准入制度的调整范围。因此，本教材关于电子商务主体的准入和退出，只从电子商务经营者的角度考虑。

2. 电子商务主体的准入

（1）平台经营者的准入。

平台经营者为法人或非法人组织。自然人不能成为平台经营者。《电子商务法》要求的电子商务经营者应依法办理市场主体登记，并非针对电子商务平台经营活动的特别登记方式，而是等同于线下主体的登记，线下主体的登记受《中华人民共和国公司法》（以下简称《公司法》）、《中华人民共和国合伙企业法》等法律法规的调整。也就是说，已经登记成立的法人、非法人组织，在登记范围内从事电子商务平台经营，无需另行进行市场主体登记。

（2）平台内经营者的准入。

① 平台内经营者在平台上进行电子商务，应向平台经营者提交申请。

② 向平台经营者提交身份、地址、联系方式、行政许可等真实信息，由平台经营者进行核验、登记，建立登记档案，并定期核验更新。

③ 与平台经营者订立平台服务协议，遵守平台制定的交易规则。

④ 依法需要取得相关行政许可的，应当依法取得行政许可。

⑤ 接受市场监管部门及平台经营者的监管。

（3）自然人的准入。

① 不需要办理准入手续的情形。电子商务法规定，个人销售自产农副产品、家庭手工业产品，个人利用自己的技能从事依法无需取得许可的便民劳务活动和零星小额交易活动，以及依照法律、行政法规不需要进行登记的，无需登记。在自然人从事上述交易时，不设准入门槛。此类经营者的实际经营地亦应当认定为通过互联网开展经营活动的地点，即网络经营场所。

② 需要办理个体户登记的情形。自然人从事非自产农副产品、家庭手工业产品的电子商务，应依《个体工商户条例》办理登记，然后向平台营业者申请进入平台经营。

3. 电子商务主体的退出

（1）自行退出。

① 平台内经营者不接受平台经营者修改的平台服务协议和交易规则的内容，可以自行退出。

② 电子商务经营者因其他原因，可以自行退出经营。例如，线下企业自行解散等。电子商务经营者自行终止从事电子商务的，应当提前三十日在首页显著位置持续公示有关信息。

（2）强制退出。

被吊销营业执照。电子商务经营者违法经营，被吊销营业执照或许可证照，应被强制退出电子商务市场。

1.4 电子商务各主体间的法律关系

电子商务法律关系的主体，包括电子商务平台经营者、平台内经营者、消费者、快递物流服务提供者、电子支付服务提供者等，这些主体之间的相互联系、配合构成了电子商务的整个运营体系。各主体之间受《中华人民共和国电子商务法》《中华人民共和国民法典》《中华人民共和国邮政法》《中华人民共和国商业银行法》等法律法规的规范与调整，从而形成了不同的法律关系。

1.4.1 经营者与消费者

电子商务经营者包括平台经营者，平台内经营者以及通过自建网站、其他网络服务销售商品、提供服务的经营者。因此，电子商务经营者与消费者的法律关系也应从电子商务平台经营者与消费者之间的法律关系，电子商务平台内经营者与消费者之间的法律关系，通过自建网站、其他网络服务销售商品或者提供服务的电子商务经营者与消费者之间的法律关系等层面进行理解。

1. 电子商务平台经营者与平台内经营者

电子商务平台内经营者对于平台经营者而言，也是一种消费者。二者之间通过订立平台服务协议设立各自的权利和义务。同时，基于电子商务法的规定，电子商务平台经营者对平台内经营者负有监督管理职责，协助市场监管部门对平台内经营者进行管理。

（1）电子商务平台经营者依法对平台内经营者行使监管的权利，履行法定义务；依据平台服务协议的约定内容，对平台内经营者行使合同权利，履行合同义务。

（2）平台内经营者依据《电子商务法》的规定，服从平台经营者的监管；依据平台服务协议的约定和平台交易规则，行使合同权利，履行合同义务；平台内经营者通过电子商务平台服务协议，有偿或者无偿取得电子商务平台经营者所有的网络店铺的使用权，对网络店铺行使占有、使用、收益的经营权。

2. 电子商务平台经营者与消费者

电子商务平台经营者与消费者之间的法律关系不仅包括《电子商务法》所规定的权利、义务关系，还包括双方因交易规则、用户协议所建立起来的合同关系。

（1）在电子商务平台经营者只提供交易平台供平台内经营者与消费者进行交易的情形下，电子商务平台经营者最突出的作用是监督管理平台内经营者与消费者之间的交易，并提供交易的便利条件，保障消费者的合法权益。

（2）在电子商务平台经营者也开展自营业务的情形下，其与消费者直接建立交易关系，此种关系受到电子合同的约束。电子商务平台经营者对其标记为自营的业务依法承担商品销售者或者服务提供者的民事责任。

（3）电子商务平台经营者与消费者交易关系的特点如下。

第一，交易关系的性质是电子商务平台的服务合同关系，即消费者取得这个资格之后，可以在电子商务平台上进行交易活动。

第二，这种交易关系的性质是无偿的，即电子商务消费者进入电子商务平台接受平台服务，无需支付对价，电子商务平台经营者并不通过收取平台服务价金的方式营利，而是通过电子商务消费者加入电子商务平台与平台内经营者进行的交易活动增加的流量等获得利益。

第三，电子商务消费者利用电子商务平台进行交易，应当遵守电子商务平台的交易规则和用户协议，接受电子商务平台经营者对交易活动的管理。如果违反交易规则和用户协议，电子商务平台经营者有权依照交易规则和用户协议对其进行处罚。

3. 平台内经营者与消费者

（1）平台内经营者通过买卖合同、服务合同与消费者建立电子商务合同关系，双方依据电子商务合同的约定行使权利，履行义务。

（2）平台内经营者与消费者应遵守电子商务平台制定的交易规则与服务协议，并在此基础之上进行交易，接受交易规则与服务协议的约束。

（3）平台内经营者与消费者双方具体的法律关系会因销售商品、提供服务的具体内容的差异而不相同。除了以点击形式订立的电子合同外，双方可以依据《民法典》及相关法律另行约定合同的内容，确定合同的订立形式。

4. 自建网站经营者与消费者

（1）在通过自建网站、其他网络服务进行电子商务的经营者与消费者之间的法律关系中，若没有第三方平台参与，双方直接进行商品交易、提供服务，则该种情形下的电子商务当事人只有经营者与消费者。

（2）交易和服务的基础是双方订立的电子合同，双方依据合同约定的内容行使权利，履行义务。该种电子商务行为是利用非专业的电子商务网络服务从事销售商品或者提供服务。例如，利用微信的"朋友圈"发布商品或者服务信息，他人接收该信息，用其他方式进行交易。双方之间的法律关系仍然是买卖、服务合同关系。

1.4.2 经营者、消费者与快递物流服务提供者

快递物流服务是为电子商务中的交易提供服务的中间环节，将经营者与消费者以方便、快捷、专业的服务方式与服务内容链接起来。快递物流服务在电子商务的整个流程中处于重要位置。快递物流行业的快速发展，为电子商务的发展提供了服务基础。

1. 法定的权利、义务关系

电子商务经营者与快递物流服务提供者之间的法律关系要受《中华人民共和国邮政法》（以下简称《邮政法》）、《电子商务法》、《快递市场管理办法》等法律法规的调整，行使法定权利，履行法定义务。

2. 服务合同关系

（1）平台内经营者与快递物流服务提供者订立快递物流服务合同或者协议形成服务合同关系，委托快递物流服务提供者按照经营者与消费者订立的电子商务合同约定的交货时间、方式向消费者交付商品等物品。在此种关系中，商品运输中的风险和责任由平台内经营者负责。

快递物流服务提供者在提供快递物流服务的同时，可以接受电子商务经营者的委托提供代收货款服务。

（2）快递物流服务提供者与消费者之间也存在服务合同关系。消费者购买商品后，可以自行选择快递物流服务提供者，并与其订立服务合同。在此种关系中，商品运输中的风险和责任由消费者负责。

1.4.3 经营者、消费者与电子支付服务提供者

在电子商务经营者、消费者与电子支付服务提供者的法律关系中，电子支付服务提供者通常被称为第三方支付。第三方电子支付是指由第三方支付机构参与的电子支付，是目前主流的电子支付方式。第三方支付机构利用计算机和智能移动设备等通信媒介，连接商业银行等金融机构、卖家和买家，确保货币资金在三者之间安全、高效地转移。

在电子商务中，根据支付过程中有无第三方电子支付机构参与分为以下两类情形，其法律关系也各不相同。

1. 无第三方电子支付机构的情形

在无第三方电子支付机构参与的电子支付中，其参与主体包括电子商务的收款人、付款人及其各自委托的银行。该种电子支付情形中，各主体之间的关系如下。

（1）经营者与消费者之间存在的电子交易是电子支付发生的基础关系。因交易内容不同，对支付的方式、要求均不相同。

（2）收款人、付款人各自与其相关联的银行之间的法律关系为金融服务合同关系。只有基于各自的金融服务合同关系，相关的银行才会根据客户的指令，完成货币的转移，使收款人与付款人实现收款与支付的目的。

（3）收款人、付款人各自关联的银行与银行之间存在资金划拨法律关系。发起行和接收行可能是同一银行，也可能是不同银行。银行是货币划拨的执行者。

2. 有第三方电子支付机构的情形

有第三方电子支付机构参与的电子支付中，参与主体包括第三方支付机构、电子商务的收款人、付款人及其各自委托的银行。

（1）第三方电子支付机构与银行之间存在电子支付协议，协议具有委托服务的内容。双方的权利义务依据电子协议约定。我国《电子支付指引》明确要求客户申请电子支付业务，必须与银行签订电子支付协议。签订电子支付协议，可以使用户充分了解电子支付的注意事项和基本内容，确定电子支付相关主体的权利义务。

（2）第三方电子支付机构与消费者之间也存在电子支付协议，协议具有委托服务的内容，以规范双方的权利义务。

（3）收款人、付款人各自关联的银行与银行之间存在资金划拨法律关系。

1.4.4 电子商务监管及税收法律适用

1. 电子商务监管法律关系

电子商务监管法律关系，是指在电子商务活动中，负有管理职责的部门与从事电子商务的主体之间形成的监督管理与接受监督管理的关系。其包括市场监管部门与电子商务经营者的关系、信息产业部门与网络服务商的关系、中央银行与第三方支付机构的关系等。

2. 电子商务中的税收法律适用

电子商务税收是国家为了实现管理职能，凭借政治权力，依靠税收法律法规，对电子商务中所创造的国民收入，集中一部分形成财政收入的一种分配。电子商务经营者应当依法履行纳税义务。不需要办理市场主体登记的电子商务经营者在首次纳税义务发生后，应当依照税收征收管理法律、行政法规的规定申请办理税务登记，并如实申报纳税。

线上的电子商务经营者与线下的民事、商事主体不同，依据相关的法律法规，纳税的义务与标准也不相同。

（1）企业作为电子商务经营者纳税的依据。其是指若电子商务经营者对应的线下民事主体性质为企业，需依据《中华人民共和国企业所得税法》（以下简称《企业所得税法》）的规定纳税。《企业所得税法》第一条第一款规定，在中华人民共和国境内，企业和其他取得收入的组织为企业所得税的纳税人。电子商务经营者的企业也必须遵守《企业所得税法》的规定。

（2）自然人作为电子商务经营者纳税的依据。若电子商务经营者对应的线下民事主体性质为自然人，则需依据《中华人民共和国个人所得税法》（以下简称《个人所得税法》）的规定纳税。《个人所得税法》第二条第五款规定，经营所得，依照本法规定缴纳个人所得税。

（3）电子商务经营者销售商品或者提供服务应当依法出具纸质发票或者电子发票。

关键术语

电子商务　电子商务法　电子商务类型　电子商务经营者　数据电文　电子签名法
电子认证　电子商务主体间的法律关系

基本知识与原理

1. 电子商务的概念、特征和业务流程
2. 电子商务的概念及调整对象
3. 电子商务经营者及消费者的概念
4. 电子商务各环节间的法律关系

思考与练习

一、选择题

1.《电子商务法》中对电子商务消费者使用了 3 个概念，包括（　　）、用户和消费者。

　　A．电子商务当事人　B．用户　　　　　　C．消费者　　　　　　D．购买者

2．电子签名人或者电子签名依赖方因依据电子签名认证服务从事民事活动遭受损失，电子认证服务提供者在下列哪些情形下不承担赔偿责任（　　）。

    A．电子认证服务提供者证明电子签名人有过错的

    B．电子认证服务提供者证明电子签名依赖方有过错的

    C．电子认证服务提供者能够证明自己无过错的

    D．电子认证服务提供者证明其他人有过错的

3．电子商务平台经营者修改平台服务协议和交易规则，应当在其首页显著位置公开征求意见，采取合理措施确保有关各方能够及时充分表达意见。修改内容应当至少在（　　）。

    A．实施前三日予以公示   B．实施前五日予以公示

    C．实施前七日予以公示   D．实施前十日予以公示

4．电子商务平台经营者对其标记为自营的业务依法承担商品销售者或者服务提供者的（　　）。

    A．刑事责任 B．民事责任 C．行政责任 D．监管责任

5．电子支付服务提供者应当向用户免费提供对账服务以及（　　）。

    A．最近一年的交易记录   B．最近三年的交易记录

    C．最近二年的交易记录   D．最近五年的交易记录

二、填空题

1．电子商务是指通过互联网等信息网络_____或者_____的经营活动。

2．电子商务经营者从事经营活动，应当遵循____、____、____、____的原则。

3．电子签名是指数据电文中以电子形式所含、所附用于_____并表明_____的数据。

4．电子认证，是指由指定的可充分信任的第三方机构，出具电子商务参与者的____、____、____等符合特定标准或规范性文件的证明活动。

5．基于电子商务法的规定，电子商务平台经营者对平台内经营者负有____职责，协助市场监管部门对平台内经营者进行管理。

三、思考题

1．电子商务的概念和特征是什么？

2．电子商务的类型与业务流程有哪些？

3．电子商务法的概念及电子商务法律体系是什么？

4．电子商务经营者的概念是什么？

5．数据电文、电子签名的概念是什么？

6．电子商务主体有哪些？

7．电子商务各主体间的法律关系是什么？

四、案例分析

张三与某公司关于网络购物合同纠纷

2019年5月6日，张三在某公司自营的网上店铺购买"××优品"一件，订单编号为379941×××××，张三支付178元。2019年5月14日21时32分57秒某公司发货，2019年5月15日11时张三收到货物，此时商品主页信息已发生变更。同年5月21日，张三因商品实物颜色与订购物品颜色不符，申请退货。

随后，张三向法院起诉，请求如下：1. 请求判令某公司退货退款，依法进行赔偿500元；2. 判令本案诉讼费由某公司承担。

庭审中，法庭组织双方当事人对某公司网站的商品信息管理系统进行勘验，证实2019年5月14日19时15分04秒，某公司同时对相关销售页面进行过两次修改，分别为"修改主图信息"和"编辑主图视频或动图"，即对商品页面的主图进行了修改。某公司对此予以认可，但坚持认为只修改了商品主图，未修改商品详情页图片。经询，某公司不能提供张三购买商品当时的商品详情页面，仅能提供商品当前销售页面情况。在当前销售页面中，商品主图颜色与商品详情页颜色信息一致。张三提供与客服的聊天记录，内含一幅涉案商品图片。张三认为，该图片与其购买商品当时的图片相符。以上情况，有张三的商品购买页面截图、商品实物照片、订单详情页截图、支付凭证、客服聊天记录截图、当事人陈述及庭审笔录等在案佐证。

讨论题：

1. 某公司销售涉案商品是否存在欺诈行为？

2. 某公司是否应对张三承担赔偿责任？

第2章 | 电子合同

微课扫一扫

第2章

【学习目标】

1. 掌握电子合同的概念和特征
2. 掌握电子商务合同的概念和类型
3. 理解电子要约的概念和构成要件
4. 理解电子承诺的概念和构成要件
5. 掌握电子格式合同的概念及限制
6. 理解电子合同履行的概念和原则

【本章重点】

1. 电子合同和电子商务合同的概念
2. 电子要约和电子承诺的生效时间
3. 电子合同成立的时间和地点
4. 电子合同效力的类型
5. 无效的电子格式合同及条款无效的情形
6. 电子合同履行的原则
7. 电子合同标的的交付

【导入案例】

刘某某诉中国移动通信集团江苏有限公司徐州分公司电信服务合同纠纷案

2009年11月24日，原告刘某某在被告中国移动通信集团江苏有限公司徐州分公司（以下简称"移动徐州分公司"）营业厅申请办理"神州行标准卡"，手机号码为1590520××××，付费方式为预付费。原告当场预付话费50元，并参与移动徐州分公司充50元送50元的活动。在业务受理单所附"中国移动通信客户入网服务协议"中，双方对各自的权利和义务进行了约定，其中第四项特殊情况的承担中的第1条如下。在下列情况下，乙方有权暂停或限制甲方的移动通信服务，由此给甲方造成的损失，乙方不承担责任：（1）甲方银行账户被查封、冻结或余额不足等非乙方原因造成的结算时扣划不成功的；（2）甲方预付费使用完毕而未及时补交款项（包括预付费账户余额不足以扣划下一笔预付费用）的。

2010年7月5日，原告在中国移动官方网站网上营业厅通过银联卡网上充值50元。2010年11月7日，原告在使用该手机号码时发现该手机号码已被停机，原告到被告的营业厅查询，得知被告于2010年10月23日因话费有效期到期而暂停移动通信服务，此时原告账户余额为11.70元。原告认为被告单方终止服务构成合同违约，遂诉至法院。

2.1 电子合同概述

2.1.1 合同概述

1. 合同的概念和特征

（1）合同的概念。

依据我国《民法典》的规定，合同是指民事主体之间设立、变更、终止民事法律关系的协议。民事主体包括自然人、法人、非法人组织。

《民法典》中的合同内容主要调整因合同产生的民事关系。因婚姻、收养、监护等有关身份关系的协议，适用有关该身份关系的法律规定。调整劳动关系的协议，适用《中华人民共和国劳动合同法》的规定。

（2）合同的特征。

① 合同行为是民事法律行为，不是事实行为。合同必须以当事人的意思表示为核心要素，合同行为的后果是当事人所期待的后果。

② 多方民事法律行为是双方或者多方当事人意思表示一致的民事法律行为。在双方或者多方当事人的意思表示一致时，合同才可以成立。单方的民事法律行为是指仅有单方的意思表示即可成立的法律行为，如抛弃动产所有权。合同的多方民事法律行为不同于单方民事法律行为。

③ 合同是民事主体以设立、变更、终止民事法律关系为目的的民事法律行为。设立是指当事人为了在相互之间形成某种民事法律关系而所为的行为；变更则是当事人对其相互间已经形成的某种民事法律关系进行调整，改变他们之间已经形成的民事法律关系；终止则是指当事人通过合同的履行、新的协议等民事行为，消除相互间存在的民事关系。

④ 签订合同是当事人在平等互利基础上的行为。所谓平等，是指当事人在合同关系中的地位是平等的。所谓的互利，是指当事人通过合同的约定，享有权利，履行义务，相互可以获取所需要的价值或利益。平等互利是民事、商事活动的基础，只有在平等互利的基础上，当事人才有通过合同关系进行民事、商事活动的动力。劳动合同不属于民法意义上的合同。

2. 合同的分类

依照不同的标准，可以将合同分为不同种类，以下为常见的合同分类。

（1）有名合同与无名合同。

有名合同又称典型合同，是现实生活中经常出现的合同类型。《民法典》总共规定了 19 个有名合同，分别为：买卖合同，供用电、水、气、热力合同，赠与合同，借款合同，保证合同，租赁合同，融资租赁合同，保理合同，承揽合同，建设工程合同，运输合同，技术合同，保管合同，仓储合同，委托合同，物业服务合同，行纪合同，中介合同，合伙合同。

有名合同不是为了限制当事人的意思自治权利，而是为了指导、补充当事人订立该种类型的合同。

无名合同又称非典型合同，是现实生活中不经常出现的合同类型。

（2）双务合同与单务合同。

双务合同与单务合同是根据双方当事人在合同中权利、义务的承担方式的不同进行的区分。

双务合同是指在合同关系中，双方当事人相互承担对待给付义务的合同，双方当事人在享有权利的同时也负担对待义务，如买卖合同；单务合同是指在合同关系中，一方当事人承担给付义务，另一方当事人享有权利，如赠与合同。

（3）要式合同与不要式合同。

要式合同与不要式合同是根据法律对合同形式是否有要求进行的区分。

要式合同，是指法律规定合同必须要具备一定的形式和手续的合同。

不要式合同，是指法律对合同的形式和手续没有特别要求的合同。

依据法律规定，没有采取书面形式订立的合同，一方已经履行主要义务，对方接受时，该合同成立。

（4）诺成合同与实践合同。

诺成合同与实践合同是根据合同成立除了当事人意思表示一致外，是否还要以标的物的交付为必要条件所进行的分类。

诺成合同，是指不需要交付标的物，仅以当事人意思表示一致作为合同成立的条件的合同。诺成合同，又称不要物合同。

实践合同，是指除了当事人意思表示一致外，还必须要交付标的物，才能成立的合同。实践合同，又称要物合同。例如，自然人之间的借贷合同、保管合同、定金合同。

（5）有偿合同与无偿合同。

以当事人之间的权利义务是否互为对价，合同分为有偿合同和无偿合同。

有偿合同，是指当事人之间的权利义务互为对价的合同，如买卖合同。

无偿合同，是指当事人之间的权利义务不构成互为对价的合同，如赠与合同。

（6）主合同与从合同。

根据合同之间的主从关系，合同分为主合同与从合同。

主合同，是指不以其他合同的存在为前提而能独立存在的合同。

从合同，是指必须以其他合同的存在为前提，不能独立存在的合同，如借款合同为主合同，保证合同为从合同。

3. 合同的原则

合同行为为民事法律行为。依据《民法典》的规定，合同的原则主要包括以下几个方面。

（1）平等原则。

《民法典》规定，民事主体在民事活动中的法律地位一律平等。在合同中，当事人之间的法律地位是平等的。

（2）自愿原则。

《民法典》规定，民事主体从事民事活动，应当遵循自愿原则，按照自己的意思设立、变更、终止民事法律关系。自愿原则是合同最重要、最基本的原则。在合同中，自愿原则的主要内容包括以下几个方面。

① 缔结合同的自愿。

② 选择合同相对人的自愿。

③ 决定合同内容的自愿。

④ 决定合同形式的自愿。

⑤ 变更和解除合同的自愿。

⑥ 选择解决争议方式的自愿。①

（3）公平原则。

《民法典》规定，民事主体从事民事活动，应当遵循公平原则，合理确定各方的权利和义务。合同的公平原则要求当事人在订立合同、履行合同的过程中，要以公平的理念来调整当事人之间的权利和义务。

（4）诚信原则。

《民法典》规定，民事主体从事民事活动，应当遵循诚信原则，秉持诚实，恪守承诺。诚信原则要求合同当事人在行使合同权利、履行合同义务时，应诚实守信，以善意的方式履行其义务，不得滥用权利及规避法律或合同规定的义务。

（5）守法与公序良俗原则。

《民法典》规定，民事主体从事民事活动，不得违反法律，不得违背公序良俗。要求合同当事人在订立、履行合同时，应当遵守法律、行政法规，尊重社会公德，不得扰乱社会经济秩序、损害社会公共利益，不得违背公序良俗。

公序良俗是指公共秩序与善良风俗。违背公序良俗原则的民事法律行为无效。

（6）绿色原则。

《民法典》规定，民事主体从事民事活动，应当有利于节约资源，保护生态环境。

2.1.2 电子合同

1. 电子合同的概念

依据商务部公布的《电子合同在线订立流程规范》，电子合同（Electronic Contract）是指平等主体的自然人、法人或其他组织之间以数据电文为载体，并利用电子通信手段设立、变更、终止民事权利义务关系的协议。

---

① 李少伟. 合同法[M]. 北京：法律出版社，2009.

从电子合同与《民法典》中合同概念的对比可以看出，电子合同强调民事主体在订立合同时是以数据电文为载体的，并利用电子通信手段设立、变更、终止民事权利义务关系。除此之外，电子合同与传统民法意义上的合同没有区别。

2. 电子合同的特征

电子合同是合同的一种形式，电子合同的相关规定零散地分布在《民法典》《电子合同在线订立流程规范》《电子签名法》《消费者权益保护法》等法律法规之中。对于电子合同所具有的传统意义上合同的特征及法律规定，应依据《民法典》等法律法规予以调整。本章并未罗列电子合同的全部内容，只是对电子合同所突出的个别问题进行了强调，以便于更好地理解与掌握电子合同的概念、电子合同的订立、电子合同的效力、电子合同的履行等问题。

电子合同具有以下特征。

（1）电子合同应当具有《民法典》关于合同所规定的特征。

电子合同是合同的一个类型，必须具备法律规定的合同的特征。与其他合同特征相比，电子合同还具有自身的特征。

（2）电子合同是以数据电文为载体的书面合同。

电子合同是以数据电文形式为意思表示的，依据《民法典》第四百六十九条的规定，以电子数据交换、电子邮件等方式能够有形地表现所载内容，并可以随时调取查用的数据电文被视为书面形式。因而，电子合同应当属于书面合同。

（3）电子合同是利用电子通信手段订立的合同。

在订立电子合同的过程中，当事人的意思表示是通过电子通信手段，或者借助电子通信媒介进行磋商，最后达成合意，进而订立电子合同。

（4）电子合同的签署可以使用电子签名。

传统意义上，合同的签署需要当事人的签字盖章，签字盖章后即发生合同成立或者生效的后果。但在电子合同中，当事人无需见面，合同签字可以使用电子签名。合法有效的电子签名对当事人具有约束力。

3. 电子合同的类型

电子合同在理论上按照传统意义上的合同进行分类，这里不再讲述。除了传统意义上的分类外，电子合同按电子合同订立的方式可以分为：以数据电文发出生效承诺而订立的合同、以签订确认书订立的电子合同、以点击方式订立的电子格式合同。

（1）以数据电文发出生效承诺而订立的合同。

电子合同的订立中，当事人是以数据电文的形式发出要约、作出承诺订立合同的。一般而言，承诺生效，合同成立。那么，以数据电文形式作出的承诺生效时，电子合同成立。

例如，电子合同当事人通过电子邮件将作出承诺的意思表示的信件、便条、文件、图片或声音等发送给另一方，该电子邮件形式的承诺到达对方当事人时，电子合同成立。微信已经成为人们生活中使用最多、最普遍的一种传递信息的方式。当事人通过微信方式发出、接收双方具有磋商、订立电子合同的意思表示的客观情况也越来越多。

（2）以签订确认书订立的电子合同。

《民法典》第四百九十一条规定，当事人采用信件、数据电文等形式订立合同要求签订确认书的，签订确认书时合同成立。

当事人在订立电子合同的过程中，除了以数据电文形式磋商合同，双方还进一步要求签订确认书的，那么，在签订对数据电文内容的确认书时，电子合同成立。

（3）以点击方式订立的电子格式合同。

格式条款是一方当事人为了重复使用而预先拟定，并在订立合同时未与对方协商的条款。例如，在电子商务中，电子商务格式合同是指由提供商品或者服务的一方事先拟定好合同或者条款，消费者一般采用点击方式表示同意格式条款的合同。

2.1.3 电子商务合同

1. 电子商务合同的概念

《电子商务法》第三章对电子商务合同的订立与履行作出了规定，提出了电子商务合同的概念。《电子商务法》第四十七条规定："电子商务当事人订立和履行合同，适用本章和《中华人民共和国民法总则》《中华人民共和国合同法》《中华人民共和国电子签名法》等法律的规定。"

电子商务，是指电子商务当事人通过互联网等信息网络销售商品或者提供服务的经营活动。那么，电子商务合同也可以定义为，电子商务当事人以数据电文为载体，通过互联网等信息网络，设立、变更、终止关于销售商品或者提供服务的民事法律关系的协议。[①]

也有学者认为，电子商务合同是以数据电文形式订立的电子合同，是电子合同的一个重要类型。

2. 电子商务合同的类型

（1）根据电子商务合同当事人之间关系的不同，电子商务合同可以分为 B2C 合同、B2B 合同、B2G 合同、C2B 合同、C2C 合同、O2O 合同等。

① B2C 合同，商家与个人进行交易而签订的电子商务合同。

② B2B 合同，即企业之间从事电子商务活动所形成的合同。

③ B2G 合同，是指企业与政府进行电子商务活动所形成的合同。

④ C2C 合同，是指个人与个人之间因电子商务活动而订立的合同。

⑤ O2O 合同，是指因线上对线下进行交易或者线下对线上进行交易而形成的合同。

（2）根据电子商务内容的不同，电子商务合同可以分为经营者销售商品的电子商务合同、经营者提供服务的电子商务合同。

① 经营者销售商品的电子商务合同。

销售商品的电子商务合同的标的物与传统意义上合同的标的物是相同的，销售商品的电子商务

---

① 赵旭东. 中华人民共和国电子商务释义与原理[M]. 北京：中国法制出版社，2018.

合同是指在电子商务中，当事人以销售商品为内容订立的合同。在线下交易中，当事人订立的是买卖合同。

② 经营者提供服务的电子商务合同。

提供服务的电子商务合同是指电子商务经营者与消费者以提供服务为内容而订立、履行的合同，比如生活信息服务等涉及服务的合同。

3. 合同、电子合同、电子商务合同的联系与区别

（1）联系。合同是电子合同的上位概念，电子合同是电子商务合同的上位概念。电子合同强调订立合同时以数据电文为载体，是利用电子通信手段所订立的合同。《民法典》第四百六十九条规定：以电子数据交换、电子邮件等方式能够有形地表现所载内容，并可以随时调取查用的数据电文，视为书面形式。该规定不但从法律上确立了以数据电文订立的电子合同、电子商务合同的法律效力，而且将以数据电文形式订立的电子合同、电子商务合同视为书面形式的合同。《民法典》第四百九十一条第二款规定：当事人一方通过互联网等信息网络发布的商品或者服务信息符合要约条件的，对方选择该商品或者服务并提交订单成功时合同成立，但是当事人另有约定的除外。该规定是对《电子商务法》第四十九条内容的延伸，从《民法典》的角度对电子商务合同的概念、订立方式、调整范围作出了规定。

知识拓展 2-1

关于合同形式的法律规定，请扫描二维码阅读。

知识拓展 2-1

（2）区别。从调整的内容看，电子合同属于合同的一种订立形式。合同内容与电子合同内容并没有明显的区别。电子商务合同是电子商务当事人以数据电文形式，通过互联网通信手段对销售商品、提供服务所设立、变更、终止民事法律关系的协议。

2.2 电子合同的订立

2.2.1 电子合同订立的概念和特点

1. 电子合同订立的概念

电子合同的订立，是指合同当事人在电子商务中，为了交易商品、提供服务，以数据电文形式，通过互联网通信手段进行的相互意思表示，以形成合意的过程。

2. 订立电子合同的特点

（1）当事人是为了从事电子商务而订立电子合同的。

（2）当事人订立电子合同的过程，是以数据电文方式，通过互联网通信手段进行意思表示的。

（3）当事人订立电子合同是一个动态的过程，订立电子合同要经过要约和承诺两个阶段。

2.2.2 电子要约

1. 电子要约的概念和构成要件

（1）电子要约的概念。

要约是希望与他人订立合同的意思表示。在商业习惯上，要约也称为发盘、发价、报价等。发出要约的一方当事人为要约人，接收要约的一方当事人为受要约人。

电子要约，是指在电子商务中，一方当事人以数据电文方式，通过互联网通信手段向另一方发出的，订立电子合同的意思表示。

（2）合法有效的电子要约的构成要件。

① 电子要约必须是特定人的意思表示。

受要约人或者社会公众可以通过一定的客观事实，明确地知道谁是电子要约人、电子要约人想干什么。

② 电子要约必须是向特定相对人发出的意思表示。

一般来说，电子要约的相对人是特定的。也有向不特定人发出的电子要约，例如悬赏广告。

③ 电子要约的内容具体、确定，具有特定合同的必要条款。

电子要约人通过电子要约发出的信息必须是事关电子合同权利义务的信息。电子要约的用语必须是肯定的，内容应是确定的。

④ 电子要约的发出者以订立电子合同为目的，并且受该要约的约束。

电子要约发出人以订立电子合同为目的，发出的要约对其有约束力。在受要约人作出电子承诺并生效后，双方即受电子合同的约束。

2. 电子要约邀请

（1）要约邀请也称要约引诱，是希望他人向自己发出要约的意思表示。在实践中，寄送的价目表、拍卖公告、招股说明书、商品广告等为要约邀请。

电子要约邀请是指希望他人以数据电文方式，通过互联网通信手段向自己发出要约的意思表示。

（2）电子要约与电子要约邀请的区别。

① 从目的上看，电子要约的目的是希望与相对人订立电子合同的意思表示；电子要约邀请的目的是让他人向自己发出电子要约的意思表示。

② 从法律效果上看，电子要约中含有当事人愿意承受电子要约约束的意图，一旦对方承诺，电子合同即成立；电子要约邀请方可以不受电子要约邀请的约束，电子要约邀请方可以选择是否接受

对方发出的电子要约。

③ 从内容上看，电子要约内容具备足以使电子合同成立的主要条款；电子要约邀请则不具备这些主要条款。

（3）如何在电子商务中识别当事人发出的信息是否为电子要约。

① 在交易实物的电子商务中。

如果相关网页展示的商品有明码标价，又有货物的数量，有承诺在一定的时间内送达等明确约束的意思，该种信息就属于电子要约。

② 在交易信息产品的电子商务中。

由于信息产品可以被无限地复制下载，所以该类产品不存在存货数量问题。那么，在电子平台上有明码标价的信息产品的信息，为电子要约。

③ 在通过第三方平台进行交易的电子商务中。

第三方平台会通过平台服务协议等格式条款内容，对电子要约与电子要约邀请进行约定，如果该约定不属于无效的格式条款内容，应按平台服务协议等格式条款中对电子要约、电子要约邀请的规定来判断是否属于电子要约。

3. 电子要约的生效时间

电子要约是电子商务当事人一方以数据电文形式，通过互联网通信手段向另一方发出的希望与他人订立电子合同的意思表示。电子要约属于以非对话方式采用数据电文形式的意思表示，以非对话方式作出的意思表示，电子要约在到达相对人时生效。

依据《民法典》的规定，电子要约生效的时间如下。

（1）相对人指定特定系统接收数据电文的，该数据电文进入该特定系统时生效。

（2）相对人未指定特定系统的，相对人知道或者应当知道该数据电文进入其系统时生效。

（3）当事人对采用数据电文形式的意思表示的生效时间另有约定的，按照其约定。

例如，当事人可以约定数据电文形式的电子要约采用确认收讫制度，即接收人在收到数据电文后，通过一定方式通知发出人，对收到的数据电文进行确认的行为。发件人收到收件人的收讫确认时，视为数据电文已经收到。

知识拓展 2-2

关于电子要约的意思表示生效时间的法律规定，请扫描二维码阅读。

知识拓展 2-2

---

4. 电子要约的撤回及撤销

（1）电子要约的撤回。电子要约的撤回是指在电子要约人发出电子要约后，于电子要约生效前，通知撤回该电子要约。撤回电子要约的通知应当在电子要约到达受要约人之前到达或者与电子要约同时到达受要约人。当事人发出的数据电文瞬间即可到达对方当事人，数据电文到达对方当事人指定的系统的时间为生效时间，因此，电子要约人要撤回电子要约的时间非常短暂。

撤回电子要约是当事人的权利。如果因线路故障、网络病毒等致使当事人发出的电子要约不能及时到达对方，在此期间，电子要约人在客观上存在撤回电子要约的可能，有权向对方发出撤回电子要约的通知，只有在该通知在电子要约的意思表示到达相对人之前或者与该意思表示同时到达相对人时，才可发生撤回电子要约的法律效果。

（2）电子要约的撤销。电子要约的撤销是指在要约生效后，使要约法律效力消灭的行为。撤销电子要约的通知应当在受要约人发出电子承诺通知之前到达受要约人。在不同的电子商务交易模式中，电子要约能否被撤销的情形也不同，具体如下。

① 在自动交易系统进行电子商务，承诺是即刻作出的，要约人没有机会撤销要约。

② 如果当事人使用电子邮件发出电子要约、再以电子邮件作出承诺，那么，电子要约到达受要约人与受要约人发出电子承诺之间会产生时间间隔，电子要约人在受要约人发出电子承诺前，可以撤销已经作出的电子要约。

5. 不可撤销、失效的电子要约

（1）不可撤销的电子要约。

① 电子要约人以确定承诺期限或者其他形式明示电子要约不可撤销。

② 受要约人有理由认为电子要约是不可撤销的，并已经为履行合同做了合理的准备工作。

（2）失效的电子要约。出现下列情形之一的，电子要约失效。

① 电子要约被拒绝。

② 电子要约被依法撤销。

③ 承诺期限届满，受要约人未作出承诺。

④ 受要约人对电子要约的内容作出实质性变更。

2.2.3 电子承诺

1. 电子承诺的概念

电子承诺是指受要约人以数据电文形式，通过互联网通信手段，同意电子要约内容并愿意与电子要约人订立电子合同的意思表示。

2. 电子承诺的构成要件

（1）电子承诺必须由受要约人作出；受要约人以外的第三人无资格向电子要约人作出电子承诺。

（2）电子承诺必须向电子要约人作出；电子承诺人不能向电子要约人以外的其他人作出电子承诺。

（3）电子承诺的内容必须与电子要约的内容相一致；只有电子承诺的内容与电子要约的内容一

致时，双方意思表示才一致，电子合同才能成立。

（4）电子承诺必须在电子要约的有效期内作出；电子要约规定了承诺期限的，电子承诺应在承诺期限内到达电子要约人；没有规定承诺期限的，电子承诺则应在合理期限内到达电子要约人。

（5）电子承诺的意思表示，是以数据电文方式，通过互联网通信手段通知电子要约人的。

3. 电子承诺的撤回

电子承诺可以撤回，电子承诺不得撤销。因电子承诺到达电子要约人时才生效，所以撤回电子承诺的通知应当在电子承诺通知到达电子要约人之前到达或与作出电子承诺的通知同时到达电子要约人。

电子商务中，合同当事人经常以点击成交的方式作出电子承诺。电子承诺的数据电文到达当事人指定系统的时间为生效时间，电子承诺生效的时间非常短暂。要在电子承诺生效之前撤回该电子承诺的意思表示几乎无法实现。但对电子承诺撤回是合同当事人的权利，电子承诺人在因线路故障、网络病毒等致使发出的电子承诺不能及时到达电子要约人时，可以行使撤回电子承诺的权利。

4. 电子承诺的生效时间

电子承诺是数据电文形式的意思表示，该意思表示生效的时间如下所示。

（1）电子要约人指定特定系统接收数据电文的，该数据电文进入该特定系统时生效。

（2）电子要约人未指定特定系统的，相对人知道或者应当知道该数据电文进入其系统时生效。

（3）当事人对采用数据电文形式的意思表示的生效时间另有约定的，按照其约定。

当事人可以约定数据电文形式的意思表示接收采用确认收讫制度，即接收人在收到数据电文后，通过一定方式通知发出人，对收到的数据电文进行确认的行为。发出人收到接收人的收讫确认时，视为数据电文已经收到。

（4）用户选择该商品或者服务并提交订单成功时，电子承诺生效。

《电子商务法》第四十九条第一款规定，电子商务经营者发布的商品或者服务信息符合要约条件的，用户选择该商品或者服务并提交订单成功，合同成立。依据法律规定，电子承诺的生效时间为用户选择该商品或者服务并提交订单成功的时间。

2.2.4　电子合同成立的时间和地点

1. 电子合同成立的时间

（1）签订确认书时电子合同成立。

当事人采用信件、数据电文等形式订立合同的，可以在合同成立之前要求签订确认书。要求签订确认书的，签订确认书时电子合同成立。

（2）电子承诺生效时电子合同成立。

电子承诺的通知到达电子要约人时，电子承诺生效时。电子承诺生效时，电子合同成立。

（3）电子商务消费者在电子商务中选择经营者发布的商品或者服务信息，并提交订单成功时电子合同成立。

电子商务中，当事人一方通过互联网等信息网络发布的商品或者服务信息符合要约条件的，对方选择该商品或者服务并提交订单成功时合同成立。

（4）当事人可以另行约定电子合同成立的时间。

知识拓展 2-3

关于合同成立时间的法律规定，请扫描二维码阅读。

2. 电子合同成立的地点

电子承诺生效的地点为电子合同成立的地点。

（1）接收电子承诺的接收人主营业地为电子合同成立的地点。

（2）接收电子承诺的接收人没有主营业地的，其住所地为电子合同成立的地点。

（3）当事人对电子合同的成立地点另有约定的，按其约定。

2.2.5　电子合同缔约过失责任

1. 电子合同缔约过失责任的概念

电子合同缔约过失责任是指当事人在订立电子合同的过程中，因违反先合同义务，造成相对人损失，对造成的对方损失应承担的赔偿责任。

当事人在订立电子合同的过程中，应该遵守诚实信用原则，否则，将会给对方当事人造成信赖利益的损失，针对对方当事人遭受的损失，由责任人承担弥补性的责任。

2. 电子合同缔约过失责任构成要件

（1）缔约当事人违反的是先合同义务。先合同义务不是合同义务，是当事人在订立合同的过程中应承担的协助、通知、保护、保密等义务。该义务产生的基础是诚实信用原则。

（2）相对人受到了损失。因缔约一方当事人违反先合同义务，造成相对人信赖利益的损失。

（3）违反先合同义务一方当事人具有过错，其承担的是过错责任。

（4）过错和损失之间具有因果关系。

3. 电子合同缔约过失责任的情形

（1）假借订立合同，恶意进行磋商。

（2）故意隐瞒与订立合同有关的重要事实或者提供虚假情况。

（3）有其他违背诚信原则的行为。

知识拓展 2-4

关于缔约过失责任的法律规定，请扫描二维码阅读。

知识拓展 2-4

2.3 电子合同的效力

2.3.1 电子合同法律效力概述

1. 电子合同效力的概念

电子合同的效力是指电子商务合同对合同当事人的约束力及在法律上的强制力。依法成立的电子商务合同，受法律保护。

2. 电子合同的生效要件

（1）法律规定的电子合同生效要件。

根据《民法典》的规定，电子合同生效的要件包括以下三个。

① 行为人具有相应的民事行为能力。

② 意思表示真实。

③ 不违反法律、行政法规的强制性规定，不违背公序良俗。

订立电子合同行为属于民事法律行为，因此生效要件也应符合民事行为的要求。

知识拓展 2-5

关于民事法律行为能力的法律规定，请扫描二维码阅读。

知识拓展 2-5

（2）当事人约定的电子合同生效要件。

在满足法律规定生效要件的基础上，电子合同当事人还可以约定电子合同生效的条件。比如附期限的电子合同、附条件的电子合同。

3. 电子合同效力的类型

电子合同成立，并不一定会发生法律效力。成立的电子合同，从效力角度可划分为以下四类。

（1）有效的电子合同。

有效的电子合同，是指完全具备法律规定生效要件的电子合同。当事人有约定生效条件的，在满足法定生效要件的基础上，还应满足约定的生效条件才可以发生法律效力。

（2）无效的电子合同。

无效的电子合同，是指欠缺合同生效的要件，根本不能产生电子合同当事人所追求的民事法律后果的合同。无效的电子合同自始无效。

生效的"要件"是法律明文规定的。根据"要件"的不同，可以将无效电子合同分为：无民事行为能力人签订的电子合同；合同双方以虚假的意思表示签订的电子合同；违反法律、行政法规的强制性规定而签订的电子合同；违背公序良俗签订的电子合同；双方恶意串通，损害他人合法权益而签订的电子合同。

（3）可撤销的电子合同

可撤销的电子合同又称为相对无效的合同，是指因当事人在订立合同时意思表示不真实，法律允许撤销权人通过行使撤销权使已经生效的电子合同归于无效。在撤销权人行使撤销权之前，电子合同是有效的。

可撤销的电子合同的情形如下。①因重大误解订立的电子合同；②一方以欺诈、胁迫的手段，使对方在违背真实意思的情况下订立的电子合同；③在订立电子合同时显失公平。

知识拓展 2-6

关于可撤销民事法律行为的法律规定，请扫描二维码阅读。

知识拓展 2-6

（4）效力待定的电子合同

效力待定的电子合同是指合同已经成立，但因不符合生效要件的规定，合同效力处于悬而未决的不确定状态，尚待有形成权的第三人同意或者拒绝，以确定已经成立的电子合同是否生效的合同。

限制民事行为能力人订立的电子合同属于效力待定的合同；行为人没有代理权、超越代理权或者代理权终止后以被代理人名义订立的电子合同属于效力待定的合同。若被代理人不追认，效力待定的合同则对被代理人不发生法律效力；法人的法定代表人或者非法人组织的负责人超越权限订立的电子合同，除相对人知道或者应当知道其超越权限外，该代表行为有效，订立的电子合同对法人或者非法人组织发生效力。

4. 电子合同被确认无效或者被撤销的法律后果

电子合同被确认无效或被撤销后，自始不能发生法律效力。因此，在电子合同被确认无效或被撤销后，合同未履行的，不得履行；正在履行的，应当停止履行。

（1）已经履行的，对所涉及的财产依下列规则处理。

① 返还财产。无论当事人一方是否有过错，都负有返还受领财物的义务。如果在事实上或者法

律上不能返还，则应折价补偿。

② 赔偿损失。电子合同被确认无效或被撤销后，有过错的一方应赔偿对方因此遭受的损失，双方都有过错的，应当各自承担相应的民事责任。

（2）承担损害赔偿责任的构成要件有：有损害事实存在，损失包括订立合同的损失或者履行合同过程中的损失；赔偿义务人具有过错；过错行为与遭受损失之间有因果关系。

（3）赔偿损失的范围包括：缔约费用，在订立合同过程中所支出的必要合理费用；履约费用，为准备履约和实际履约所支出的费用；合理的间接损失。

（4）电子合同中解决争议方法的合同条款的效力。

电子合同不生效、被确认无效、被撤销或者终止的，不影响合同中有关解决争议方法的合同条款的效力。但是，解决争议方法的合同条款不能违反民事诉讼法关于级别管辖或者专属管辖的规定。

5. 附条件、附期限的电子合同

除了法定的"要件"外，电子合同当事人还可以约定电子合同生效的条件。

（1）附条件的电子合同。

附条件的电子合同是指当事人在订立合同时，在合同中约定一定条件，以条件的成就与否来决定电子合同法律效力发生与消灭的合同。当条件成就时，电子合同生效或者失去效力。

（2）附期限的电子合同。

附期限的电子合同是指当事人在订立合同时，在合同中约定将来确定到来的事实到来时，电子合同发生法律效力或者合同效力终止的合同。当约定的事实到来时，电子合同生效或者失去效力。

2.3.2 影响电子合同效力的情形

1. 推定原则

（1）推定原则的含义。

在电子商务中，因为使用互联网通信手段进行交易，当事人不用见面就能订立合同、履行合同，所以无法判断交易相对人是否具有民事行为能力，也无法判断相对人的意思表示是否真实。《电子商务法》第四十八条规定了对使用自动信息系统订立或者履行合同的当事人的行为能力适用推定原则。即推定使用自动信息系统订立或者履行合同的当事人具有民事行为能力，并推定其订立或者履行合同的意思表示真实。

（2）推定原则的适用。

推定原则只适用于一般情形下对订立或者履行合同的当事人具有行为能力和意思表示真实的推定。当事人有相反证据足以推翻的除外。适用推定原则时应注意以下几个方面。

① 在电子合同的订立过程中，如果双方当事人通过相互磋商，已经能够确切地判断相对人是否具有民事行为能力，则不能适用推定规则；如果已经能够判断出相对人的意思表示真实与否，就不能适用推定原则再次推定。

例如，通过实名认证等形式已经能够判断出相对人是否具备完全的民事行为能力，则适用《民法典》关于民事行为能力的规定认定相对人的民事行为能力，而不再适用推定原则。

② 在电子商务合同的订立过程中，如果双方当事人不能判断相对人是否具有民事行为能力、不能判断相对人的意思表示是否真实，而且，双方当事人是使用自动信息系统订立或者履行合同，则适用推定原则，推定相对人具有民事行为能力，且意思表示真实。

③ 适用推定原则的情形中，持有相反意见的一方应承担举证责任。

2. 匿名交易

电子商务中经常会出现当事人以虚拟身份订立电子合同进行匿名交易的情形。例如，线上交易的身份和线下真实的民事、商事主体身份不一致。匿名交易所导致的合同效力等问题比较复杂，常见的有下列情形。

（1）在消费者因考虑个人隐私的需要，虚构账号信息进行匿名简单的交易中，如果双方能够实现交易目的，在不违反法律、行政法规的强制性规定，不违背公序良俗的情形下，依据推定原则，推定双方订立的电子合同有效。

（2）在消费者借用或者冒用他人账号信息进行匿名简单的交易中，如果消费者实际履行了电子合同义务、又以获得交易成果为目的，交易相对人对交易主体身份没有特别要求，则不能仅因为无法查证消费者真实身份就认为电子合同无效。

3. 电子代理人

（1）电子代理人的含义。

电子代理人即电子商务中的智能交易系统，能够自动发送、接收和处理交易订单。这些电子交易系统，能按照预设程序进行要约、承诺，按预定标准进行简单判断，完成合同订立，并自动履行合同。从性质上看，电子代理人既不是自然人，也不是法人或者其他任何机构，而是计算机程序和自动化手段，是一种能够执行人的意思的、智能化的交易工具，能够在没有人干预的情况下完成某些行为，起到了代理人的作用，因此叫作电子代理人。

（2）电子代理人代理行为后果的承受。

电子代理人按照使用人既定的程序进行信息交流和处理，同时确保使用人介入该交易进程的及时性。因此，电子代理人与使用人在意思表示上一致。电子代理人代使用人订立的合同也是双方意思表示一致的结果，代理行为的法律后果由其程序使用人承受。

4. 电子错误

电子错误，是指在电子合同订立过程中出现的合同内容与当事人内心真实意思不一致的瑕疵。电子错误主要有客观瑕疵与主观瑕疵两种。

主观瑕疵是指发出信息一方输入错误，比如点击错误；客观瑕疵是指由于信息系统在生成、发送、接收或者储存信息时可能发生的难以预料和控制的技术故障，信息在到达前或者到达后都有可能发生错误或丢失等风险，比如电子故障。

针对可能出现的电子错误，《电子商务法》对经营者与用户做了相应的规定，如下。

（1）电子商务经营者应当清晰、全面、明确地告知用户订立合同的步骤、注意事项、下载方法等事项，并保证用户能够便利、完整地阅览和下载。

（2）电子商务经营者应当保证用户在提交订单前可以更正输入错误。

（3）用户在发出支付指令前，应当核对支付指令所包含的金额、收款人等完整信息。

（4）支付指令发生错误的，电子支付服务提供者应及时查找原因，并采取相关措施予以纠正。造成用户损失的，电子支付服务提供者应当承担赔偿责任，但能够证明支付错误非自身原因造成的除外。

2.3.3 电子格式合同

1. 电子格式合同、点击合同

（1）电子格式合同。

电子格式合同是指电子商务活动中，电子商务经营者与消费者订立的合同的内容是由电子商务的经营者或者服务者事先拟定好的，消费者无权就合同的内容进行磋商，只能做出是否接受合同条款的决定而订立的合同。电子格式合同最常见的表现形式就是点击合同。

（2）点击合同。

点击合同是指在电子商务活动中，由提供商品或服务的经营者，通过计算机程序预先设定合同条款的一部分或全部，消费者只有以点击的方式表示同意才能订立的合同，点击"同意"后发生订立合同的法律后果。点击合同是电子格式合同的一种。

2. 对电子格式合同的限制

在现实生活中，提供格式条款的一方往往在经济方面占有绝对优势，可能将预定的合同条款强加给对方，更多地考虑自己的利益，尽量减轻自己的责任，对另一方的权利考虑较少或者附加种种限制条件，甚至加重对方责任。为了保护处于相对弱势地位的消费者的合法权益，法律对提供格式条款一方作出如下限制。

（1）不得违反公平原则确定当事人之间的权利和义务。

提供格式条款的一方不能在格式条款中享有大量的权利而只承担极少的义务，或者不能确定对方承担大量的义务而只享受极少的权利。

（2）采取合理的方式履行提示及说明义务。

提供格式条款一方应采取合理的方式提示对方注意免除或者限制责任的条款。如果对方有要求，应对该条款予以说明。若一方未履行提示或者说明义务，致使对方没有注意或者理解与其有重大利害关系的条款，则对方可以主张该条款不成为合同的内容。

3. 无效的电子格式合同及条款无效的情形

为了确保消费者的合法权益，除了对提供格式条款一方作出限制外，法律还明确规定了格式合同无效及条款无效的情形，如下。

（1）无效的电子格式合同。

无民事行为能力人签订的电子格式合同；合同双方以虚假的意思表示签订的电子格式合同；违反法律、行政法规的强制性规定签订的电子格式合同；违背公序良俗签订的电子格式合同；双方恶意串通，损害他人合法权益而签订的电子格式合同。

（2）电子格式合同中免责条款无效的情形。

① 电子格式合同中免除造成对方人身损害的责任条款，免除因故意或者重大过失造成对方财产损失的责任条款。

② 提供格式条款一方不合理地免除或者减轻其责任、加重对方责任、限制对方主要权利。

③ 提供格式条款一方排除对方主要权利。

4．电子格式合同的解释规则

电子格式合同的解释规则是指在履行电子格式合同过程中，在双方对合同的条款含义发生争议时，所使用的解释规则。

《民法典》规定，对格式条款的理解发生争议时，应按照通常理解予以解释。如果有两种以上解释，则作出不利于提供格式条款一方的解释；格式条款与非格式条款不一致的，应采用非格式条款。

2.4

电子合同的履行

2.4.1 电子合同履行的概念和原则

1．电子合同履行的概念

电子合同的履行就是指电子合同当事人按照合同的约定或法律规定，全面地、正确地履行自己所承担的电子合同义务的行为。

履行既可以是积极的作为，如积极支付价款；也可以表现为消极的不作为，如不以什么价格出售相同品质的商品。合同的履行是合同关系消灭的主要原因。

2．电子合同履行的原则

电子合同的履行也应遵循合同履行的原则，具体如下。

《民法典》第五百零九条规定：当事人应当按照约定全面履行自己的义务。

当事人应当遵循诚实信用原则，根据合同的性质、目的和交易习惯履行通知、协助、保密等义务。

当事人在履行合同过程中，应当避免浪费资源、污染环境和破坏生态。

（1）全面履行原则。

全面履行原则又称为适当履行原则或正确履行原则，是指当事人应当按照合同的约定或者法律规定全面、适当地履行电子合同。

全面履行是指合同当事人按照电子合同约定的标的物品种、规格、数量、质量，由适当的主体在适当的期限、适当的地点，以适当的方式全面、正确地履行合同义务。只有债务人全面履行合同义务，债权人的合同权利才可实现。

电子商务经营者应当按照承诺或者与消费者约定的方式、时限向消费者交付商品或者服务，并承担商品运输中的风险和责任。但是，消费者另行选择快递物流服务提供者的除外。

（2）诚实信用原则。

诚实信用原则是民法的基本原则，是合同履行时必须遵守的根本性准则，也是电子合同履行的原则。

诚实信用原则要求合同当事人信守合同关系中的给付义务，诚实、善意地实施给付。除此之外，电子合同当事人仍需根据合同的性质、目的和交易习惯履行通知、协助、保密等义务。比如，电子合同的消费者在提交订单后，需要告知经营者自己的住址，协助经营者履行发货义务。

（3）电子合同当事人在履行合同的过程中，应当避免浪费资源、污染环境和破坏生态。

2.4.2 电子合同履行的规则

电子合同履行的具体规则如下。

1. 给付义务的履行

（1）履行主体适当。电子合同的履行主体是订立合同的经营者和消费者。经营者依据合同约定交付销售的商品或者提供服务，消费者依照约定支付价款，并接受购买的商品或服务。

（2）履行标的适当。电子合同履行的标的包括商品、服务。履行标的适当是指债务履行的标的应当完全符合电子合同约定的内容，具体包括：标的数量适当、标的质量适当、价格适当。

（3）履行期限适当。履行期限适当是指电子合同的当事人应按合同约定的期限履行债务和接受履行义务。任何一方不得无故逾期或者迟延。

（4）履行地点适当。履行地点适当，是指电子合同的当事人在约定的履行地点履行债务。经营者需要在约定的地点向消费者交付销售的商品或者提供的服务。

2. 附随义务的履行

在给付义务之外，基于诚实信用原则的要求，根据合同的性质、目的和交易习惯，电子合同的当事人还需履行通知、协助、保密等附随义务。一般情况下，附随义务，主要有以下几种。

（1）通知义务。通知义务是指经营者在委托物流服务提供者将货物运送到消费者提供的收货地后，应通知消费者及时收取商品。

（2）协助义务。协助义务是指当事人在履行电子合同的过程中应相互配合，配合对方履行义务，给对方履行义务提供便利。

（3）保密义务。因电子合同的订立、履行而了解对方商业秘密或者个人信息，当事人不得向任何人泄露其秘密或者个人信息。

2.4.3　电子合同标的物的交付

电子合同履行中的给付可以有多种方式，交付一定标的物是电子合同给付中极为重要的一种方式。电子合同的标的物不同，交付的方式不同，标的物交付时间也不同。

1. 通过快递物流方式交付标的物

通过快递物流方式交付标的物，收货人的签收时间为交付时间。对于以快递方式交付的商品，卖方一般承担送货或递送义务，在收货人签收前，货物处于卖方或物流公司的控制之下，收货方无法实际控制商品，因此规定以收货人签收时间为商品交付的时间。通过快递物流方式交付的时间是收货人实际占有商品的时间。

2. 标的物为提供的服务

电子合同的标的物为提供的服务，标的物交付时间为生成的电子凭证或者实物凭证中载明的时间。例如，双方当事人约定，一方在一定的时间内向另一方提供服务，另一方支付报酬，则服务产品交付的时间为电子或者实物凭证中所载明的时间。

凭证没有载明时间或者载明时间与实际提供服务时间不一致的，以实际提供服务的时间为准。

3. 标的物为在线传输的数字产品

电子合同的标的物为在线传输的数字产品，标的物的交付时间为标的物进入对方当事人指定的特定系统且能够检索识别的时间。以在线传输数字产品为标的物的，标的物是无形的信息产品，电子合同当事人通过网络传输相应的数据信息完成标的物交付。该类标的物交付时间不应以签收时间为准，而应以发送的信息产品进入消费者的特定系统且能够被消费者检索识别时间为准。数字产品如在线游戏道具、各类软件等。

4. 电子合同当事人对交付商品或者提供服务的方式、时间另有约定的，按照其约定

法律允许电子商务合同当事人对交付时间进行约定。

2.4.4　电子合同履行中的抗辩权

1. 电子合同抗辩权概述

抗辩权又称异议权，是指义务人在合同履行中对抗他人请求权的权利，能起到延缓权利人请求权的行使或使请求权归于消灭的作用。《民法典》规定了同时履行抗辩权、先履行抗辩权、不安抗辩权，这三种类型的抗辩权也同样适用于电子合同的履行。

电子合同的抗辩权，目的是避免自己履行合同义务后得不到对方履行的风险，并使对方当事人产生及时履行或者提供担保的压力，从而使自己的合同权利得到保障。

2. 同时履行抗辩权

（1）同时履行抗辩权的概念。

同时履行抗辩权是指在双务合同中，当事人互负债务，没有先后履行顺序的，应当同时履行。一方在对方履行之前有权拒绝其履行请求；一方在对方履行债务不符合约定时，有权拒绝其相应的

履行请求。

在双务合同中当事人的权利义务是对等的，如果一方不履行自己的义务却要求对方履行义务，这是不公平的。

（2）电子合同中同时履行抗辩权的适用条件。

① 当事人须因同一双务合同而互负债务。

② 当事人双方互负的债务没有先后履行顺序，且均已届清偿期。比如，电子商务中的商品买卖，若商家没有发货就请求买家支付货款，则买家可以行使同时履行抗辩权，在商家没有发货时拒绝支付货款。

③ 须对方未履行债务或未提出履行债务。当事人一方行使同时履行抗辩权，必须以对方未履行债务或者未提出履行债务为前提。未履行债务通常包括拒绝履行、迟延履行、履行不适当等。

④ 须相对方在客观上有履行的可能。如果相对人因不可归责于双方当事人的事由导致履行不能而免责，不发生同时履行抗辩权。

（3）行使同时履行抗辩权产生的法律效果。

电子合同的当事人行使同时履行抗辩权，只能发生债务延期履行的效果，相对方并不因此丧失其电子合同上的请求权。

3. 先履行抗辩权

（1）先履行抗辩权的概念。

先履行抗辩权是指在双务合同中，当事人互负债务，有先后履行顺序，应当先履行债务一方未履行的，后履行一方有权拒绝其履行请求。先履行一方履行债务不符合约定的，后履行一方有权拒绝其相应的履行请求。

（2）先履行抗辩权的适用条件。

先履行抗辩权须符合以下条件。

① 当事人因同一双务合同而互负债务。

② 须是合同双方债务的履行有先后顺序。先后顺序可以是合同约定的，也可以是法律规定的。主张先履行抗辩权的只能是负有后履行合同债务的一方当事人。

③ 须是先履行一方未履行债务或未按约定履行债务。

④ 须是先履行一方当事人应当先履行的债务客观上是可能的。如果履行已无可能，则无需行使先履行抗辩权。

（3）行使先履行抗辩权产生的法律后果。

① 行使先履行抗辩权的一方当事人在履行期届满时，拒绝履行自己的合同义务。

② 行使先履行抗辩权可以不通知对方。

③ 先履行一方的履行有重大瑕疵或者只部分履行时，后履行一方债务人行使先履行抗辩权时应通知对方。

④ 先履行义务人采取了补救措施，使合同的履行趋于正常，能满足另一方履行利益时，先履行抗辩权消灭，行使先履行抗辩权的一方应及时恢复履行，否则构成违约。

⑤ 当事人行使履行抗辩权无果时，可以根据法定条件通知对方解除合同。

4. 不安抗辩权

（1）不安抗辩权的概念。

不安抗辩权是指在双务合同中，应当先履行债务的当事人有确切证据证明相对方有丧失或可能丧失履行能力的情形时，有权要求后履行一方提供必要的担保，否则，可以中止履行自己债务的权利。

（2）电子合同中，不安抗辩权的适用条件。

① 当事人须因同一双务合同互负债务。

② 当事人各自债务的履行有先后顺序之分。不安抗辩权是先履行义务一方所享有的权利，行使该权利无需以诉讼方式进行，权利人可以以通知对方当事人的方式直接行使不安抗辩权。权利人应当及时通知对方当事人，未经通知，不得对抗对方当事人。

③ 须先履行义务的一方当事人有确切证据证明后履行义务一方当事人有丧失或可能丧失履行债务的能力，这是行使不安抗辩权的实质要件。

先履行一方可以适用不安抗辩权的四种情形：一是后履行义务一方经营状况严重恶化；二是后履行义务一方转移财产、抽逃资金，以逃避债务；三是后履行义务一方严重丧失商业信誉；四是后履行义务一方有其他丧失或者可能丧失履行债务能力的情况。

（3）行使不安抗辩权产生的法律后果。

当事人行使不安抗辩权后，会产生以下法律后果。

① 行使不安抗辩权的一方中止履行。这种中止履行不构成违约。行使不安抗辩权的一方应当及时通知对方当事人，未经通知，不得对抗对方当事人。在诉讼或者仲裁中，主张不安抗辩权的一方负有举证责任。

② 行使不安抗辩权的一方有权要求对方提供适当担保。

③ 恢复履行或者解除合同。中止履行后，对方在合理期限内恢复履行能力或者提供担保的，中止履行的一方应恢复履行。如果对方当事人在合理期间内未恢复履行能力，也未提供担保，则主张不安抗辩权的一方当事人有权解除合同。

关键术语

合同　电子合同　电子商务合同　电子要约　电子承诺　电子格式合同
电子合同的效力　电子合同的履行

基本知识与原理

1. 电子合同、电子要约及电子承诺

2. 电子合同成立的时间及地点

3. 电子合同的效力

4. 电子合同的履行及抗辩

5. 电子合同成立的时间及地点

6. 电子合同的效力

7. 电子格式合同无效的情形

8. 电子合同履行的原则

思考与练习

一、选择题

1. 根据合同成立除了当事人意思表示一致外，是否还要以标的物的交付为必要条件，可以将合同分为（　　）。

    A．双务合同与单务合同　　　　　　　B．要式合同与不要式合同

    C．诺成合同和实践合同　　　　　　　D．有偿合同和无偿合同

2. 当事人采用信件、数据电文等形式订立合同要求签订确认书的，合同成立的时间为（　　）。

    A．签订确认书时　　　　　　　　　　B．收到信件时

    C．收到确认书时　　　　　　　　　　D．双方约定合同成立的时间

3. 下列关于格式条款的说法不正确的是（　　）。

    A．提供格式条款一方免除自己责任，加重对方责任，排除对方主要权利的，该条款无效

    B．造成对方人身伤害的，提供格式条款一方免责的，该条款无效

    C．因故意或者重大过失造成对方财产损失的，提供格式条款一方免责的，该条款无效

    D．对格式条款有两种以上解释，应当作出有利于提供格式条款一方的解释

4.《电子商务法》规定，在电子商务中推定当事人具有相应的民事行为能力，以下说法正确的是（　　）。

    A．有相反证据足以推翻的情况除外

    B．在电子商务中，年龄年满8周岁就具有完全民事行为能力

    C．在电子商务中，当事人必须年满16周岁才具有完全民事行为能力

    D．有相反证据足以推翻的也不能除外

5.《电子商务法》第四十九条规定，电子商务经营者发布的商品或者服务信息符合要约条件的，

用户选择该商品或者服务并提交订单成功，合同成立。当事人另有约定的，从其约定。用户提交订单的行为是（　　　）。

　　A．要约　　　　　　　B．承诺　　　　　　　C．要约邀请　　　　　　D．新要约

二、填空题

1．合同是民事主体以_____、_____、_____民事权利义务关系为目的的民事法律行为。

2．相对人指定特定系统接收数据电文的，电子要约生效的时间为_____。

3．_____为电子合同成立的地点。

4．附条件电子合同是指当事人在订立合同时，在合同中约定一定条件，以_____来决定电子合同法律效力发生与消灭的根据。

5．《民法典》第五百零九条规定：当事人应当按照约定_____自己的义务。

三、思考题

1．电子要约、电子承诺的构成要件是什么？

2．如何判断电子要约、电子承诺的生效时间？

3．如何理解电子合同成立的时间、地点？

4．电子合同的效力分为哪几种类型？

5．如何判断无效电子格式合同及电子格式合同的无效条款？

6．电子合同的履行规则有哪些？

7．如何理解电子合同中电子标的物的交付？

四、案例分析

网络购销合同纠纷案

甲公司在天猫商城经营Gap礼品卡专卖店销售Gap礼品卡，2018年12月10日，甲公司在网店开展"Gap礼品卡9.8折优惠"促销活动，销售的礼品卡面值分别为300元、500元、600元、700元、800元、1 000元，其中，300元面值的礼品卡标注的售价为294元，500元面值的礼品卡标注的售价为490元、600元面值的礼品卡标注的售价为588元，700元面值的礼品卡标注的售价为686元、800元面值的礼品卡标注的售价为784元，1 000元面值的礼品卡标注的售价为490元。当日10点48分，乙消费者在甲公司店铺购买10张1 000元面值的礼品卡，合计支付4 900元，款项由第三方实际控制，甲公司尚未收到相关款项。乙消费者提交订单后，甲公司以系统设置错误为由未发货。同日，甲公司在其网店首页贴出公告，尊敬的顾客："Gap品牌礼品卡专卖店于12月10日上午在天猫旗舰店开展'Gap礼品卡9.8折优惠'的促销活动中，其中一款面额为1 000元的礼品卡的折后售价应为980元，但期间设置不当，导致了支付价格异常，我们第一时间停止了该电子礼品卡的销售和使用。我们正在为所有购买的顾客办理退款，望大家理解和配合。给您带来的不便，我们深表歉意。同时，我们将向购买的顾客每人赠送一定价值的电子礼品卡，以表歉意。"期间，甲公司为乙消费者提出了两种解决方案，一种方案是退款并赔偿价值100元的

礼品卡，一种是将乙消费者订购的面值为1 000元的礼品卡换成面值为500元的礼品卡并补偿价值100元的礼品卡。乙消费者不同意甲公司的上述解决方案，向法院提起诉讼。

讨论题：

1. 请根据电子要约的概念、构成要件分析甲公司2018年12月10日在涉案商品网购页面发布的"Gap礼品卡9.8折优惠"促销活动中，300元面值的礼品卡标注的售价为294元、500元面值的礼品卡标注的售价为490元、600元面值的礼品卡标注的售价为588元、700元面值的礼品卡标注的售价为686元、800元面值的礼品卡标注的售价为784元、1 000元面值的礼品卡标注的售价为490元的信息是否构成电子要约。

2. 根据电子承诺的概念、构成要件分析乙消费者当日10点48分在客户端在甲公司店铺购买10张1 000元面值的礼品卡、提交送货订单信息、完成支付4 900元的行为是否构成电子承诺。

3. 甲公司与乙消费者之间的合同是否成立？如果合同没有成立，甲公司应承担什么责任？

金融服务及电子支付法律法规 | 第3章

【学习目标】

1. 掌握电子支付结算的类型与特征
2. 掌握电子支付结算中的民事法律关系
3. 掌握第三方支付结算的机构准入
4. 掌握第三方支付结算的运行管理、风险管理以及客户权益管理
5. 掌握网络银行的分类及特点
6. 掌握网络金融的风险防控

微课扫一扫

第3章

【本章重点】

1. 电子支付结算的民事法律关系及行政法律关系
2. 第三方支付结算的风险管理具体操作规定
3. 网络金融的相关法律法规及风险防范措施

【导入案例】

手机植入"暗扣费"软件如何定性

2010年11月，任某、郑某某、汪某某等人成立深圳市信联互通科技有限公司（下称"信联公司"）。运营期间，信联公司利用电信运营商增值业务服务的监管漏洞，勾结或自行成立、控制具有移动增值服务资格的电信服务提供商租用电信服务通道，勾结软件方案商、手机制造商或内部员工在相关手机中植入暗扣费软件，在手机用户不知情的情况下自动订制增值服务，秘密扣取手机用户话费。2011年4月至2012年7月，信联公司通过暗扣费软件扣取手机用户话费共计6726.9万元。

3.1 | 电子支付结算的法律法规

3.1.1 电子支付结算概述

1. 电子支付结算的定义与内容

电子支付结算，又称电子资金转账，是指单位、个人直接或授权他人通过电子终端发出支付指令，实现货币支付与资金转移的行为。

《电子支付指引（第一号）》规定，发出支付指令的电子终端是指客户可用以发起支付指令的计

算机、电话、移动通信工具、销售点终端、自动柜员机或其他电子设备等，也就是说电子支付可以通过使用计算机、电话等方式实现支付的"无纸化"。简单来说，电子支付就是消费者、厂商和金融机构之间使用安全电子手段，通过网络传递支付信息进行货币支付或资金流转的行为。

> 知识拓展 3-1
>
> 关于《电子支付指引（第一号）》总则部分的相关内容和知识，请扫描二维码阅读。

知识拓展 3-1

2. 电子支付结算的类型与特征

（1）电子支付结算的类型。

《电子支付指引（第一号）》规定，电子支付结算根据发起电子支付指令终端的不同，可以分为网上支付、电话支付、移动支付、销售点终端交易、自动柜员机交易和其他电子支付。

第一，网上支付是以互联网为基础，利用银行支持的数字金融工具，发生在购买者和销售者之间的金融交换，从而实现从购买者到金融机构、商家之间的在线货币支付、现金流转、资金清算、查询统计等过程，由此为电子商务服务和其他服务提供金融支持。

第二，电话支付是电子支付的一种线下实现形式，电话支付是指消费者使用电话或其他类似电话的终端设备，通过银行系统从个人银行账户里直接完成付款的方式。

第三，移动支付是使用移动设备通过无线方式完成支付的一种新型支付方式。移动支付所使用的移动终端可以是手机、电子计算机等。最常见的是通过短信确认来完成的支付，款项直接从手机相关的账户中扣除等。

第四，销售点终端交易是使用信用卡等各种联名卡在电子商务设备刷卡付款，款项在相关银行卡账户中扣除的电子支付结算方式。

第五，自动柜员机交易是指持卡人可以到银行设的自动柜员机使用信用卡或储蓄卡，输入密码，根据相应提示办理转账支付等电子支付结算业务。

（2）电子支付结算的特征。

与传统支付方式相比，电子支付具有以下特征。

第一，电子支付具有数字化的特点，它是采用先进的技术通过数字流转来完成信息传输的，其各种支付方式都是通过数字化的方式进行的。

第二，电子支付的工作环境基于一个开放的系统平台（互联网）。

第三，电子支付使用的是最先进的通信手段，如互联网；电子支付对软、硬件设施的要求很高，一般要求有联网的电子计算机、相关的软件及其他一些配套设施。

第四，电子支付具有方便、快捷、高效、经济的优势。用户只要拥有一台可以上网的电子计算机，便可足不出户，在很短的时间内完成整个支付过程。支付的费用仅相当于传统支付的几十分之一，甚至几百分之一。

3.1.2 电子支付结算的法律关系介绍

1. 电子支付对电子商务的价值和规制需要

（1）电子支付对电子商务的价值。

电子支付对电子商务的价值主要体现在引导银行介入我国电子商务交易资金的支付清算、促进联合发展和打造信任环境等方面。

第一，引导银行介入我国电子商务交易资金的支付清算。我国目前主要有三种清算模式：第一，经营电子商务的企业自行办理交易资金支付结算业务；第二，经营电子商务的企业通过第三方交易资金支付清算公司办理交易资金支付结算业务；第三，由银行充当第三方交易资金支付清算公司这一角色，为企业提供交易资金支付结算服务。第三种清算模式是最近几年才兴起的，是直接将银行引入电子商务的清算模式。电子商务的发展要求信息流、资金流和物流三流畅通，以保证交易速度。在电子商务交易中，如果依赖传统的支付方式，如现金、支票等，则很可能不能完成在线的实时支付。

第二，促进联合发展。我国电子商务网上支付业务最大的障碍已经不再是技术限制，而是如何形成一个良性的商业循环体系。在线支付正是电子商务良性循环体系的核心所在，在线支付将电子商务的商家、消费者、银行、第三方支付平台，以及网络运营商等多个涉及电子商务的对象联系到了一起，只有各个对象联合发展、和谐发展，才能最终实现电子商务的同创共赢。

第三，打造信任环境。支付安全问题一直都是电子商务发展的重要阻碍。随着电子商务的快速发展，在线支付得到了空前发展，为电子商务交易信任环境建立了强有力的保障。另外，随着第三方支付平台的迅速兴起，在线支付交易成了电子商务交易安全便捷的通道，在线支付业务的发展，不仅促进了电子商务信任环境的建设，还促进了整个网络信任环境的建设。在线支付为电子商务迅猛发展的态势增加了新的动力。

（2）电子支付对电子商务的规制需要。

电子支付对电子商务的规制需要主要集中在电子支付信息的规制和电子支付安全保障的规制这两方面。

第一，电子支付信息的规制。《电子商务法》第五十三条规定，电子商务当事人可以约定采用电子支付方式支付价款。电子支付服务提供者为电子商务提供电子支付服务，应当遵守国家规定，告知用户电子支付服务的功能、使用方法、注意事项、相关风险和收费标准等，不得附加不合理的交易条件。电子支付服务提供者应当确保电子支付指令的完整性、一致性、可跟踪稽核和不可篡改。电子支付服务提供者应当向用户免费提供对账服务以及最近三年的交易记录。

第二，电子支付安全保障的规制。《电子商务法》第五十四条规定，电子支付服务提供者提供电子支付服务不符合国家有关支付安全管理要求，造成用户损失的，应当承担赔偿责任。第五十五条规定，用户在发出支付指令前，应当核对支付指令所包含的金额、收款人等完整信息。支付指令发生错误的，电子支付服务提供者应当及时查找原因，并采取相关措施予以纠正。造成用户损失的，电子支付服务提供者应当承担赔偿责任，但能够证明支付错误非自身原因造成的除外。第五十七条规定，用户应当妥善保管交易密码、电子签名数据等安全工具。用户发现安全工具遗失、被盗用或者未经授权的支付的，应当及时通知电子支付服务提供者。未经授权的支付造成的损失，由电子支付服务提供者承担；电子支付服务提供者能够证明未经授权的支付是因用户的过错造成的，则不承担责任。电子支付服务提供者发现支付指令未经授权，或者收到用户支付指令未经授权的通知时，应当立即采取措施防止损失扩大。电子支付服务提供者未及时采取措施导致损失扩大的，对损失扩大部分承担责任。

2. 电子支付结算的关系解读

电子支付结算中的法律关系根据其性质主要可以分为三大类：民事法律关系、行政法律关系和刑事法律关系。

（1）电子支付结算中的民事法律关系。

电子支付使用了技术手段和技术系统，导致电子支付的当事人不同于传统支付的当事人。电子支付的当事人可以分为五方主体：付款人、收款人、银行及网上支付平台、认证机构、网络服务提供商。

> **知识拓展 3-2**
> 关于电子支付结算民事法律关系当事人的内容，请扫描二维码阅读。
>
> 知识拓展 3-2

第一，银行与付款人的法律关系。电子支付中，银行和发出支付指令的付款人之间的关系是一种委托合同关系，在这个以银行和委托支付付款人为主体的委托关系中，银行在技术和操作环节上处于优势地位，相对来说，付款人处于一个弱势地位。银行在电子支付中的基本义务是按照付款人的指示，准确、及时地完成电子支付的指令。

第二，银行之间的法律关系。电子支付银行之间的权利义务受到一系列相互关联的合同的约束。当支付指令发出时，发出银行应按照客户要求按时、足量地将资金划转到接收银行，构成了付款人对接收行的一个要约，当接收银行收到这个要求并确认后，就视同该接收行做出了对该要约的承诺，于是信息发出行和信息接收行之间就发生了合同关系。

第三，银行与网络服务提供商之间的法律关系。开展电子支付业务的银行与网络服务提供商之间的关系是合同关系。网络传输服务提供商的义务主要有：按正确的模式、依据银行之间的协议传递信息；采取各种安全措施防止信息传递的失误以及信息的丢失；确保传递信息的准确性，使其准确地被接收人收到；保证信息的机密性和安全性。

第四，收款人之间的法律关系。资金的转移是因为客户之间存在债权债务关系。一般是合同中的买方向银行发出支付指令，银行向卖方划转资金，但是，如果资金并未到达卖方账户，买方的付款义务并不因其发出支付指令而完成，而应在资金到达并被卖方确认时方可认定买方支付义务的解除。

（2）电子支付结算中的行政法律关系。

电子支付结算中的行政法律关系主要是因银行业监管机构对电子银行业务和主体进行监管所形成的。行政法律关系主要可以分为行政许可法律关系和行政处罚法律关系。在我国目前的法律框架下，行政许可法律关系主要针对银行业金融机构，依据《网上银行业务管理暂行办法》和《电子银行业务管理办法》，申请开办网上银行业务和电子银行业务会形成相应的行政许可法律关系。行政处罚法律关系则是由于银行业金融机构在办理网上银行业务和电子银行业务时违反相应的法律法规，被行政处罚时形成的法律关系。

（3）电子支付结算中的刑事法律关系。

刑事法律关系是指相关行为人由于在电子支付中或利用电子支付实施了破坏金融秩序、进行金融诈骗、盗窃财产、破坏计算机信息系统或实施网上赌博行为而形成的相应的法律关系。具体可见《中华人民共和国刑法》第一百七十条至第一百九十二条的关于破坏金融管理秩序罪、金融诈骗罪的有关规定，及第二百六十四条关于盗窃罪，第二百六十六条关于诈骗罪，第二百八十六条关于破坏计算机信息系统罪、网络服务渎职罪，第三百零三条关于赌博罪、开设赌场罪的有关规定。

3.1.3 电子支付结算的相关法律法规

1. 电子支付结算的流程

（1）电子支付结算的申请。

① 对办理电子支付业务的银行的要求。按照相关法律法规和《电子支付指引（第一号）》的规定，办理电子支付结算的银行，应当符合以下相关要求和规定。

第一，符合要求，公开信息。银行开展电子支付业务应当遵守国家有关法律、行政法规的规定，不得损害客户和社会公共利益。银行与其他机构合作开展电子支付业务的，其合作机构的资质要求应符合有关法规制度的规定，银行要根据公平交易的原则，签订书面协议并建立相应的监督机制。

《电子支付指引（第一号）》第八条规定，办理电子支付业务的银行应公开披露以下信息：一是银行名称、营业地址及联系方式；二是客户办理电子支付业务的条件；三是所提供的电子支付业务品种、操作程序和收费标准等；四是电子支付交易品种可能存在的全部风险，包括该品种的操作风险、未采取的安全措施、无法采取安全措施的安全漏洞等；五是客户使用电子支付交易品种可能产生的风险；六是提醒客户妥善保管、使用或授权他人使用电子支付交易存取工具（如卡、密码、密钥、电子签名制作数据等）的警示性信息；七是争议及差错处理方式。

第二，签订合同。银行应根据审慎性原则，确定办理电子支付业务客户的条件。银行应认真审核客户申请办理电子支付业务的基本资料，并以书面或电子方式与客户签订协议。银行应按会计档案的管理要求妥善保存客户的申请资料，保存期限为该客户撤销电子支付业务后5年。

第三，业务办理。银行为客户办理电子支付业务，应根据客户的性质、电子支付的类型、支付金额等，与客户约定适当的认证方式，如密码、密钥、数字证书、电子签名等。认证方式的约定和使用应遵循《电子签名法》等法律法规的规定。银行要求客户提供有关资料信息时，应告知客户所提供信息的使用目的和范围、安全保护措施以及客户未提供或未真实提供相关资料信息的后果。

② 办理电子支付结算的要求。

第一，开立银行结算账户。客户办理电子支付业务应在银行开立银行结算账户，账户的开立和使用应符合《人民币银行结算账户管理办法》《境内外汇账户管理规定》等规定。客户可以在其已开立的银行结算账户中指定办理电子支付业务的账户。该账户也可用于办理其他支付结算业务。客户未指定的银行结算账户不得办理电子支付业务。

第二，签订合同的内容。《电子支付指引（第一号）》第十三条规定，客户与银行签订的电子支付协议应包括以下内容：一是，客户指定办理电子支付业务的账户名称和账号；二是，客户应保证办理电子支付业务账户的支付能力；三是，双方约定的电子支付类型、交易规则、认证方式等；四是，银行对客户提供的申请资料和其他信息的保密义务；五是，银行根据客户要求提供交易记录的时间和方式；六是，争议、差错处理和损害赔偿责任。

第三，发生特殊情形的申请。《电子支付指引（第一号）》第十四条规定，有以下情形之一的，客户应及时向银行提出电子或书面申请：一是，终止电子支付协议的；二是，客户基本资料发生变更的；三是，约定的认证方式需要变更的；四是，有关电子支付业务资料、存取工具被盗或遗失的；五是，客户与银行约定的其他情形。

（2）电子支付指令的发起和接收。

① 电子支付指令的发起。根据《电子支付指引（第一号）》第十七条至第十九条的规定，电子支付指令的发起行应建立必要的安全程序，对客户身份和电子支付指令进行确认，并形成日志文件等记录，保存至交易后第5年。发起行应采取有效措施，在客户发出电子支付指令前，提示客户对指令的准确性和完整性进行确认。发起行应确保正确执行客户的电子支付指令，对电子支付指令进行确认后，应能够向客户提供纸质或电子交易回单。发起行执行通过安全程序的电子支付指令后，客户不得要求变更或撤销电子支付指令。

② 电子支付指令的接收。《电子支付指引（第一号）》第二十二条规定，电子支付指令需转换为纸质支付凭证的，其纸质支付凭证必须记载以下事项（具体格式由银行确定）：第一，付款人开户行

名称和签章；第二，付款人名称、账号；第三，接收行名称；第四，收款人名称、账号；第五，大写金额和小写金额；第六，发起日期和交易序列号。

③ 电子支付指令的发起和接收要求。《电子支付指引（第一号）》第二十条规定，发起行、接收行应确保电子支付指令传递的可跟踪稽核和不可篡改。第二十一条规定，发起行、接收行之间应按照协议规定及时发送、接收和执行电子支付指令，并回复确认。

（3）电子支付结算的安全控制。

① 电子支付结算系统的安全。银行开展电子支付业务采用的信息安全标准、技术标准、业务标准等应当符合有关规定。银行应针对与电子支付业务活动相关的风险，建立有效的管理制度。

② 电子支付结算的金额控制。银行应根据审慎性原则并针对不同客户，在电子支付类型、单笔支付金额和每日累计支付金额等方面做出合理限制。银行通过互联网为个人客户办理电子支付业务，除采用数字证书、电子签名等安全认证方式外，单笔金额不应超过 1 000 元人民币，每日累计金额不应超过 5 000 元人民币。银行为客户办理电子支付业务，单位客户从其银行结算账户支付给个人银行结算账户的款项，其单笔金额不得超过 50 000 元人民币，但银行与客户通过协议约定，能够事先提供有效付款依据的除外。银行应在客户的信用卡授信额度内，设定用于网上支付交易的额度以供客户选择，但该额度不得超过信用卡的预借现金额度。

③ 电子支付结算的客户信息安全。银行应确保电子支付业务处理系统的安全性，保证重要交易数据的不可抵赖性、数据存储的完整性、客户身份的真实性，并妥善管理在电子支付业务处理系统中使用的密码、密钥等认证数据。银行使用客户资料、交易记录等，不得超出法律法规许可和客户授权的范围。银行应依法对客户的资料信息、交易记录等保密。除国家法律、行政法规另有规定外，银行应当拒绝除客户本人以外的任何单位或个人的查询。

银行应妥善保管电子支付业务的交易记录，对电子支付业务的差错应详细备案登记。记录内容应包括差错时间、差错内容与处理部门及人员姓名、客户资料、差错影响或损失、差错原因、处理结果等。银行保管、使用不当，导致客户资料信息泄露或被篡改的，银行应采取有效措施防止此造成的客户损失，并及时通知和协助客户补救。

④ 电子支付交易数据的完整性、可靠性和保密。

一是电子支付交易数据的完整性和可靠性。《电子支付指引（第一号）》第二十九条规定，银行应采取必要措施保护电子支付交易数据的完整性和可靠性：第一，制定相应的风险控制策略，防止电子支付业务处理系统发生有意或无意的危害数据完整性和可靠性的变化，并具备有效的业务容量、业务连续性计划和应急计划；第二，保证电子支付交易与数据记录程序的设计发生擅自变更时能被有效侦测；第三，有效防止电子支付交易数据在传送、处理、存储、使用和修改过程中被篡改，任何对电子支付交易数据的篡改能通过交易处理、监测和数据记录功能被侦测；第四，按照会计档案管理的要求，对电子支付交易数据，以纸介质或磁性介质的方式进行妥善保存，保存期限为 5 年，并方便调阅。

《电子商务法》第五十四条规定，电子支付服务提供者提供电子支付服务不符合国家有关支付安全管理要求，造成用户损失的，应当承担赔偿责任。

二是电子支付交易数据保密。《电子支付指引（第一号）》第三十条规定，银行应采取必要措施为电子支付交易数据保密：第一，对电子支付交易数据的访问须经合理授权和确认；第二，电子支付交易数据须以安全方式保存，并防止其在公共、私人或内部网络上传输时被擅自查看或非法截取；第三，第三方获取电子支付交易数据必须符合有关法律法规的规定以及银行关于数据使用和保护的标准与控制制度；第四，对电子支付交易数据的访问均须登记，并确保该登记不被篡改。

（4）电子支付结算的差错处理。

《电子商务法》第五十五条规定，用户在发出支付指令前，应当核对支付指令所包含的金额、收款人等完整信息。支付指令发生错误的，电子支付服务提供者应当及时查找原因，并采取相关措施予以纠正。造成用户损失的，电子支付服务提供者应当承担赔偿责任，但能够证明支付错误非自身原因造成的除外。

2. 互联网金融的规范与发展

互联网金融是传统金融机构与互联网企业利用互联网技术和信息通信技术实现资金融通、支付、投资和信息中介服务的新型金融业务模式。互联网金融的主要业态包括互联网支付、网络借贷、股权众筹融资、互联网基金销售、互联网保险、互联网信托和互联网消费金融等。互联网金融的发展对促进金融包容具有重要意义，为大众创业、万众创新打开了大门，在满足小微企业、中低收入阶层投融资需求，提升金融服务质量和效率，引导民间金融走向规范化，以及扩大金融业对内对外开放等方面可以发挥独特的功能和作用。

随着互联网金融的快速发展，其影响范围越来越广泛，逐渐成为主要的金融模式，其促进了金融创新，提高了金融资源配置效率，但也存在一些问题和风险隐患。从金融业健康发展的全局看，为进一步推进金融改革创新和对外开放，促进互联网金融健康发展，根据《关于促进互联网金融健康发展的指导意见》，提出以下三个建议。

（1）促进创新，保证互联网金融稳步发展。

互联网与金融深度融合是大势所趋，将对金融产品、业务、组织和服务等方面产生更加深刻的影响。互联网金融对促进小微企业发展和扩大就业发挥了现有金融机构难以替代的积极作用，能促进互联网金融健康发展，有利于提升金融服务质量和效率，深化金融改革，促进金融创新发展，扩大金融业对内对外开放，构建多层次的金融体系。

（2）协同指导，履行互联网金融监管责任。

互联网金融本质仍是金融，仍具有金融风险隐蔽性、传染性、广泛性和突发性的特点。加强互联网金融监管，是促进互联网金融健康发展的内在要求。同时，互联网金融是新生事物和新兴业态，要制定适度宽松的监管政策，为互联网金融创新留有空间。通过鼓励创新和加强监管、相互支撑，促进互联网金融健康发展，更好地服务实体经济。互联网金融监管应遵循"依法监管、适度监管、分类监管、协同监管、创新监管"的原则，科学合理界定各业态的业务边界及准入条件，落实监管责任，明确风险底线，保护合法经营，坚决打击违法和违规行为。

（3）健全制度，规范互联网金融市场秩序。

发展互联网金融要以市场为导向，遵循服务实体经济、服从宏观调控和维护金融稳定的总体目标，切实保障消费者合法权益，维护公平竞争的市场秩序。要细化管理制度，为互联网金融健康发展营造良好的环境。

3.2 第三方支付结算的法律法规

3.2.1 第三方支付结算的机构

第三方支付结算是指具备一定实力和信誉保障的独立机构，通过银联或网联对接而促成交易的网络支付结算模式。在第三方支付结算模式下，买方选购商品后，使用第三方支付结算平台提供的账户进行货款支付（支付给第三方支付结算机构），机构通知卖家货款到账、要求发货；买方收到货物，检验货物，并且进行确认后，再通知机构付款；机构将款项转至卖方账户。

《非银行支付机构网络支付业务管理办法》第二、三、四款规定，网络支付业务，是指收款人或付款人通过计算机、移动终端等电子设备，依托公共网络信息系统远程发起支付指令，且付款人电子设备不与收款人特定专属设备交互，由支付机构为收付款人提供货币资金转移服务的活动。本办法所称收款人特定专属设备，是指专门用于交易收款，在交易过程中与支付机构业务系统交互并参与生成、传输、处理支付指令的电子设备。

2010 年，中国人民银行发布的《非金融机构支付服务管理办法》中提到，非金融机构支付服务，是指非金融机构在收付款人之间作为中介机构提供网络支付、预付卡的发行与受理、银行卡收单等部分或全部货币资金转移服务。当时的第三方支付结算是通过与网联对接而促成交易的网络支付模式，其机构一般实力较强且信誉高。

1. 广义的第三方支付结算

广义的第三方支付结算，又称非金融机构支付结算，是指非金融机构在收付款人之间作为中介机构提供资金的支付、结算和转移的一种支付结算方式。

广义的第三方支付结算包括网络支付、预付卡的发行与受理、银行卡收单和中国人民银行确定的其他支付服务的部分或全部货币资金转移服务的业务。其中，网络支付，是指依托公共网络或专用网络在收付款人之间转移货币资金的行为，包括货币汇兑、互联网支付、移动电话支付、固定电话支付、数字电视支付等。预付卡，是指以营利为目的发行的、在发行机构之外购买商品或服务的预付凭证，包括采用磁条、芯片等技术以卡片、密码等形式发行的预付卡。银行卡收单，是指通过POS（Point of Sales，销售点）终端等为银行卡特约商户代收货币资金的行为。但是，预付卡不包括仅限于发放社会保障金、乘坐公共交通工具、缴纳电话费等通信费用的预付卡和发行机构与特约商户为同一法人的预付卡。

2. 狭义的第三方支付结算

狭义的第三方支付结算，又称网络支付结算、第三方支付平台支付结算或者电子商务第三方支付结算，是指依法取得支付业务许可证的非银行第三方支付结算机构，获准办理互联网支付、移动电话支付、固定电话支付、数字电视支付等网络支付业务的一种支付结算方式。

3. 第三方支付结算的四种方式

（1）平台依托型。此类互联网金融公司拥有成熟的电商平台和庞大的用户基础，通过与各大银行、通信服务商等合作，搭建"网上线下"全覆盖的支付渠道，在牢牢把握支付终端的基础上，经过整合、包装商业银行的产品和服务，从中赚取手续费，并进一步推广其他增值金融服务。该方式的代表企业包括阿里巴巴集团旗下的支付宝、腾讯旗下的财付通、盛大集团旗下的盛付通等。

（2）行业应用型。流动资金是企业生存发展的命脉。在信息技术高速发展的今天，电子商务的应用范畴已经由最初的 B2C 零售扩展到更为广阔的 B2B 领域，越来越多的传统企业依托电子商务来提高产、供、销整体效率，以提高竞争力。此类第三方支付机构主要面向企业用户，通过深度行业挖掘，为供应链上下游提供包括金融服务、营销推广、行业解决方案的一揽子服务，获取服务费、信贷滞纳金等收入。该方式的代表企业包括汇付天下、快钱和易宝。

（3）银行收单型。银行收单型，也可称为 POS 收单型。所谓银行收单即通过销售终端收取账单的支付方式，而随着支付方式及功能的不断扩大，其定义也不断扩大，现在银行收单统指通过 POS 机进行的消费、预授权、余额查询和转账等交易。此类模式在发展初期是互联网金融公司通过电子账单处理平台和银联 POS 终端为线上商户提供账单号收款、账户直充等服务，获得支付牌照后转为银行卡收单盈利模式。目前，国内拉卡拉为银行收单型第三方支付结算中较为成功的企业。

（4）预付卡型。预付卡，是指发卡机构以特定载体和形式发行的，可在发卡机构之外购买商品或服务的预付凭证。该方式下，企业通过发行面向企业或者个人的预付卡，向购买人收取手续费，与银行产品形成替代，挤占银行用户资源，代表企业包括资和信、商服通、百联集团等。

3.2.2　第三方支付结算的机构及其准入

1. 第三方支付结算的机构

根据中国人民银行颁发的《非金融机构支付服务管理办法》，第三方支付结算机构作为收款方与付款方之间的桥梁，为双方提供资金划拨与清结算、技术服务等，主要包括网络支付、线下收单、预付卡等业务。

《非金融机构支付服务管理办法》第二条规定，非金融机构支付服务是指非金融机构在收付款人之间作为中介机构提供下列部分或全部货币资金转移服务：网络支付、预付卡的发行与受理、银行卡收单、中国人民银行确定的其他支付服务。

《非金融机构支付服务管理办法》第四条、第五条规定，支付机构之间的货币资金转移应当委托银行业金融机构办理，不得通过支付机构相互存放货币资金或委托其他支付机构等形式办理。支付机构不得办理银行业金融机构之间的货币资金转移，经特别许可的除外。支付机构应当遵循安全、效率、诚信和公平竞争的原则，不得损害国家利益、社会公共利益和客户合法权益。支付机构应当遵守反洗钱的有关规定，履行反洗钱义务。

2. 第三方支付结算的机构准入

《非金融机构支付服务管理办法》第三条规定，非金融机构提供支付服务，应当依据本办法规定取得支付业务许可证，成为支付机构。支付机构依法接受中国人民银行的监督管理。未经中国人民银行批准，任何非金融机构和个人不得从事或变相从事支付业务。

《非金融机构支付服务管理办法》第二章规定，第三方支付结算的机构申请与许可必须遵从《非金融机构支付服务管理办法》及其细则。

（1）申请。

非金融机构申请支付业务许可证，需经所在地中国人民银行分支机构审查后，报中国人民银行批准。中国人民银行分支机构，是指中国人民银行副省级城市中心支行以上的分支机构。

（2）条件。

《非金融机构支付服务管理办法》第八条规定，支付业务许可证的申请人应当具备下列条件：第一，在中华人民共和国境内依法设立的有限责任公司或股份有限公司，且为非金融机构法人；第二，有符合本办法规定的注册资本最低限额；第三，有符合本办法规定的出资人；第四，有 5 名以上熟悉支付业务的高级管理人员；第五，有符合要求的反洗钱措施；第六，有符合要求的支付业务设施；第七，有健全的组织机构、内部控制制度和风险管理措施；第八，有符合要求的营业场所和安全保障措施；第九，申请人及其高级管理人员最近 3 年内未因利用支付业务实施违法犯罪活动或为违法犯罪活动办理支付业务等受过处罚。

关于以上条件的具体要求如下。

① 关于注册资本最低限额的规定。申请人拟在全国范围内从事支付业务的，其注册资本最低限额为 1 亿元人民币；拟在省（自治区、直辖市）范围内从事支付业务的，其注册资本最低限额为 3 000 万元人民币。注册资本最低限额为实缴货币资本。在全国范围内从事支付业务，包括申请人跨省（自治区、直辖市）设立分支机构从事支付业务，或客户可跨省（自治区、直辖市）办理支付业务的情形。中国人民银行根据国家有关法律法规和政策规定，调整申请人的注册资本最低限额。外商投资支付机构的业务范围、境外出资人的资格条件和出资比例等，由中国人民银行另行规定，报国务院批准。

② 关于出资人的规定。申请人的主要出资人（包括拥有申请人实际控制权的出资人和持有申请人 10%以上股权的出资人）应当符合以下条件：第一，为依法设立的有限责任公司或股份有限公司；第二，截至申请日，连续为金融机构提供信息处理支持服务 2 年以上，或连续为电子商务活动提供

信息处理支持服务 2 年以上；第三，截至申请日，连续盈利 2 年以上；第四，最近 3 年内未因利用支付业务实施违法犯罪活动或为违法犯罪活动办理支付业务等受过处罚。

③ 关于高级管理人员的规定。申请人要有 5 名以上熟悉支付业务的高级管理人员，指高级管理人员（包括总经理、副总经理、财务负责人、技术负责人或实际履行上述职责的人员）中至少有 5 名人员具备下列条件：第一，具有大学本科以上学历或具有会计、经济、金融、计算机、电子通信、信息安全等专业的中级技术职称；第二，从事支付结算业务或金融信息处理业务 2 年以上或从事会计、经济、金融、计算机、电子通信、信息安全工作 3 年以上。

④ 关于符合要求的反洗钱措施的规定。反洗钱措施，具体包括反洗钱内部控制、客户身份识别、可疑交易报告、客户身份资料和交易记录保存等预防洗钱、恐怖融资等金融犯罪活动的措施。

⑤ 关于符合要求的支付业务设施的规定。支付业务设施，具体包括支付业务处理系统、网络通信系统以及容纳上述系统的专用机房。

⑥ 关于组织机构的规定。组织机构，具体包括具有合规管理、风险管理、资金管理和系统运行维护职能的部门。

（3）提交的文件和资料。

《非金融机构支付服务管理办法》第十一条规定，申请人应当向所在地中国人民银行分支机构提交下列文件和资料：第一，书面申请，载明申请人的名称、住所、注册资本、组织机构设置、拟申请支付业务等；第二，公司营业执照（副本）复印件；第三，公司章程；第四，验资证明；第五，经会计师事务所审计的财务会计报告；第六，支付业务可行性研究报告；第七，反洗钱措施验收材料；第八，技术安全检测认证证明；第九，高级管理人员的履历材料；第十，申请人及其高级管理人员的无犯罪记录证明材料；第十一，主要出资人的相关材料；第十二，申请资料真实性声明。

（4）受理公告。

《非金融机构支付服务管理办法》第十二条规定，申请人应当在收到受理通知后按规定公告下列事项：第一，申请人的注册资本及股权结构；第二，主要出资人的名单、持股比例及其财务状况；第三，拟申请的支付业务；第四，申请人的营业场所；第五，支付业务设施的技术安全检测认证证明。

（5）颁发支付业务许可证。

《非金融机构支付服务管理办法》第十三条规定，中国人民银行分支机构依法受理符合要求的各项申请，并将初审意见和申请资料报送中国人民银行。中国人民银行审查批准的，依法颁发支付业务许可证，并予以公告。

支付业务许可证自颁发之日起，有效期为 5 年。支付机构拟于支付业务许可证期满后继续从事支付业务的，应当在期满前 6 个月内向所在地中国人民银行分支机构提出续展申请。中国人民银行准予续展的，每次续展的有效期为 5 年。支付机构不得转让、出租、出借支付业务许可证。

第三方支付机构变更规定事项的，应当在向公司登记机关申请变更登记前报中国人民银行同意。申请终止支付业务的，应当向所在地中国人民银行分支机构提交规定的文件、资料。准予终止的，支付机构应当按照中国人民银行的批复完成终止工作，交回支付业务许可证。

3.2.3 第三方支付结算的运行管理

2015 年 12 月 28 日中国人民银行发布《非银行支付机构网络支付业务管理办法》，自 2016 年 7 月 1 日起施行。为规范非银行支付机构网络支付业务，《非银行支付机构网络支付业务管理办法》根据《中华人民共和国人民银行法》《非金融机构支付服务管理办法》等规定，对第三方支付结算机构做出以下规定。

支付机构从事网络支付业务，适用《非银行支付机构网络支付业务管理办法》。支付机构是指依法取得支付业务许可证，获准办理互联网支付、移动电话支付、固定电话支付、数字电视支付等网络支付业务的非银行机构。网络支付业务，是指收款人或付款人通过计算机、移动终端等电子设备，依托公共网络信息系统远程发起支付指令，且付款人电子设备不与收款人特定专属设备交互，由支付机构为收付款人提供货币资金转移服务的活动。收款人特定专属设备，是指专门用于交易收款，在交易过程中与支付机构业务系统交互并参与生成、传输、处理支付指令的电子设备。

其中，《非银行支付机构网络支付业务管理办法》第九条规定，在第三方支付结算运行管理过程中，支付机构不得经营或者变相经营证券、保险、信贷、融资、理财、担保、信托、货币兑换、现金存取等业务。

在具体业务管理中，支付机构应遵守以下规定。

1. 关于扣划银行账户资金的规定

支付机构向客户开户银行发送支付指令，扣划客户银行账户资金的，支付机构和银行应当执行下列要求：第一，支付机构应当事先或在首笔交易时自主识别客户身份并分别取得客户和银行的协议授权，同意其向客户的银行账户发起支付指令扣划资金；第二，银行应当事先或在首笔交易时自主识别客户身份并与客户直接签订授权协议，明确约定扣款适用范围和交易验证方式，设立与客户风险承受能力相匹配的单笔和单日累计交易限额，承诺无条件全额承担此类交易的风险损失先行赔付责任；第三，除单笔金额不超过 200 元的小额支付业务，公共事业缴费、税费缴纳、信用卡还款等收款人固定并且定期发生的支付业务，以及符合《非银行支付机构网络支付业务管理办法》第三十七条规定的情形以外，支付机构不得代替银行进行交易验证。

2. 关于客户账户管理的规定

支付机构应根据客户身份对同一客户在本机构开立的所有支付账户进行关联管理，并按照下列要求对个人支付账户进行分类管理：第一，对于以非面对面方式通过至少一个合法安全的外部渠道进行身份基本信息验证，且为首次在本机构开立支付账户的个人客户，支付机构可以为其开立 I 类支付账户，账户余额仅可用于消费和转账，余额付款交易自账户开立起累计不超过 1 000 元（包括支付账户向客户本人同名银行账户转账）；第二，对于支付机构自主或委托合作机构以面对面方式核实身份的个人客户，或以非面对面方式通过至少三个合法安全的外部渠道进行身份基本信息多重交叉验证的个人客户，支付机构可以为其开立Ⅱ类支付账户，账户余额仅可用于消费和转账，其所有支付账户的余额付款交易年累计不超过10万元（不包括支付账户向客户本人同名银行账户转账）；第三，对于支付机构自主或委托合作机构以面对面方式核实身份的个人客户，或以非面对面方式通过至少五个合法安全的外部渠道进行身份基本信息多重交叉验证的个人客户，支付机构可以为其开立Ⅲ类支付账户，账户余额可以用于消费、转账以及购买投资理财等金融类产品，其所有支付账户的余额付款交易年累计不超过20万元（不包括支付账户向客户本人同名银行账户转账）。客户身份基本信息外部验证渠道包括但不限于政府部门数据库、商业银行信息系统、商业化数据库等。其中，通过商业银行验证个人客户身份基本信息的，应为Ⅰ类银行账户或信用卡。

支付机构办理银行账户与支付账户之间转账业务的，相关银行账户与支付账户应属于同一客户。支付机构应按照与客户的约定及时办理支付账户向客户本人银行账户的转账业务，不得对Ⅱ类、Ⅲ类支付账户向客户本人银行账户转账设置限额。

支付机构为客户办理本机构发行的预付卡向支付账户转账的，应当按照《支付机构预付卡业务管理办法》（中国人民银行公告〔2012〕第12号公布）相关规定对预付卡转账至支付账户的余额单独管理，仅限其用于消费，不得通过转账、购买投资理财等金融类产品等形式进行套现或者变相套现。

3. 关于交易信息的规定

支付机构应当确保交易信息的真实性、完整性、可追溯性以及在支付全流程中的一致性，不得篡改或者隐匿交易信息。交易信息包括但不限于下列内容：第一，交易渠道、交易终端或接口类型、交易类型、交易金额、交易时间，以及直接向客户提供商品或者服务的特约商户名称、编码和按照国家与金融行业标准设置的商户类别码；第二，收付款客户名称，收付款支付账户账号或者银行账户的开户银行名称及账号；第三，付款客户的身份验证和交易授权信息；第四，有效追溯交易的标识；第五，单位客户单笔超过5万元的转账业务的付款用途和事由。

4. 关于客户支付操作管理的规定

因交易取消（撤销）、退货、交易不成功或者投资理财等金融类产品赎回等需划回资金的，相应款项应当划回原扣款账户。

对于客户的网络支付业务操作行为，支付机构应当在确认客户身份及真实意愿后及时办理，并在操作生效之日起至少5年内，真实、完整地保存操作记录。客户操作行为包括但不限于登录和注销登录、身份识别和交易验证、变更身份信息和联系方式、调整业务功能、调整交易限额、变更资金收付方式，以及变更或挂失密码、数字证书、电子签名等。

3.2.4 第三方支付结算的风险管理

在第三方支付结算领域中，信息不对称现象普遍存在，第三方支付结算机构不论是与商户之间还是与客户之间，都存在着第三方支付结算的潜在风险。且第三方支付结算目前面对的主要风险有系统风险、信用风险、洗钱风险等，为应对这些潜在风险，防范支付风险，《非银行支付机构网络支付业务管理办法》第四章第十七条规定,支付机构应当综合客户类型、身份核实方式、交易行为特征、资信状况等因素,建立客户风险评级管理制度和机制,并动态调整客户风险评级及相关风险控制措施。支付机构应当根据客户风险评级、交易验证方式、交易渠道、交易终端或接口类型、交易类型、交易金额、交易时间、商户类别等因素,建立交易风险管理制度和交易监测系统,对疑似欺诈、套现、洗钱、非法融资、恐怖融资等交易,及时采取调查核实、延迟结算、终止服务等措施。

第三方支付结算机构可以采用以下措施进行风险管理。

(1)警示潜在风险。

支付机构应当向客户充分提示网络支付业务的潜在风险,及时揭示不法分子的新型作案手段,对客户进行必要的安全教育,并对高风险业务在操作前、操作中进行风险警示。支付机构为客户购买合作机构的金融类产品提供网络支付服务的,应当确保合作机构为取得相应经营资质并依法开展业务的机构,并在首次购买时向客户展示合作机构信息和产品信息,充分提示相关责任、权利、义务及潜在风险,协助客户与合作机构完成协议签订。

(2)建立健全风险应对制度。

支付机构应当建立健全风险准备金制度和交易赔付制度,并对不能有效证明因客户导致的资金损失及时先行全额赔付,保障客户合法权益。支付机构应于每年1月31日前,将前一年度发生的风险事件、客户风险损失发生和赔付等情况在网站上对外公告。支付机构应在年度监管报告中如实反映上述内容和风险准备金计提、使用及结余等情况。

(3)健全信息保护规范。

支付机构应当依照中国人民银行有关客户信息保护的规定,制定有效的客户信息保护措施和风险控制机制,履行客户信息保护责任。支付机构不得存储客户银行卡的磁条信息或芯片信息、验证码、密码等敏感信息,原则上不得存储银行卡有效期。因特殊业务需要,支付机构确需存储客户银行卡有效期的,应当取得客户和开户银行的授权,以加密形式存储。支付机构应当以"最小化"原则采集、使用、存储和传输客户信息,并告知客户相关信息的使用目的和范围。支付机构不得向其他机构或个人提供客户信息,法律法规另有规定,以及经客户本人逐项确认并授权的除外。

3.2.5 第三方支付结算的客户权益管理

第三方支付结算的客户权益保护在实践中面临许多问题。涉及的具体问题有格式合同问题、客户备付金的孳息归属问题、未授权支付的责任承担问题等,在宏观上还存在立法缺失、法律协调难、监管及退出机制不完善等问题。这些问题的出现,使第三方支付结算的客户权益保护变得尤为重要。为规范第三方支付结算机构,保护客户合法权益,《非银行支付机构网络支付业务管理办法》第一章第三、四条规定,第三方支付结算机构应当遵循主要服务电子商务发展和为社会提供小额、快捷、便民小微支付服务的宗旨,基于客户的银行账户或者按照本办法规定为客户开立支付账户提供网络支付服务。支付机构基于银行卡为客户提供网络支付服务的,应当执行银行卡业务相关监管规定和银行卡行业规范。支付机构对特约商户的拓展与管理、业务与风险管理应当执行《银行卡收单业务管理办法》（中国人民银行公告〔2013〕第9号公布）等相关规定。支付机构网络支付服务涉及跨境人民币结算和外汇支付的，应当执行中国人民银行、国家外汇管理局相关规定。支付机构应当依法维护当事人的合法权益，遵守反洗钱和反恐怖融资的相关规定，履行反洗钱和反恐怖融资义务。

1. 关于客户管理的规定

支付机构应当遵循"了解你的客户"原则，建立健全客户身份识别机制。支付机构为客户开立支付账户的，应当对客户实行实名制管理，登记并采取有效措施以验证客户身份基本信息，按规定核对有效身份证件并留存有效身份证件复印件或者影印件，建立客户唯一识别编码，并在与客户业务关系存续期间采取持续的身份识别措施，确保有效核实客户身份及其真实意愿，不得开立匿名、假名支付账户。

支付机构应当与客户签订服务协议，约定双方责任、权利和义务，至少明确业务规则（包括但不限于业务功能和流程、身份识别和交易验证方式、资金结算方式等），收费项目和标准，查询、差错争议及投诉等服务流程和规则，业务风险和非法活动防范及处置措施，客户损失责任划分和赔付规则等内容。支付机构为客户开立支付账户的，还应在服务协议中以显著方式告知客户，并采取有效方式确认客户充分知晓并清晰理解下列内容："支付账户所记录的资金余额不同于客户本人的银行存款，不受《存款保险条例》保护，其实质为客户委托支付机构保管的、所有权归属于客户的预付价值。该预付价值对应的货币资金虽然属于客户，但不以客户本人名义存放在银行，而是以支付机构名义存放在银行，并且由支付机构向银行发起资金调拨指令。"支付机构应当确保协议内容清晰、易懂，并以显著方式提示客户注意与其有重大利害关系的事项。

获得互联网支付业务许可的支付机构，经客户主动提出申请，可为其开立支付账户；仅获得移动电话支付、固定电话支付、数字电视支付业务许可的支付机构，不得为客户开立支付账户。支付机构不得为金融机构，以及从事信贷、融资、理财、担保、信托、货币兑换等金融业务的其他机构开立支付账户。

2. 关于客户权益保护的规定

支付机构应当通过协议约定禁止特约商户存储客户银行卡的磁条信息或芯片信息、验证码、有效期、密码等敏感信息，并采取定期检查、技术监测等必要监督措施。特约商户违反协议约定存储上述敏感信息的，支付机构应当立即暂停或者终止为其提供网络支付服务，采取有效措施删除敏感信息，防止信息泄露，并依法承担因相关信息泄露造成的损失和责任。

支付机构可以组合选用下列三类要素，对客户使用支付账户余额付款的交易进行验证：第一，仅客户本人知悉的要素，如静态密码等；第二，仅客户本人持有并特有的，不可复制或者不可重复利用的要素，如经过安全认证的数字证书、电子签名，以及通过安全渠道生成和传输的一次性密码等；第三，客户本人生理特征要素，如指纹等。支付机构应当确保采用的要素相互独立，部分要素的损坏或者泄露不应导致其他要素损坏或者泄露。

支付机构采用数字证书、电子签名作为验证要素的，数字证书及生成电子签名的过程应符合《中华人民共和国电子签名法》《金融电子认证规范》（JR/T 0118-2015）等有关规定，确保数字证书的唯一性、完整性及交易的不可抵赖性。支付机构采用一次性密码作为验证要素的，应当切实防范一次性密码获取端与支付指令发起端为相同物理设备而带来的风险，并将一次性密码有效期严格限制在最短的必要时间内。支付机构采用客户本人生理特征作为验证要素的，应当符合国家、金融行业标准和相关信息安全管理要求，防止被非法存储、复制或重放。

3. 关于支付安全的规定

支付机构应根据交易验证方式的安全级别，按照下列要求对个人客户使用支付账户余额付款的交易进行限额管理：第一，支付机构采用包括数字证书或电子签名在内的两类（含）以上有效要素进行验证的交易，单日累计限额由支付机构与客户通过协议自主约定；第二，支付机构采用不包括数字证书、电子签名在内的两类（含）以上有效要素进行验证的交易，单个客户所有支付账户单日累计金额应不超过 5 000 元（不包括支付账户向客户本人同名银行账户转账）；第三，支付机构采用不足两类有效要素进行验证的交易，单个客户所有支付账户单日累计金额应不超过 1 000 元（不包括支付账户向客户本人同名银行账户转账），且支付机构应当承诺无条件全额承担此类交易的风险损失赔付责任。

支付机构网络支付业务相关系统设施和技术，应当持续符合国家、金融行业标准和相关信息安全管理要求。如未符合相关标准和要求，或者尚未形成国家、金融行业标准，支付机构应当无条件全额承担客户直接风险损失的先行赔付责任。

支付机构应当在境内拥有安全、规范的网络支付业务处理系统及其备份系统，制定突发事件应急预案，保障系统安全性和业务连续性。支付机构为境内交易提供服务的，应当通过境内业务处理系统完成交易处理，并在境内完成资金结算。

支付机构应当采取有效措施，确保客户在执行支付指令前可对收付款客户名称和账号、交易金额等交易信息进行确认，并在支付指令完成后及时将结果通知客户。因交易超时、无响应或者系统故障导致支付指令无法正常处理的，支付机构应当及时提示客户；因客户造成支付指令未执行、未适当执行、延迟执行的，支付机构应当主动通知客户更改或者协助客户采取补救措施。

支付机构应当通过具有合法独立域名的网站和统一的服务电话等渠道，为客户免费提供至少最近一年以内交易信息查询服务，并建立健全差错争议和纠纷投诉处理制度，配备专业部门和人员据实、准确、及时处理交易差错和客户投诉。支付机构应当告知客户相关服务的正确获取途径，指导客户有效辨识服务渠道的真实性。支付机构应当于每年 1 月 31 日前，将前一年度发生的客户投诉数量和类型、处理完毕的投诉占比、投诉处理速度等情况在网站上对外公告。

支付机构应当充分尊重客户自主选择权，不得强迫客户使用本机构提供的支付服务，不得阻碍客户使用其他机构提供的支付服务。支付机构应当公平展示客户可选用的各种资金收付方式，不得以任何形式诱导、强迫客户开立支付账户或者通过支付账户办理资金收付，不得附加不合理条件。

支付机构因系统升级、调试等，需暂停网络支付服务的，应当至少提前5个工作日予以公告。支付机构变更协议条款、提高服务收费标准或者新设收费项目的，应当于实施之前在网站等服务渠道以显著方式连续公示30日，并于客户首次办理相关业务前确认客户知悉且接受拟调整的全部详细内容。

3.3 网络金融及其风险防范

3.3.1 网络金融及其发展

1. 网络金融的发展阶段

（1）网络金融萌芽阶段。

网络金融萌芽阶段在2005年以前，该阶段主要通过互联网技术帮助金融机构做传统业务。

（2）第三方支付崛起阶段。

第三方支付崛起阶段为2005年到2012年，在这个过程中，网络开始在我国逐渐普及，第三方支付机构随着电子商务逐渐成长起来，网络与金融的结合从技术领域深入金融业务领域，这一阶段的标志性事件是2011年中国人民银行开始发放第三方支付牌照，至此，第三方支付机构进入规范发展的轨道。

（3）网络金融爆发式发展阶段。

网络金融爆发式发展阶段为2012年到2013年，应该说2013年是我国网络金融元年，是网络金融得到爆发式发展的一年，从这一年开始，P2P平台发展迅速，各类依托网络的"众筹"融资平台开始起步，第一家从事网络保险的公司获批，一些银行、电商以网络为依托对传统业务模式进行重组改造，加速建设线上创新型平台。

（4）网络金融开始向全方位金融服务方向发展阶段。

从2014年开始，网络金融的发展进入网络金融开始向全方位金融服务方向发展阶段。移动支付、云计算、社交网络、搜索引擎等新兴技术与传统金融深入结合，催生出形态各异的网络金融模式，可以为客户提供全方位、无缝、快捷、安全高效的金融服务。目前网络金融的创新运营模式层出不穷，如第三方支付平台模式、P2P模式、P2B（Person-to-Business，个人向小型企业提供贷款）模式、"众筹"模式、虚拟货币及交易等，以及电商发起创立的网络银行模式，还有搜索比价模式，即通过金融产品搜索引擎，在一个金融平台把有投资理财需求的个人和有资金需求的中小银行和贷款机构进行对接，使得商业银行能通过网络，批量获得客户。

2. 网络银行

（1）网络银行的定义与内容。

网络银行是指设在互联网上的金融站点，没有银行大厅，没有营业网点，是能让客户通过与互联网连接的计算机在任何地方24小时进行银行各项业务办理的一种金融机构，又被称作"虚拟银行"。

一般意义上的网络银行包括三个要素：一是需要具备互联网或其他电子通信网络；二是基于电子通信的金融服务提供者；三是基于电子通信的金融客户。这种全新的为客户服务的方式，可以使客户不受时空的限制，只要能上网，就能够在任何地方方便快捷地管理自己的资产、了解各种信息及享受银行的各种服务。

（2）网络银行的分类。

① 按照有无实体网点分类。

一类是完全依赖于互联网的无形的电子银行，也叫"虚拟银行"。虚拟银行，就是指没有实际的物理柜台支持的网络银行，这种网络银行一般只有一个办公地址，没有分支机构，也没有营业网点，采用国际互联网等高科技服务手段与客户建立密切联系，提供全方位的金融服务。

另一类是在现有的传统银行的基础上，利用互联网开展传统的银行业务交易服务，即传统银行利用互联网为客户提供在线服务，实际上是传统银行服务在互联网上的延伸。这是网络银行存在的主要形式，也是绝大多数商业银行采取的网络银行发展模式。

② 按照服务对象分类。

一类是个人网络银行。个人网络银行主要适用于个人和家庭的日常消费支付与转账。客户可以通过个人网络银行服务，完成实时查询、转账、网上支付和汇款功能。个人网络银行服务的出现，标志着银行的业务直接延展到个人客户的家庭计算机桌面上，方便使用，真正体现了家庭银行的特点。

另一类是企业网络银行。企业网络银行主要针对企业与政府部门等企事业客户。企事业组织可以通过企业网络银行实时了解企业财务运作情况，及时在组织内部调配资金，轻松处理大批量的网络支付和工资发放业务，并可处理信用证相关业务。

（3）网络银行的特点。

① 全面实现无纸化交易。传统的票据和单据大部分被电子支票、电子汇票和电子收据代替；原有的纸币被电子货币，即电子现金、电子钱包、电子信用卡代替；原有纸质文件的邮寄变为通过数据通信网络进行传送。

② 高安全性。网络银行与银行系统内部的互联网与公网完全隔离，提高了网络安全性。系统采用一级防火墙，将外部网与银行内部网隔离。系统采用二级防火墙，将银行内部网与账务主机进行网络隔离。系统还采用硬件防火墙进行实时入侵检测，对于检测到的入侵，可报警或直接与路由器联动，阻挡入侵者。

③ 服务方便、快捷、高效、可靠。通过网络银行，用户可以享受到方便、快捷、高效和可靠的全方位服务，可以在任何需要的时候使用网络银行，不受时间、地域的限制。

④ 经营成本低廉。由于网络银行采用了虚拟现实信息处理技术，网络银行可以在保证原有业务量不降低的前提下，减少营业点的数量。

3. 其他网络金融服务

其他网络金融服务包括第三方支付、P2P、"众筹"和大数据金融等。

（1）第三方支付。

第三方支付是运用通信、计算机和通信安全技术建立的电子支付模式。

第三方支付结算平台可以分成两种，一种平台是自身不卖商品，连接买卖双方和银行，如"快钱"和"银联"等支付结算平台。我们平时线下支付则属于这一类支付模式，通过 App（Application，应用程序）平台将资金从银行卡或者第三方支付结算机构的备付金内转给商户。另一种平台是电商公司自己发起的一个支付结算平台。在这种模式中，第三方支付结算平台扮演一个担保中介的角色，是信用中介也是支付中介。网络交易中买方将款项支付给独立于买卖双方的第三方平台，第三方平台在确定买方收下商品后再将停留的款项转给卖方，完成交易。

（2）P2P。

P2P 是个人与个人之间的小额信用借贷交易。由于准入门槛、行业标准等一系列监管体制仍未完善，P2P 运营模式较多且尚未完全定型，行业质量参差不齐，仍面临着用户认知程度不足和风控体系不健全等一系列发展障碍，但 P2P 凭着其自身的互联网特性，降低了市场信息的不对称性，以个人与中小企业为主要服务对象，对推动惠普金融以及利率市场化有重要意义。

（3）"众筹"。

"众筹"是利用互联网传播的特性，集中大家的资金，为初创企业、个人进行某项活动或某个项目或创办企业向大众筹集必要资金的一种融资服务模式。所需资金的初创企业、个人需设定筹资目标和筹资时间，并承诺一定回报，在"众筹"平台上发布自己的项目。由于国内严格的公开募资规定以及容易涉及非法集资，"众筹"现阶段相对冷清，"众筹"网站应更注重自身的差异化，避免千篇一律，出现一窝蜂兴起又一大片倒闭的局面。

（4）大数据金融。

大数据金融是依托海量、非结构化的数据，通过互联网和"云计算"等对数据进行专业化的挖掘和分析，在此基础上创新性开展相关资金融通的模式。其运营模式有以阿里小额信贷为代表的平台模式和以京东、苏宁为代表的"供应链金融"模式，都是通过分析客户交易消费信息，掌握消费习惯，并准确预测客户行为，凭借对这些海量数据的核查评定，做到精细化服务，并增加对风险的可控性。

3.3.2 网络金融的相关法律法规

1. 网络银行法规

2006 年 1 月 26 日，中国银行保险监督管理委员会（以下简称"银监会"）颁布《电子银行业务管理办法》（中国银行业监督管理委员会令 2006 年第 5 号），该办法所称电子银行业务，是指商业银行等银行业金融机构利用面向社会公众开放的通信通道或开放型公众网络，以及银行为特定自助服务设施或客户建立的专用网络，向客户提供的银行服务。

电子银行业务包括利用计算机和互联网开展的银行业务、利用电话等声讯设备和电信网络开展的银行业务、利用移动电话和无线网络开展的银行业务，以及其他利用电子服务设备和网络，由客户通过自助服务方式完成金融交易的银行业务。《电子银行业务管理办法》是网络银行的重要监管法规。

知识拓展 3-3

关于《电子银行业务管理办法》的相关内容和知识，请扫描二维码阅读。

知识拓展 3-3

---

2. P2P 监管法规

2011 年 8 月 23 日，银监会发布《中国银监会办公厅关于人人贷有关风险提示的通知》（银监办发〔2011〕254 号），该通知指出，在当前银行信贷偏紧的情况下，人人贷（简称"P2P"）信贷服务中介公司呈现快速发展态势。这类中介公司收集借款人、出借人信息，评估借款人的抵押物，如房产、汽车、设备等，然后进行配对，并收取中介服务费。有关媒体对这类中介公司的运作及影响进行了大量报道，引起多方关注。对此，银监会组织开展了专门调研，发现了大量潜在风险并予以提示。由此可见，该通知只是对 P2P 的一个风险提示文件。

在 2013 年 11 月 25 日举行的九部委处置非法集资部际联席会议上，央行对 P2P 行业非法集资行为进行了清晰的界定，主要包括三类情况：资金池模式、不合格借款人导致的非法集资风险以及庞氏骗局。

3. "众筹"融资法规

美国证券交易委员会批准了对"众筹"融资进行监管的草案，面向公众的"众筹"融资在 2012 年得到了《2012 年促进创业企业融资法》的认可，即在互联网上为各种项目、事业甚至公司筹集资金得到法律确认。这是美国政府对"众筹"融资进行监管的重要措施。

2013 年 9 月 16 日，中国证券监督管理委员会通报了淘宝网上，部分公司涉嫌擅自发行股票的行为并予以叫停。叫停依据是《国务院办公厅关于严厉打击非法发行股票和非法经营证券业务有关问题的通知》（国办发〔2006〕99 号）。该通知规定："严禁任何公司股东自行或委托他人以公开方式向社会公众转让股票。"至此，中国式"众筹"，即利用网络平台向社会公众发行股票的行为被首次界定为"非法证券活动"。虽然"众筹"模式有利于解决中小微企业融资难的顽疾，但考虑到现行法律框架，国内的"众筹"网站不能简单复制美国模式，走出一条适合我国国情的"众筹"之路才更具现实意义。

依据我国《最高人民法院关于审理非法集资刑事案件具体应用法律若干问题的解释》，"众筹"模式在形式上很容易踩压违法的红线，即未经许可、通过网站公开推荐、承诺一定的回报、向不特定对象吸收资金，构成非法集资的行为。美国为"众筹"立法，我们可借鉴美国的《2012 年促进创业企业融资法》对"众筹"模式进行规范，但这是一个循序渐进的过程。

4. 虚拟货币法规

2009 年 6 月 4 日，文化部和商务部联合发布了《关于加强网络游戏虚拟货币管理工作的通知》（文市发〔2009〕20 号），该通知规定要严格市场准入，加强对网络游戏虚拟货币发行主体和网络游戏虚拟货币交易服务提供主体的管理。从事"网络游戏虚拟货币交易服务"业务须符合商务主管部门关于电子商务（平台）服务的有关规定。除利用法定货币购买之外，网络游戏运营企业不得采用其他任何方式向用户提供网络游戏虚拟货币。2009 年 7 月 20 日，文化部发布《"网络游戏虚拟货币发行企业""网络游戏虚拟货币交易企业"申报指南》，为开展经营性互联网文化单位申请从事"网络游戏虚拟货币发行服务"业务的申报和审批工作提供了可操作性指导规则。

2008 年 9 月 28 日，国家税务总局发布了《国家税务总局关于个人通过网络买卖虚拟货币取得收入征收个人所得税问题的批复》（国税函〔2008〕818 号），明确了虚拟货币的税务处理，即个人通过网络收购玩家的虚拟货币，加价后向他人出售取得的收入，属于个人所得税应税所得，应按照"财产转让所得"项目计算缴纳个人所得税。

3.3.3 网络金融的风险防控

1. 网络金融的风险

传统金融行业面临的风险在网络金融行业依然存在。信用风险、信息安全风险、流动性风险、法律风险、技术风险等仍然是互联网金融企业需要面对的风险。

第一，信用风险。信用风险指交易对手没有能力继续履约而给其交易对手带来的风险。从互联网金融企业看，由于互联网企业大数据主要是基于电子商务交易的数据，数据来源单一，数据有效性、真实性不足，其数据质量的可靠性存疑。此外，在目前社会信用体系建设仍不完善的情况下，互联网企业不具备类似银行的风控、合规机制，其风控机制往往要服从便捷性等用户体验优先的设计，在一定程度上也制约了对客户尽职调查的深度。从互联网金融企业客户看，互联网交易客户具有分散的特点，交易双方地域分布分散化，这种信息不对称的问题导致潜在信用风险更加严重。在现实中，大部分网络贷款平台对投融资双方的资质审查不严格，在融资端和资产端审查不够，准入门槛低，加之交易平台的信息披露制度普遍不够完善，构成潜在的信用风险。

第二，信息安全风险。信息安全风险是指信息系统安全系数不足，存在一定的漏洞，进而导致风险发生。此处信息安全风险是指在网络金融业务开展的过程中，由于信息系统自身的缺陷和不足，以及人为破坏和攻击，带来不可预测的风险和无法挽回的损失。长时间以来，信息安全风险是金融行业始终无法回避的风险，无论是经营多年的商业银行还是新兴的网络金融平台，都面临着此类风险。现实中网络金融开展业务，都是借助计算机网络和程序来完成的，一旦计算机系统出现问题，如病毒侵袭、黑客攻击等都可能会造成金融系统的全面瘫痪，导致原有的业务无法正常开展。

第三，流动性风险。流动性风险是金融资产流动性不足或负债发生波动而造成的风险。互联网金融的融资方经常在高杠杆比率下经营，无抵押、无担保状态下的借款比较多。为了开拓市场，吸引更多投资者，互联网金融平台纷纷推出高收益、高流动性的产品，看似诱人的回报可能隐藏着期限错配问题，容易导致流动性风险。

第四，法律风险。法律风险是金融企业在经营过程中违反法律法规和监管政策导致的风险。互联网金融企业的经营必须符合国家的法律法规，但在互联网金融发展初期，互联网金融处于无准入门槛、无监管机构、无行业规则的"三无"状态。为了适应互联网金融的发展，相关监管部门已经颁布《关于促进互联网金融健康发展的指导意见》《网络借贷信息中介机构业务活动管理暂行办法》以及《互联网金融风险专项整治工作实施方案》等一系列的监管政策已经为互联网金融行业的发展，奠定了合规经营的基本准则。

第五，技术风险。对于操作风险而言，由于互联网企业具有网络科技特性，互联网金融的技术风险比较突出。互联网金融平台依靠计算机、移动终端以及网络开展交易，其核心交易数据存储于IT系统。一方面，其硬件设备可能存在漏洞；另一方面，互联网金融交易依托网络传输数据也存在安全隐患，如果受到黑客攻击，互联网金融企业的运营将受到影响，客户的资金和信息安全将均受到威胁。此外，技术的不成熟，会导致信息泄露、丢失、被截取、被篡改，影响信息的保密性、完整性、可用性。这些信息安全问题进而又会造成客户隐私泄露，威胁客户资金安全。

2. 网络金融的风险防控

明确网络金融行业的准入门槛。发起人应当具有一定的稳健经营年限，具有一定规模的资产，有相应的风险承受能力。同时，从事网络金融必须有一定金融工作经验和信息技术的团队，具有健全的管理制度，股东的基本信息应予以充分披露。

第一，完善经营规则。网络金融企业应当制定符合行业特点的经营准则，针对其风险特征制定相应制度。针对信用风险，完善金融机构信息披露的责任和机制，拓宽平台的信用数据收集渠道。针对流动性风险和法律风险，金融机构应当建立自身的流动性管理体系和法律风险管理体系，对流动性风险和法律风险实时监测评估；针对操作风险，网络金融企业要建立规范的技术标准，采用防火墙、数据加密等安全技术，采用密码等身份验证方式，还要建立业务操作规范和系统，保障技术安全。

第二，完善信息披露制度。网络金融机构应当对客户进行充分的信息披露，及时向投资者公布其经营活动和财务状况的相关信息，以便投资者充分了解机构运作状况，促使从业机构稳健经营和控制风险。针对具体的交易产品，网络金融机构应当向各方详细说明交易模式、参与方的权利和义务，并进行充分的风险披露，全面、客观、清晰地披露相关业务和产品的信息，及时提示风险，充分保障消费者的知情权。

第三，完善消费者保护制度。《关于加强金融消费者权益保护工作的指导意见》规定，从事金融或与金融相关业务的机构应当遵循平等自愿、诚实守信等原则，充分尊重并自觉保障金融消费者的财产安全权、知情权、自主选择权、公平交易权、依法求偿权、受教育权、受尊重权、信息安全权等基本权利。网络金融企业应当充分认识客户利益第一的原则，从保护客户上述权益出发，依法、合规开展经营活动。相关部门也要根据互联网金融企业的特点，进一步完善监督管理机制，规范金融机构的行为，保障消费者权益，优化金融环境。

关键术语

电子支付结算　第三方支付结算　网络金融

基本知识与原理

1. 电子支付结算的定义
2. 第三方支付结算的机构及其准入
3. 第三方支付结算的运行管理
4. 网络金融的风险防控

思考与练习

一、选择题

1. 以下不属于电子支付结算法律关系当事人的是（　　）。

　　A. 认证机构　　　　B. 数据通信网络　　C. 银行及支付平台　　D. 收款人

2. 《电子商务法》在（　　）正式施行。

　　A. 2018 年 8 月 31 日　　　　　　　B. 2018 年 12 月 31 日

　　C. 2019 年 1 月 1 日　　　　　　　D. 2019 年 6 月 1 日

3. 支付业务许可证的申请注册资本拟在省（自治区、直辖市）范围内从事支付业务的最低限额是（　　）。

　　A. 一亿元人民币　　　　　　　　B. 五千万元人民币

　　C. 三千万元人民币　　　　　　　D. 一千万元人民币

4. 下列不是第三方支付结算的风险管理的具体操作规定的是（　　）。

　　A. 处理现有风险　　　　　　　　B. 警示潜在风险

　　C. 建立健全风险应对制度　　　　D. 从根本上提供信息保护

5. 以下电子支付的特征中，错误的是（　　）。

　　A. 电子支付是采用先进的技术通过数字流转来完成信息传输的

　　B. 电子支付使用的是最先进的通信手段

　　C. 电子支付具有方便、快捷、高效、经济的优势

　　D. 电子支付的工作环境基于一个封闭的系统平台

6. 以下不属于网络银行特点的是（　　　）。

    A．经营成本高　　　　　　　　　B．高安全性

    C．全面实现无纸化交易　　　　　D．服务高效

二、填空题

1. 电子支付结算又称电子资金转账，是指单位、个人直接或授权他人通过电子终端发出支付指令，实现＿＿＿＿＿＿的行为。

2. 按照相关法律法规，办理电子支付结算的银行，应当遵守＿＿＿＿＿＿＿＿的相关要求和规定。

3. 第三方支付结算的四种方式：平台依托型、＿＿＿＿＿＿、银行收单型、＿＿＿＿＿＿。

4.《非金融机构支付服务管理办法》第三条规定，非金融机构提供支付服务，应当依据本办法规定取得＿＿＿＿＿＿，成为支付机构。

5. 网络银行包括三个要素：一是需要具备互联网或其他电子通信网络，二是基于电子通信的金融服务提供者，三是＿＿＿＿＿＿＿＿。

6. 互联网金融企业需要面对的风险有信用风险、＿＿＿＿＿＿＿、流动性风险、＿＿＿＿＿＿＿、技术风险等。

三、思考题

1. 试述我国《电子商务法》对电子支付结算的意义。

2. 讨论第三方支付结算机构的运作流程。

3. 试述网络金融风险防控的重大意义。

四、案例分析

银行卡绑定第三方支付平台被盗刷

2013年7月23日，彭某在中国建设银行股份有限公司中山宏基支行（以下简称"建行宏基支行"）办理了百惠龙卡。2015年7月3日，该卡于14:36:52通过中国银联股份有限公司上海分公司消费5 000元，于14:47:16通过深圳市财付通科技有限公司消费5 000元，于15:01:27通过迅付信息科技有限公司消费1 000元，于15:07:53通过智付消费3 000元，于15:09:29通过智付消费700元。彭某称其在2015年7月9日使用该卡的过程中发现卡内余额为零。2015年7月9日，彭某在建行珠海香洲支行打印交易清单。2015年7月11日，彭某向中山市公安局石岐区分局宏基派出所报案。2015年7月15日，彭某在建行中山朗晴轩分理处打印该卡的2015年7月3日明细事项。后彭某将建行中山分行诉至广东省中山市第一人民法院，请求判令建行中山分行向彭某偿还被盗存款14 700元及相应利息损失。

另查明：彭某在建行中山分行处办理的按揭贷款于2015年1月至2015年6月在该卡正常收回贷款本息，于2015年7月4日在该卡仅收回贷款本息5.91元。双方均确认涉案借记卡有开通手机短信服务，彭某主张账户被盗刷，未曾收到账户资金变动的短信通知。彭某同时确认之前曾通过第三方支付平台进行多次小金额消费。

　　广东省中山市中级人民法院二审认为：本案系借记卡纠纷。彭某在建行宏基支行办理了借记卡，双方形成储蓄存款合同关系。本案诉争五笔金额系通过第三方支付平台支出，而第三方支付平台的交易，使用的是第三方支付平台提供的账户进行贷款支付。买方初次将借记卡绑定第三方支付平台提供的账户时，银行会在客户进行支付时对第三方支付平台提供的手机号码和银行预留的手机号码进行一致性检验，通过后就可进行支付。如果银行已按前述要求在业务关联时进行了相关信息验证，确保客户身份真实可靠，在之后的交易时无需再次验证，只需按指令付款。

　　讨论题：

　　根据案例情况，结合金融服务及电子支付法律法规的相关知识，简述银行卡绑定第三方支付平台被"盗刷"应如何进行责任认定。

物流与供应链法律法规 | 第4章

【学习目标】

1. 掌握物流法律规范的调整对象和物流法律关系
2. 掌握物流采购的法律规范及主要法律关系
3. 掌握国际货物买卖合同的法律规范及风险责任的承担
4. 掌握货物运输法律规范及当事人的义务
5. 掌握邮政快递的法律责任

【本章重点】

1. 物流法律关系
2. 标的物的交付
3. 政府采购的法律规范
4. 货物运输法律规范及当事人的义务
5. 邮政快递相关法律规范

【导入案例】

包裹寄丢了

基本案情：2019年2月15日，湖南某物流公司韶山营业部职工到谭某办公室取走高仿油画《送子还乡》，寄往广东省惠州市惠东县海王子假日酒店，收件人为酒店董事长，邮寄费、包装费共计60元。寄件后，谭某仅收到邮寄发货单的照片，未与物流公司签订书面邮寄协议，也未收到其他单据。寄件二十多天后谭某得知收件人未收到油画。另查明，高仿油画《送子还乡》由贝罗修复科技（北京）有限公司制作完成，价值5 955元。

裁判结果：法院认为，物流公司接受谭某的邮寄委托并收取相关费用，双方之间成立邮寄服务合同。物流公司作为提供快递服务的一方，负有妥善保管并将邮寄件安全送达指定收件人的义务，现邮寄件在邮寄中丢失，物流公司应当承担赔偿责任。因双方对邮寄件丢失的赔偿问题未作约定，且物流公司未提示谭某贵重物品应保价，亦未特别申明赔偿限额，故对该物流公司辩称赔偿限额为邮寄费六倍的意见，不予支持。依照《中华人民共和国合同法》第六十一条、第三百一十一条、第三百一十二条的规定，判决由某物流公司韶山营业部在判决生效之日起三日内赔偿谭某5 955元。

典型意义：现实生活中，因邮寄服务合同涉及的标的较小，所以物流公司提供邮寄服务一般都未与消费者签订书面的邮寄服务合同，合同通常采取口头约定、实际行为等变通的方式。物流公司在履行合同的过程中丢失货物的现象并不常见，但一旦发生，就属于物流公司违约，应当承担相应的赔偿责任。本案中，物流公司以其单方提供的"保价条款"来约束消费者的理由明显不能成立，因为双方未订立书面合同，物流公司也未告知消费者存在该"保价条款"，故该"保价条款"对消费者不产生效力，物流公司应当按照丢失货物的实际价值进行赔偿。

4.1 物流法基础知识

4.1.1 物流及物流法律规范

1. 物流

我国制定的国家标准《物流术语》中将物流定义为：物品从供应地向接收地的实体流动过程。它是根据实际需要，将运输、储存、装卸、搬运、包装、流通加工、配送、信息处理等基本功能实施有机结合。

物流业是融合运输业、仓储业、货代业和信息业等的复合型服务产业，是国民经济的重要组成部分，涉及领域广，吸纳就业人数多，促进生产、拉动消费作用大，在促进产业结构调整、转变经济发展方式和增强国民经济竞争力等方面发挥着重要作用。

运输、仓储、搬运装卸、包装、流通加工、配送以及相关的物流信息构成了物流系统，随着现代化水平的提高，物流业从传统的仓储、运输等功能性环节朝着系统化、综合化的方向发展，其以整体经济效益为追求目标，受到交通、内贸、外贸等部门的影响，因此，必须要建立健全相关的法律法规。

2. 供应链及供应链电子商务

我国制定的国家标准《物流术语》将供应链定义为生产及流通过程中，涉及将产品或服务提供给最终用户所形成的网链结构。

供应链电子商务是指借助互联网服务平台，实现供应链交易过程的全程电子化。供应链电子商务，在统一了人、财、物、产、供、销各个环节的管理，规范了企业的基础信息及业务流程的基础上，实现外部电子商务与企业内部 ERP（Enterprise Resource Planning，企业资源计划）系统的无缝集成，实现商务过程的全程贯通。

3. 物流法律规范及法律关系

物流法律法规指调整物流活动中产生的以及与物流活动相关的社会关系的法律规范的总和。到目前为止，我国还没有一部统一的物流法，所有与物流相关的法律规范，即物流法律规范，分散于各个部门法之中。

物流法律关系，是以物流主体的权利与义务为内容的法律关系。物流法律关系如同民事法律关系，由主体要素、内容要素与客体要素组成。

4.1.2　物流法律规范分类

以调整方式的不同进行分类，物流法律规范可以分为：管制法规与交易法规。管制法规中大部分为经济法规；交易法规主要为民事商事法律规范，即平等主体之间自由的财产流转法。

从法律效力角度出发，可以将当前的物流法律规范分为三种：一是国家制定的与物流相关的法律规范，如铁路法、海商法等；二是涉及物流与公路、海港、航道相关的管理条例等行政法规，主要包括公路、水路、铁路、航空货物运输合同的实施细则，航道管理条例，海港管理的暂行条例，公路管理条例，联合运输问题的暂行规定等；三是由中央各部委颁布的与物流有关的规章制度，如货物搬运的规定、商品包装的暂行规定、商业运输管理办法、国际铁路货物联运的规定、铁路运输管理办法；等等。

从我国物流相关的法律法规现状来看，其弥补了过去的"法律空白"，大大提升了法律的效率，对物流业的高速有序发展起到了重要的作用。

4.1.3　物流法律规范的调整对象

法律规范的调整对象是指某一法律部门所调整的特定的社会关系，它是划分法律部门的基本依据和出发点，不同的部门法律有不同的调整对象。物流法的调整对象，是指物流法作为特殊的法律规范体系对现实生活发生作用的范围。

物流法的调整对象是由物流活动产生并与物流活动有关的社会关系。依据物流法所调整的社会关系性质的不同，作为其调整对象的社会关系主要包括两个部分：一是物流活动当事人之间的关系；二是国家行政主体与物流活动当事人之间的关系。同时，也覆盖了以下三种关系。

① 政府对物流市场的宏观调控关系。

② 政府对物流经营主体的监管关系。

③ 物流作业过程中发生的物流主体之间的特定社会关系。

4.1.4　物流法律关系

物流法律关系的内容就是主体的权利和义务，物流法律关系的客体就是物流企业提供的服务，物流法律关系的主体主要包括三类：物流企业（服务、供应商）、客户和政府。

1. 物流法律关系的主体

物流法律关系主体是物流法律关系中权利和义务的承担者，包括权利主体和义务主体。

（1）自然人。

自然人包括本国公民、外国人和无国籍人。自然人具有主体资格，可以作为物流法律关系的主体。但由于物流是商业活动，并且法律对一些物流行业的主体有特殊规定，因此自然人要成为物流服务的提供者将受到很大限制，在一些情况下可以通过接受物流服务成为物流法律关系的主体。

（2）法人。

法人是指具有民事权利能力和民事行为能力，依法享有民事权利和承担民事义务的组织。

（3）其他组织。

其他组织是指合法成立、具有一定组织机构和财产，但不具备法人资格，不能独立承担民事责任的组织。其具体包括以下几类组织。

① 依法登记领取营业执照的个体工商户、个人独资企业、合伙组织。

② 依法登记领取营业执照的合伙型联营企业。

③ 依法登记领取我国营业执照的中外合作经营企业、外资企业。

④ 经民政部门批准登记领取社会团体登记证的社会团体。

⑤ 依法设立并领取营业执照的法人分支机构。

⑥ 经核准登记领取营业执照的乡镇、街道、村办企业。

2. 物流法律关系的客体

物流法律关系客体是物流法律关系的主体享有的权利和承担的义务所共同指向的对象。通常为物、行为和智力成果，如运输公司的运送行为、工商行政管理部门对设立物流企业的审核批准行为等。

3. 物流法律关系的内容

物流法律关系的内容是指物流法律关系主体在物流活动中享有的权利和承担的义务。

权利是指权利主体能够凭借法律的强制力或合同的约束力，在法定限度内自主为或不为一定行为以及要求义务主体为或不为一定行为，以实现其实际利益的可能性。

义务是指义务主体依法律规定或应权利主体的要求必须为或不为一定行为，以协助或不妨碍权利主体实现其利益的必要性。

4. 物流法律关系的发生、变更和终止

物流法律关系的发生又称法律关系的设立，是指因某种物流法律事实的存在而在物流主体之间形成了权利和义务关系。发生的原因首先取决于某种物流法律事实的存在。物流法律事实是指由《民法典》规定的，引起物流法律关系发生、变更和消灭的现象，分为事件和行为两大类，其依赖于法律的规定和合同约定的存在。

物流法律关系的变更，是指某种物流法律事实的出现使物流主体之间已经发生的物流法律关系的某一要素发生改变。变更的原因是法律规定或者合同约定的某种物流法律事实的出现。

物流法律关系的终止，是指某种物流法律事实的出现导致已存在的物流法律关系归于消灭。终止的原因是出现了某种规定或约定的物流法律事实，其法律后果是原本存在的某种物流法律关系不复存在。

知识拓展 4-1

关于法律规范的相关知识，请扫描二维码阅读。

4.2 物流采购法律规范

4.2.1 物流采购法律规范概述

在传统思维里，采购就是拿钱买东西，目的就是以最少的钱买到最好的商品。但是，随着市场经济的发展、技术的进步、竞争的日益激烈，采购已由单纯的商品买卖发展成一种职能，一种可以为企业节省成本、增加利润、获取服务的资源。

1. 物流采购法律规范

（1）《民法典》。

合同是民事主体之间设立、变更、终止民事法律关系的协议。

（2）《中华人民共和国招标投标法》（以下简称《招标投标法》）。

《招标投标法》是国家用来规范招标投标活动、调整在招标投标过程中产生的各种关系的法律规范的总称。

（3）《中华人民共和国政府采购法》（以下简称《政府采购法》）。

政府采购是指各级国家机关、事业单位和团体组织，使用财政性资金采购依法制定的集中采购目录以内的或者采购限额标准以上的货物、工程和服务的行为。

（4）《联合国国际货物买卖合同公约》。

《联合国国际货物买卖合同公约》是联合国大会在第六届特别会议上通过的、以建立新的国际经济秩序为目标的决议，其目的是在平等互利的基础上发展国际贸易，促进各国间友好关系。

2. 采购中涉及的主要法律关系

（1）买卖合同关系。

《中华人民共和国民法典》第三编中的第九章规定，买卖合同是出卖人转移标的物的所有权于买受人，买受人支付价款的合同。

买卖关系的主体是出卖人和买受人。转移买卖标的物的一方为出卖人，即卖方；受领买标的物、支付价金的一方是买受人，即买方。

买卖合同的内容一般包括标的物的名称、数量、质量、价款、履行期限、履行地点和方式、包装方式、检验标准和方法、结算方式、合同使用的文字及其效力等条款。

（2）承揽合同关系。

《中华人民共和国民法典》第三编中的第十七章规定，承揽合同是承揽人按照定作人的要求完成工作，交付工作成果，定作人给付报酬的合同。承揽包括加工、定作、修理、复制、测试、检验等工作。

在承揽合同中，完成工作并交付工作成果的一方为承揽人；接受工作成果并支付报酬的一方为定作人。承揽合同是日常生活中除买卖合同外常见的合同，如果合同中没有以承揽人、定作人指称双方当事人，也不影响对其法律性质的认定。承揽合同的承揽人可以是一人，也可以是数人。在承揽人为数人时，数个承揽人即为共同承揽人，如无相反约定，共同承揽人对定作人负连带清偿责任。

承揽合同的内容一般包括承揽的标的、数量、质量、报酬，承揽方式，材料的提供，履行期限，验收标准和方法等条款。

（3）租赁合同关系。

《民法典》第三编中的第十四章规定，租赁合同是指出租人将租赁物交付给承租人使用、收益，承租人支付租金的合同。

在当事人中，提供物的使用或收益权的一方为出租人；对租赁物有使用或收益权的一方为承租人。租赁合同的成立不以租赁物的交付为要件，凡是当事人需要取得对方标的物的临时使用、收益而无需取得所有权，并且该物不是消耗物时，都可以适用租赁合同。租赁物须为法律允许流通的动产和不动产。租赁合同包括房产租赁合同、汽车租赁合同、土地租赁合同、商铺租赁合同等。

租赁合同的内容一般包括租赁物的名称、数量、用途、租赁期限、租金及其支付期限和方式、租赁物维修等条款。

4.2.2 标的物交付

关于标的物的交付，《民法典》及其他相关法律法规都有详细规定。

1. 标的

为了确定当事人追求的司法效果的基本内容而要求当事人自己必须予以明确的那一部分内容即是标的，如货物交付、劳务交付、工程项目交付等。标的是合同成立的必要条件，是一切合同的必备条款。标的的种类总体上包括财产和行为。其中财产又包括物和财产权利，具体表现为动产、不动产、债权、物权等；行为又包括作为、不作为等。

合同标的是合同法律关系的客体，是合同当事人双方权利和义务共同指向的对象。标的条款必须清楚地写明标的名称，以使标的特定化，以界定权利和义务。

2. 标的物

买卖合同的标的物是指卖方所出卖的货物。买卖合同广义上的标的物不仅指物，还包括其他财产权利，如债权、知识产权、永佃权等。我国《民法典》所规定的标的物采取狭义标准，仅指实物，不包括权利。买卖合同的标的物，是指能满足人们实际生活需要，能为人力独立支配的财产。除法律予以禁止或限制外，任何标的物，无论是动产还是不动产，是种类物还是特定物，是消费物还是非消费物，均可作为买卖合同的标的物。

在我国，土地、山脉、河流、海洋只能由国家依法确定使用主体，不能作为买卖合同的标的物。

标的是指合同当事人之间存在的权利义务关系，如在房屋租赁中，标的是房屋租赁关系，而标的物是所租赁的房屋。

标的和标的物并不是永远共存的。一个合同必须有标的，而不一定有标的物。如在提供劳务的合同中，标的是当事人之间的劳务关系，但就没有标的物。

3. 标的物所有权

标的物所有权是指标的物所有权人依法对其财产享有占有、使用、收益和处分的权利。

在一切民事、商事活动中，财产所有权是一项最基本的民事权利。人们只有拥有财产，才能从事各种各样的民事、商事活动。财产所有权具有排他性，即财产所有权人对其拥有的财产享有充分的独占权和支配权，同一财产只能设定一项所有权，依法设定所有权后，其他任何人（或单位）都不得侵犯这种权利。当然，这种排他性并不意味着同一财产只能由一个人享有所有权，两个或者两个以上的共有人可以对同一财产享有同一个所有权。

知识拓展 4-2

关于财产所有权的权能及取得的相关知识，请扫描二维码阅读。

知识拓展 4-2

物权转移即标的物所有权转移，是指买卖合同的标的物自出卖人转移，归买受人所有。因为买卖合同是指转移标的物所有权的合同，买受人的目的是支付价款以取得标的物的所有权，出卖人的目的是出让标的物的所有权以取得价款。

标的物所有权转移是买卖合同的基本问题，关系着当事人切身利益的实现。一旦标的物的所有权转移到买方后买方拒付价款或者遭遇破产，卖方就将受到重大损失。除非卖方保留了标的物的所有权，或者在标的物上设定了某种担保权益，否则，一旦买方在付款前破产，卖方就只能以普通债权人的身份参与破产财产的分配，其所得可能会大大少于应收的价款。因此，讨论买卖合同标的物所有权的转移，主要就是弄清标的物所有权转移的时间。

4. 标的物交付

出卖人在交付标的物时应按照合同规定的数量、质量、期限、方式和时间完成交付。交付标的物是出卖人的首要义务，也是买卖合同重要的合同目的。

（1）标的物交付时间。

卖方应按约定的时间交付标的物。合同有约定的，依照合同的约定；法律有规定的，依照法律的规定；法律没有规定且当事人也没有约定的，按以下规则确定交付时间。

① 债务人（义务主体）可以随时履行，债权人（权利主体）也可以随时要求履行，但应当给对方必要的准备时间。

② 合同的标的物在合同订立前已被买方实际占有的，合同生效时间即为标的物交付时间。即在买卖合同订立之前买受人已经实际占有标的物的情况下，合同一生效就视为标的物已交付。

③ 需要办理特别手续的，办完法定手续，如批准、登记等的时间为交付时间。

④ 卖方送货的，卖方将标的物运到预订地点，由买方验收后，视为交付成功。

⑤ 买方自己提货的，卖方通知的提货时间即为交付时间，但卖方应给买方留有必要的在途时间。

⑥ 卖方代为邮寄或托运的，卖方办完托运或邮寄手续后，视为交付成功。

一般情况下，交付时间即为标的物所有权转移的时间，这是实际生活中最普遍的。在买卖中，交付标的物与转移所有权往往为同一行为，也就是说，买卖中交付标的物与标的物所有权转移往往是同时发生的。但是，在少数情况下，交付标的物的时间并不是标的物所有权转移的时间。因此，在买卖中，虽然人们习惯上把交付标的物视为标的物所有权的转移，但这两种行为是不能画等号的。

另外，需要指出的是，买卖的标的物所有权是否发生转移并不一定是以买受人是否付款为标准，而是以是否实现标的物的交付或者法律、合同特别规定的转移时间条件为准。只要具备了这种时间条件，即使买受人没有按照合同规定付款，该物的所有权在法律上已为买受人所享有（当然，买受人没有按照合同约定付款，是买受人违约，应当承担违约赔偿责任）。有些买卖，如城市房屋买卖，即使双方签订了买卖合同，买受人也付了款并占有了该房屋，但只要没有向城市房屋管理部门办理该房屋所有权转让并取得登记手续，房屋所有权在法律上仍为出卖人享有。

（2）标的物交付地点。

卖方应按约定的地点交付标的物。合同有约定的，依照合同的约定；法律有规定的，依照法律的规定；法律没有规定且合同也没有约定的，按以下规则确定交付地点。

① 给付货币的，在接受货币一方所在地交付；交付不动产的，在不动产所在地交付；属于其他标的的，在履行义务一方所在地交付。

② 标的物需要运输的，出卖人应将标的物交付给第一承运人以运交给买受人；标的物不需要运输的，出卖人和买受人订立合同时知道标的物在某一地点的，出卖人应当在该地点交付标的物；不知道标的物在某一地点的，应当在出卖人订立合同时的营业地交付标的物。

③ 卖方送货的，卖方将标的物运到的预订地点视为交付地点。

④ 卖方代为邮寄或托运的，卖方办完托运或邮寄手续后，视为交付。

⑤ 买方自己提货的，卖方通知的提货时间即为交付时间，但卖方通知的提货时间应给买方留有必要的在途时间。

（3）标的物交付方式。

① 现实交付。出卖人将标的物置于买受人的实际控制之下，即标的物直接占有的移转，此为交付的常态。现实交付依交货方式的不同，可以分为三种情形：送货上门、上门提货和代办托运。

② 观念交付。观念交付分为以下三种情形。

拟制交付：交付提取标的物的单证，以代替标的物的现实交付的交付方式。标的物的单证，即物权凭证，包括仓单、提单等。

简易交付：买卖合同订立前，买受人已经通过租赁、借用、保管等合同关系实际占有标的物，标的物的交付系于合同生效的交付方式。

占有改定：由双方当事人签订协议，使买受人取得标的物的间接占有，以代替标的物直接占有的移转的交付方式。我国相关法律未确认这种交付方式，此处仅作学理探讨。

根据电子商务的特点，《电子商务法》第五十一条和第五十二条规定了合同标的的交付方式和对应的交付时间。

合同标的为交付商品并采用快递物流方式交付的，收货人签收时间为交付时间。合同标的为提供服务的，生成的电子凭证或者实物凭证中载明的时间为交付时间；前述凭证没有载明时间或者载明时间与实际提供服务时间不一致的，实际提供服务的时间为交付时间。

合同标的为采用在线传输方式交付的，合同标的进入对方当事人指定的特定系统并且能够检索识别的时间为交付时间。合同当事人对交付方式、交付时间另有约定的，从其约定。

电子商务当事人可以约定采用快递物流方式交付商品。快递物流服务提供者为电子商务提供快递物流服务，应当遵守法律、行政法规，并应当符合承诺的服务规范和时限。快递物流服务提供者在交付商品时，应当提示收货人当面查验；交由他人代收的，应当经收货人同意。

4.2.3　政府采购

政府采购是指各级政府为了开展日常政务活动或为公众提供服务，在财政的监督下，以法定的方式、方法和程序，通过公开招标、公平竞争，由财政部门以直接向供应商付款的方式完成的采购方式。

政府采购不但是指具体的采购过程，而且是采购政策、采购程序、采购过程及采购管理的总称，是一种对公共采购管理的制度，是一种政府行为。

1. 政府采购法律法规

我国推行政府采购制度始于 1996 年，政府采购相关的主要法律法规有如下几种。

（1）全国人大及其常委会制定颁布的相关法律。

其主要有《招标投标法》《政府采购法》《民法典》《中华人民共和国反不正当竞争法》《中华人民共和国担保法》《中华人民共和国价格法》《中华人民共和国建筑法》等与政府采购及其政府采购招标有关的法律。

（2）国务院制定颁发的行政法规。

主要有《政府采购货物和服务招标投标管理办法》《政府采购非招标采购方式管理办法》《建设工程质量管理条例》《建设工程勘察设计管理条例》《建筑工程施工许可管理办法》《中华人民共和国货物进出口管理条例》等与招标投标有关的行政法规。

（3）由财政部制定出台以及由财政部与有关部门联合制定出台的部门规章。

其主要有《政府采购评审专家管理办法》《政府采购信息公告管理办法》《政府采购供应商投诉处理办法》《集中采购机构监督考核管理办法》《自主创新产品政府采购合同管理办法》《自主创新产品政府采购预算管理办法》《自主创新产品政府采购评审办法》等与政府采购有关的管理办法。

（4）由各省人大常委会制定颁发的招标投标方面的地方性法规，如《实施〈中华人民共和国招标投标法〉办法》等。

（5）由各省人民政府制定颁发的与政府采购工作有关的地方性行政规章。

（6）由省财政厅或者由省财政厅、省人民政府有关部门联合制定的与政府采购有关的规范性文件，由当地人民政府及其财政部门或者由财政部门和其他有关部门联合制定的与政府采购有关的规范性文件。

还有，党的十六届三中全会通过的《中共中央关于完善社会主义市场经济体制若干问题的决定》明确要求推行政府采购制度；《中国共产党纪律处分条例》对违反政府采购制度的行为做出了纪律处分规定；中共中央印发的《建立健全教育、制度、监督并重的惩治和预防腐败体系实施纲要》中提出，推行政府采购制度是重要措施之一。

2. 政府采购当事人

《政府采购法》规定，政府采购当事人是指在政府采购活动中享有权利和承担义务的各类主体，包括采购人、供应商和采购代理机构。

（1）采购人。

采购人指依法进行政府采购的国家机关、事业单位、团体组织。国家机关、事业单位、团体组织在使用财政性资金采购货物、工程和服务时，是政府采购法律关系中的采购人。在政府采购中，采购人的地位是特定的，采购人可以自行采购，也可以委托采购，但纳入集中采购目录的必须委托集中采购机构代理采购。

（2）采购代理机构。

采购代理机构是受采购人的委托采购货物、工程和服务的机构。这里的采购代理机构是广义的采购代理机构，包括集中采购机构和采购代理机构。

① 集中采购机构。集中采购机构是由设区的市、自治州以上的人民政府根据本级政府采购项目组织集中采购的需要而设立的。集中采购机构是非营利事业法人，根据采购人的委托办理采购事宜。

集中采购机构的采购权是法律规定的，其代理权并非基于采购人的委托授权。《政府采购法》第十八条规定，采购人采购纳入集中采购目录的政府采购项目，必须委托集中采购机构代理采购。第七十四条规定，采购人对应当实行集中采购的政府采购项目，不委托集中采购机构实行集中采购的，将承担相应的法律后果。集中采购机构除根据法律规定采购纳入集中采购目录的政府采购项目外，还可以接受采购人的委托采购未纳入集中采购目录的政府采购项目。

《政府采购法》第十七条规定，集中采购机构进行政府采购活动，应当符合采购价格低于市场平均价格、采购效率更高、采购质量优良和服务良好的要求。

② 采购代理机构。《政府采购法》第十九条所述的采购代理机构是狭义的采购代理机构，是代理政府采购的社会中介机构，其代理政府采购的资格由国务院或者省级人民政府有关部门认定。

经资格认定的政府采购代理机构，其设立应当符合法定条件，性质上，其属于营利性的经济组织。采购人与采购代理机构的委托代理关系适用代理法的一般原理，采购代理机构是代理人，采购人是被代理人，采购代理机构在采购人的委托授权范围内采购货物、工程和服务，其法律后果由采购人承担。采购人与采购代理机构的关系属于委托代理关系，所以，采购人依法委托采购代理机构办理采购事宜，应当由采购人与采购代理机构签订的委托代理协议，依法确定委托代理的事项，约定双方的权利义务。

（3）供应商。

供应商是指向采购人提供货物、工程或者服务的法人、其他组织或者自然人。法人是依法设立，具有独立承担民事责任能力的组织。其他组织是指不具备法人资格的个人独资企业、合伙企业等。

供应商参加政府采购活动应当具备的条件：第一，具有独立承担民事责任的能力；第二，具有良好的商业信誉和健全的财务会计制度；第三，具有履行合同所必需的设备和专业技术能力；第四，有依法缴纳税收和社会保障资金的良好记录；第五，参加政府采购活动前三年内，在经营活动中没有重大违法记录；第六，法律、行政法规规定的其他条件。此外，采购人可以根据采购项目的特殊要求，规定供应商的特定条件，如要求供应商具备相关的资质条件。

① 供应商的资格预审。对供应商不实行市场准入制度，供应商可以自由进入政府采购市场，采购人不得以不合理的条件对供应商实行差别待遇或者歧视待遇，应真正体现公平、公正的原则。但对供应商参加具体的政府采购项目，采购人有权根据《政府采购法》规定的供应商条件和采购项目对供应商的特定要求和资格进行审查。审查的方式和主要内容是，要求供应商提供相关文件和材料的原件和复印件，如法人营业执照或营业执照、资质证明文件、财务报表、纳税凭证、业绩情况等。

② 联合采购。两个以上的供应商可以组成一个联合体，以一个供应商的身份共同参加某项目的政府采购。组成联合体的供应商均应当具备《政府采购法》所规定的供应商的条件，联合体应当向采购人提交联合协议，联合协议应载明联合体各方承担的工作和义务。联合体各方应当共同与采购人签订政府采购合同，联合体各方就合同约定的事项对采购人承担连带责任。

3. 政府采购主体的法律责任

政府采购法律责任的主体包括采购人、采购代理机构、供应商、政府采购监督管理部门，法律责任包括行政责任、民事责任和刑事责任三种。

（1）采购人、采购代理机构的法律责任。

采购人、采购代理机构有下列情形之一的，由政府采购监督管理部门责令限期改正，给予警告，可以并处罚款，对直接负责的主管人员和其他直接责任人员，由其行政主管部门或者有关机关给予处分，并予通报：应当采用公开招标方式而擅自采用其他方式采购的；擅自提高采购标准的；以不合理的条件对供应商实行差别待遇或者歧视待遇的；在招标采购过程中与投标人进行协商谈判的；中标、成交通知书发出后不与中标、成交供应商签订采购合同的；拒绝有关部门依法实施监督检查的。

采购人、采购代理机构及其工作人员有下列情形之一，构成犯罪的，依法追究刑事责任，尚不构成犯罪的，处以罚款，有违法所得的，并处没收违法所得，属于国家机关工作人员的，依法给予行政处分：与供应商或者采购代理机构恶意串通；在采购过程中接受贿赂或者获取其他不正当利益；在有关部门依法实施的监督检查中提供虚假情况；开标前泄露标底。

采购人、采购代理机构有上述违法行为之一影响中标、成交结果或者可能影响中标、成交结果的，按下列情况分别处理：未确定中标、成交供应商的，终止采购活动；中标、成交供应商已经确定但采购合同尚未履行的，撤销合同，从合格的中标、成交候选人中另行确定中标、成交供应商；已经履行采购合同，给采购人、供应商造成损失的，由责任人承担赔偿责任。

采购人、采购代理机构因违法给供应商造成损失的，应当承担民事责任。

采购人对应当实行集中采购的政府采购项目，不委托集中采购机构实行集中采购的，由政府采购监督管理部门责令改正；拒不改正的，停止按预算向其支付资金，由其上级行政主管部门或者有关机关依法给予其直接负责的主管人员和其他直接责任人员处分。采购人未依法公布政府采购项目的采购标准和采购结果的，责令改正，对直接负责的主管人员依法给予处分。

采购代理机构在代理政府采购业务中有违法行为的，按照有关法律规定处以罚款，可以依法取消其代理采购的资格，构成犯罪的，依法追究刑事责任。

（2）供应商的法律责任。

《中华人民共和国政府采购法（2014修正）》第七十七条规定：供应商有下列情形之一的，处以采购金额千分之五以上千分之十以下的罚款，列入不良行为记录名单，在一至三年内禁止参加政府采购活动，有违法所得的，并处没收违法所得，情节严重的，由工商行政管理机关吊销营业执照，构成犯罪的，依法追究刑事责任：提供虚假材料谋取中标、成交；采取不正当手段诋毁、排挤其他供应商；与采购人、其他供应商或者采购代理机构恶意串通；向采购人、采购代理机构行贿或者提供其他不正当利益；在招标采购过程中与采购人进行协商谈判；拒绝有关部门监督检查或者提供虚假情况。

供应商有前款第一至五项情形之一的，中标、成交无效。给采购人、采购代理机构造成损失的，供应商应承担民事责任。

（3）政府采购监督管理部门的法律责任。

政府采购监督管理部门的工作人员在实施监督检查中违反《政府采购法》规定，滥用职权，玩忽职守，徇私舞弊的，依法给予行政处分；构成犯罪的，依法追究刑事责任。

政府采购监督管理部门对供应商的投诉逾期未作处理的，给予直接负责的主管人员和其他直接责任人员行政处分。

政府采购监督管理部门对集中采购机构业绩的考核，有虚假陈述，隐瞒真实情况的，或者不作定期考核和公布考核结果的，应当及时纠正，由其上级机关或者监察机关对其负责人进行通报，并对直接负责的人员依法给予行政处分。

（4）其他单位或者个人的法律责任。

任何单位或者个人阻挠和限制供应商进入本地区或者本行业政府采购市场的，责令限期改正；拒不改正的，由该单位或者个人的上级行政主管部门或者有关机关给予单位责任人或者个人处分。

知识拓展 4-3

关于政府采购监察的法律法规依据的相关知识，请扫描二维码阅读。

知识拓展 4-3

4.2.4 国际货物买卖合同

1. 国际货物买卖合同的特点

国际货物买卖合同是营业地在不同国家的当事人之间所签订的货物买卖合同，与国内货物买卖合同相比，具有以下特点。

（1）涉外性。

一方面，当事人的营业地分别处在不同的国家。《联合国国际货物买卖合同公约》（以下简称《公约》）第一条规定："本公约适用于营业地在不同国家的当事人之间所订立的货物买卖合同。"当事人的营业地是否在不同的国家是区分一份买卖合同是否具有国际性的主要标准。另一方面，国际货物买卖合同的订立可能在不同的国家完成，或者合同订立虽在一个国家完成，但是合同的履行却在另一个国家完成。

（2）标的物的排除性规定。

《公约》规定，仅供私人和家庭使用的货物、拍卖的货物、股票、投资证券、流通票据或货币、船舶或飞机、电力不得作为国际货物买卖合同的标的物。

（3）法律适用的复杂性。

国际货物买卖合同适用的法律不仅有国内法，还有国际条约以及国际惯例。

（4）争议管辖的多样性。

国际货物买卖发生纠纷时，合同双方当事人可以选择，或根据有关的规定、合同的内容及合同的不同类型来确定管辖法院或仲裁机构。被确定的法院或仲裁机构可能是双方所属国，也可能是双方选择的第三国，同时不排除第四国根据专属管辖权原则进行实际管辖。

2. 国际货物买卖合同的主要内容

国际货物买卖合同的主要内容包括约首、基本条款、约尾三部分。

（1）约首。约首一般包括合同名称、合同编号、缔约双方名称和地址、联系方式等。

（2）基本条款。基本条款主要包括以下内容。

① 合同标的的名称、规格、质量、数量。

② 合同的价款：单价、总价、币种、汇率风险的规避等。

③ 买卖双方的义务。

④ 包装条款。

⑤ 价款的支付方式。

⑥ 合同的履行。

⑦ 保险条款。

⑧ 检验条款。

⑨ 不可抗力条款。

⑩ 争议解决的方式。

（3）约尾。约尾是合同的最后一部分，一般包括订约日期、订约地点和双方当事人签字等内容。

3. 国际货物买卖合同的形式

我国对国际货物买卖合同的形式做了保留，在我国，国际货物买卖合同必须采用书面形式，口头合同是无效的。

书面合同主要包括正式合同与确认书。

（1）正式合同：主要包括进口合同（import contract）和出口合同（export contract）。正式合同对买卖双方的权利和义务以及发生争议后的处理办事约定明确，在大宗、复杂、贵重或成交金额较大的商品交易中普遍采用。

（2）确认书：主要包括销售确认书（sales confirmation）和购买确认书（purchase confirmation）。确认书是一种简式合同，所包括的条款比正式合同简单，只列明几项主要的或基本的条款。这种合同形式适用于金额较小、批数较多的商品交易或已订有代理、包销等长期协议的情况。虽然确认书内容比较简单，但在法律上与正式合同具有同等效力，对买卖双方均具有约束力。

4. 国际货物买卖合同的法律规范

国际货物买卖合同是一种具有跨越国界性的法律关系，它至少涉及买方和卖方两个国家的法律，有时还涉及第三国的法律及国际惯例，因此国际货物买卖合同所涉及的法律规范比国内买卖合同要复杂得多。

（1）国内法。

国际货物买卖合同首先必须符合国内法的规定。国内法是指由某一国家制定或认可并在该国主权管辖范围内生效的法律。我国关于国际货物买卖方面的法律规范主要体现在《中华人民共和国民法通则》和《民法典》中。国际货物买卖合同涉及的国内法主要包括合同双方当事人所在国法律和合同相关国家的法律。由于各国国内法的差异性，因此各国国内法一般都规定了国际货物买卖合同的法律适用的基本原则。我国《民法典》规定，涉外合同当事人可选择处理合同争议所适用的法律。当事人没有选择的，适用与合同有最密切联系的国家的法律。

（2）双边或多边国际条约。

在对外订立和履行货物买卖合同时，还应符合与合同有关的国际条约的规定。国际货物买卖合同所涉双边或多边国际条约主要包括国与国之间缔结的贸易协定、支付协定、年度议定书、共同交货条件，以及国际公约。在有关贸易术语的国际贸易惯例中，影响最大的、使用范围最广的是《公约》。1980年，《公约》在维也纳召开的联合国外交会议上通过，并已于1988年1月1日起生效。到1986年年底，已有阿根廷、埃及、法国、匈牙利、意大利、美国、中国等十一个国家批准了该公约。

① 《联合国国际货物买卖合同公约》共分为四个部分：适用范围、合同的成立、货物买卖、最后条款。全文共一百零一条。

② 《公约》的适用范围。《公约》第一条规定，本公约适用于营业地在不同国家的当事人之间所订立的货物买卖合同。《公约》强调它确定某项买卖合同是否具有国际性的时候，仅以合同当事人的营业地是否处于不同的国家作为唯一的标准。至于双方当事人的国籍是否不同，则不予考虑。因此，只要买卖双方当事人的营业地处于不同的国家，即使他们具有相同的国籍，他们所订立的买卖合同亦是国际货物买卖合同，可以适用《公约》。若合同的当事人拥有一个以上的营业地点，则以与该合同及合同的履行有着最密切联系的地点作为该当事人的营业地。

③ 我国政府已于1986年12月11日核准了该公约，并向联合国秘书长交存了核准书。但是，我国根据具体情况提出了两条保留条款：一是关于合同形式的保留。我国认为国际货物买卖合同的订立、修改和终止都必须采用书面方式，书面方式包括电报和电传。二是关于《公约》适用范围的保留。《公约》规定若合同当事人的营业地所在国是《公约》的非缔约国，但根据国际私法规则导致适用某一缔约国的法律，则《公约》对该合同也适用。我国不同意扩大《公约》的适用范围，仅同意《公约》适用于缔约国的当事人之间签订的买卖合同。《公约》不具有强制性，双方当事人可以在合同中排除其约束，或在一定条件下变更其效力。

④ 不适用《公约》的情况：第一，仅供私人和家庭使用的货物买卖合同。第二，以拍卖方式进行的买卖。第三，根据某国法律的执行令状或其他令状进行的买卖。第四，股票、投资证券、流通票据或货币的买卖。第五，船舶或飞机的买卖。第六，电力的买卖。

（3）国际贸易惯例。

国际贸易惯例主要指国际组织、商业团体所制定的成文的"规则""解释""定义""惯例"等。这些"规则""惯例"等往往对国际贸易中的某一方面内容作出规定，是国际贸易法的主要渊源之一。国际贸易惯例包括成文的与不成文的惯例。相对于国内法和国际惯例的法律约束力而言，国际贸易惯例遵从当事人"意愿自治"的原则，因此不具有普遍约束力。但是，一旦双方当事人在合同中采用了某项惯例，它就成为合同的一部分，对双方当事人具有约束力。或者某些惯例被纳入国内法，或者当事人在合同中未约定也未排除使用某项惯例，而法庭或仲裁庭将该惯例作为判决或裁决的依据，在这种情况下，国际贸易惯例同样具有法律约束力。目前在国际上影响较大的关于国际货物买卖的惯例主要有：国际法协会制定的《1932年华沙—牛津条约》、美国一些商业团体共同拟定的《1941年美国对外贸易定义修订本》和国际商会制定的《2000年国际贸易术语解释通则》等。

5. 国际货物买卖合同的磋商订立

国际货物买卖交易的程序，一般都包括交易前的准备、磋商订立合同和履行合同三个阶段。其中交易磋商是重要的环节，是整个国际货物买卖过程的前提。国际货物买卖交易磋商主要包括询盘、发盘、还盘和接受四个环节，其中发盘和接受是不可缺少的基本环节。

（1）询盘。

询盘在实务中称为"询价"，又被称为"要约邀请"，是指买方或卖方为了购买或销售某种商品向对方探询交易条件的行为。询盘的内容涉及价格、规格、品质、数量、包装、装运以及索取样品等和交易相关的事项，大多数情况下，买方或卖方只询问价格。

询盘分为卖方询盘和买方询盘。在实际业务中，询盘只是探询交易的可能性，所以不具有法律上的约束力，也不是每笔交易都要经历的程序。询盘可采用口头方式，亦可采用书面方式。询盘可由买方发出，称为"邀请发盘"，也可以由卖方发出，称为"邀请递盘"。

（2）发盘。

发盘又称报盘、报价、发价，在法律上称为"要约"，是买方或卖方向对方提出各项交易条件，并愿意按照这些条件达成交易、签订合同的一种表示。发盘既是一种商业行为又是一种法律行为。发盘的当事人为发盘人和受盘人，又称为发端人和收件人。发盘可以分为卖方发盘即售货发盘和买方发盘即购货发盘。由卖方提出的发盘常被称为卖方发盘；由买方提出的发盘常被称为买方发盘。根据发盘对发盘人是否具有法律约束力，发盘可以分为实盘和虚盘。实盘是指含有确定意思，对发盘人具有法律约束力的发盘。虚盘是发盘人有保留地愿意按一定条件达成交易的一种意思表示，发盘人可以随时撤回或修改虚盘的内容，因此虚盘对发盘人没有法律约束力。内容不明确、主要交易条件不完备、发盘人有保留条件的发盘，都属于虚盘。

发盘的有效要件如下。

① 发盘必须是向特定的人发出的，即发盘必须指定受盘人。《公约》第十四条第二款规定："非向一个或一个以上特定的人提出的建议，仅应视为邀请做出发盘，除非提出建议的人明确地表示相反的意向。"我国法律也有类似规定。为了把发盘同普通商业广告等区别开，发盘必须向特定的人提出。"特定的人"指要在发盘中指明受盘人个人姓名或公司名称。受盘人可以是一个，也可以是多个。

② 发盘必须是订立合同的建议，即只要受盘人完全接受发盘人在发盘中提出的条件，就可以订立合同。

③ 发盘的内容必须十分确定。《公约》第十四条第一款规定："一个建议如果写明货物并且明示或暗示地规定数量和价格或规定如何确定数量和价格，即为十分确定。"因此，一项发盘只要包含商品的名称、数量、价格或数量与价格的确定方法，就是内容完整确定的发盘。而其他交易条件，如货物的包装、交货或查验等，可在合同成立后，按双方的约定、惯例、《公约》有关规定加以完善。

④ 发盘必须表明发盘人受其约束，即发盘人在发盘时向对方表示，在得到有效接受时双方即可按发盘的内容订立合同。表明订约意旨发盘必须表明明确的订约意旨，即表明发盘经受盘人接受，发盘人即承受约束的意思。发盘的目的是与对方订立合同，因此，发盘一旦被接受，合同就成立，发盘人应受到约束。发盘人受约束的表示方式既可以是明示，如在发盘中明确写明"实盘"，也可以是暗示。

⑤ 发盘只有送达受盘人才能生效。《公约》第十五条规定："发盘于送达被发盘人时生效。"因此，在发盘未送达受盘人之前，受盘人即使已获悉该发盘内容，也不能接受该发盘。受盘人在发盘送达前作出的对该发盘的接受，不是真正的接受，只能够看作新的发盘。

发盘的撤回与撤销如下。

① 发盘的撤回，指发盘人发出发盘后，在发盘未到达受盘人之前，即在发盘尚未生效之前，将发盘收回，阻止它的生效。《公约》第十五条第二款规定："一项发盘，即使是不可撤销的，也可以撤回，如果撤回通知在发盘到达受盘人之前到达或与其同时到达受盘人。"

② 发盘的撤销，指发盘人在其发盘已经到达受盘人，即在发盘已经生效的情况下，将发盘取消，解除发盘的效力。各国法律对已送达受盘人的发盘是否可以撤销有不同的规定：大陆法系认为一项发盘一经送达受盘人，即生效后，就不得撤销，除非发盘人在发盘中注明不受约束；英美法系认为发盘在被接受之前可以随时撤销。《公约》主张，如果撤销的通知在受盘人发出接受通知前送达受盘人，可予撤销。但在下列情况下，发盘不能撤销：发盘在已规定有效期或以其他方式表明不可撤销；如受盘人有理由信赖该项发盘是不可撤销的，并已本着对该发盘的信赖采取了行动。

发盘的失效情况如下。

① 发盘因过期而失效。

② 发盘被发盘人依法撤销。

③ 被收盘人拒绝或还盘之后。

④ 发盘因不可抗力等原因失效，如政府发布禁令或限制措施造成发盘失效；发盘人或受盘人在发盘被接受前丧失行为能力（如死亡）或法人破产。

发盘的有效期间。

发盘的有效期间是指受盘人对发盘表示接受的时间期限。当采取口头方式发盘时，《公约》规定，除发盘人另有声明外，受盘人只能当场表示接受。而采用信函或电文等书面方式发盘时，发盘的有效期为发盘中明确规定的期间。明确规定发盘有效期的方式主要有规定最迟接受期限和规定一段接受期间两种方式。

（3）还盘。

还盘又称还价，是受盘人对发盘内容提出修改或变更的意思表示，实际上是受盘人以发盘人的地位所提出的新发盘。还盘主要包括两种形式：对发盘表示有条件地接受；受盘人对货物的价格、支付、品质、数量、交货时间与地点、一方当事人对另一方当事人的赔偿责任范围或解决争端的办法等提出更改。

还盘注意事项如下。

① 注意还盘的形式。还盘可以以明示的方式作出，如在还盘中明确使用"还盘"字样，也可以只是在内容中表示对发盘条件的实质性修改。

② 还盘是受盘人向原发盘人提出的新发盘。因此，原受盘人变成新发盘的发盘人，而原发盘人则变成了新发盘的受盘人。

③ 还盘的内容。还盘的内容主要包括变更条件的内容，未经还盘修改的原还盘内容，对原发盘人仍有约束力。

④ 发盘人核对内容。发盘人接到还盘后要与原发盘条款进行核对，找出还盘中提出的新内容，再根据自己的交易意图处理。

（4）接受。

《公约》第十八条规定："受盘人声明或做出其他行为表示同意一项发盘，即为接受。"我国相关法律也有类似规定。接受即承诺，是买方或卖方同意对方发盘中提出的交易条件，并愿意按这些条件与对方达成交易、订立合同的一种肯定的表示。接受既属于商业行为，也属于法律行为。接受既可以由买方作出也可以由卖方作出。

构成接受的有效要件。

① 接受必须由特定的受盘人做出。发盘必须向特定的受盘人发出，因此，接受也只能由特定的受盘人做出，才具有效力。受盘人的合法代理人代受盘人做出接受也视为有效。

② 接受的内容必须与发盘的内容相符。原则上说，接受应是无条件的、无保留的。《公约》将接受中对发盘的条件所做的变更分为实质性变更和非实质性变更。对发盘内容做出实质性修改视为还盘，如果发盘人对此不予以确认，合同不能成立。非实质性修改，除发盘人在不过分延迟的时间内表示反对其间的差异外，一般视为有效接受，而且合同的条件以该发盘和接受中所提出的某些更改为准。

6. 国际货物买卖合同的风险责任承担

（1）出卖方的风险责任承担。

国际货物买卖合同是营业地处于不同国家境内的买卖双方当事人之间，就货物买卖达成的协议。货物风险责任的承担即货物的风险何时由卖方移转到买方，是国际货物买卖合同中非常重要的问题，其直接涉及买卖双方的基本义务。《公约》第三十条规定："卖方必须按照合同和本公约的规定交付货物、移交一切与货物有关的单据并转移货物所有权。"由此可见，在国际货物买卖合同中，出卖方的义务主要包括交付货物、移交单据、转移货物所有权。

① 货物的交付。在货物的交付环节中的卖方承担的风险主要有以下三种。

货物交付即转移风险。当合同要求卖方发运货物时,当合同没有规定卖方在特定目的地交付货物的情况下,卖方将货物妥善地交付给承运人后,风险即转移给买方。

交付货物相关凭证转移风险。当货物已经存放在货物保管人处,不需要移动货物就能实现交付时,当买方收到货物的流通所有权凭证,或货物保管人能确认买方拥有货物的所有权,或买方拥有不可流通所有权凭证或其他交货指示书时,货物损失风险转移至买方。

除了前述两种情形,如果卖方是商人,则风险在买方收到货物后转移至买方;否则,风险在提示交付时转移至买方。

② 移交货物单据。《公约》第三十四条规定:"如果卖方有义务移交与货物有关的单据,他必须按照合同所规定的时间、地方和方式移交这些单据。如果卖方在那个时间以前已移交这些单据,他可以在那个时间到达前纠正单据中任何不符合合同规定的情形,但是,此一权利的行使不得使买方遭受不合理的不便或承担不合理的开支。但是,买方保留本公约所规定的要求损害赔偿的任何权利。"在国际货物买卖合同中,单据是买方对货物法律上占有的依据,而风险的承担也理所当然地从卖方转移到买方。如果卖方不按合同约定移交单据或移交单据不符合合同约定,买方可以拒收货物导致交付不成,则仍由卖方承担风险责任。

③ 货物的检验。买方在货物到达合同约定交付地点后, 应根据合同约定对货物进行检验。国际货物买卖合同主要有以下三种检验条款。

以离岸品质、数量为准。装运港实际交货采用此种条款。

以到岸品质、数量为准。目的港交货采用此种条款。

以装运港检验机构出具的证书作为议付凭证,买方保留目的港的复检权。象征性交货采用此种条款。

国际货物买卖合同风险承担的例外:卖方交货不符合合同的约定,如货物数量不符合合同的约定;货物本身的瑕疵导致的货物损失,如违反合同包装规定包装;货物在运输途中由于不可归责于买卖双方的事由遭受损失,从而使买方收到的货物的损失程度远甚于卖方最初交货不符的损失。在这三种情形下,倘若卖方交货不符使买方有权且合理地拒收货物或解除合同,则货物意外损失的风险视为自始没有转移,即由买方承担又变为由卖方承担。

(2)买受方的风险责任承担。

① 支付价款。《公约》第五十三条规定:"买方必须按照合同和本公约规定支付货物价款和收取货物。"支付价款是买方收取货物取得货物所有权所付出的对应代价。货物风险承担在支付价款后转移至买方。但是由于国际货物买卖的结算实际操作情况,卖方也不能完全避免风险的承担。在国际货物买卖中常用的结算方式有三种:买方直接付款,如电汇;银行托收,如承兑单、付款交单;银行信托。从买方权益角度出发,电汇方式对买方最为有利,它能保证买方在收取并检验货物是否相

符后才付出款项；而一手交钱一手交货的付款交单方式则相对交易双方来说都比较公平；银行信托方式下卖方根据合同于交货托运后即可凭单至银行兑现，买方则承担最大的风险，因为货物是否与合同相符不能事先确定。从另一方面来说，电汇对卖方的风险最大，其次是承兑单，它们都可能导致卖方货款两空；付款交单方式下，在买方拒绝提货的情况下，可以保护卖方对货物的所有权；银行信托则对卖方的收汇最有保障。

② 收取货物。收取货物是买方的义务也是权利，行使不当将使买方财货两空。正常情况下，买方根据合同约定检验货物以决定是否收取货物，如果货物不符买方可拒收货物，此时风险责任不发生转移仍由卖方承担。但是卖方交付不符并不意味着货物风险责任一概不发生转移。

卖方交付不符时买方承担义务的两种情况：一是卖方交付的虽然是与合同不符的货物，但该货物只存在轻微缺陷，且经卖方及时补救，可以减轻货物不符的程度，在这种情况下，买方无权拒收货物或解除合同，对于收货前已发生或收货后可能发生的意外损失，均因风险已自交付转移而由买方承担风险责任；二是虽然卖方交货严重不符，但是买方自愿接受货物。买方一旦选择接受货物，也就等于选择接受了货物的风险责任。值得注意的是，在上述两种情况下买方承担风险责任并不等于免除了卖方交货不符的品质责任。

4.3 货物运输法律法规

4.3.1 货物运输法律法规概述

1. 货物运输法律法规及国际公约

（1）陆路运输方式下适用的法律法规和国际公约。

陆路运输方式有铁路运输和公路运输，陆路运输对货物在大陆内的流通起着重要作用，铁路运输和公路运输又都有自己的运行特点。公路运输方面国内法律法规有《中华人民共和国公路法》《汽车货物运输规则》《集装箱汽车运输规则》《汽车危险货物运输规则》。国际公约有《国际公路货物运输合同公约》《国际公路车辆运输公约》。铁路运输方面国内法规有《中华人民共和国铁路法》《铁路货物运输管理规则》。国际公约有《国际铁路货物联运协议》《铁路货物运输国际公约》等。

（2）水路运输方式下适用的法律法规和国际公约。

水路运输方式包括国际海上运输、沿海和内河运输，适用的国内法律法规和国际公约有《中华人民共和国海商法》《民法典》《中华人民共和国海运条例及实施细则》《危险货物运输规则》《国际货运代理业管理规则及实施细则》《统一提单的若干法律规定的国际公约》《修改的统一提单的若干法律规定的国际公约议定书》《联合国海上货物运输公约》《联合国国际货物多式联运公约》等。

（3）航空运输方式下适用的法律法规和国际公约。

航空货物运输方面国内法律法规有《中华人民共和国航空法》《中国民用航空货物国际运输规

则》。国际航空货物运输适用的国际公约有《统一国际航空运输某些规则的公约》《海牙议定书》《瓜达拉哈拉公约》等。

（4）多式联运方式下适用的法律法规和国际公约。

我国有关多式联运的法律法规有《中华人民共和国海商法》，其第四章海上货物运输合同对多式联运作出规定，还有交通主管部门制定的《国际集装箱多式联运管理规则》。国际公约有《联合国国际货物多式联运公约》、国际商会制定的《联合运输单证统一规则》等。

2．货物运输相关概念

（1）货物运输。

货物运输是指利用各种运输工具（车、船、飞机等）实现物品空间位置的移动。运输的货物包括各种动产，不限于商品。不动产和无形财产不是货物运输的货物。货物运输是实现国际经济交往目的的必要环节，是物流不可缺少的组成部分，是物流系统的核心环节。

（2）货物运输合同。

货物运输合同是指当事人为完成一定数量的货运任务，约定承运人使用约定的运输工具，在约定的时间内，将托运人的货物运送到约定地点交由收货人收货并收取一定运费而明确相互权利义务的协议。

（3）陆路运输。

陆路运输指通过陆路（地上或者地下）运送货物或者旅客的运输业务活动，包括铁路运输和其他陆路运输（公路运输、缆车运输、索道运输、地铁运输、城市轻轨运输等）。

（4）水路货物运输合同。

水路货物运输合同是指承运人收取运费，负责将托运人托运的货物经水路由一港（站、点）运至另一港（站、点）的合同。

（5）航空运输。

航空运输又称飞机运输，简称"空运"，它是在具有航空线路和飞机场的条件下，利用飞机作为运输工具进行货物运输的一种运输方式。

4.3.2　货物运输当事人及其义务

1．货物运输当事人的义务

（1）托运人的义务。

① 如实申报的义务。托运人在将货物交付运输时，有对法律规定或当事人约定的事项进行如实申报的义务。托运人申报不实或者遗漏重要情况，造成承运人损失的，托运人应当承担损害赔偿责任。

② 托运人有按规定向承运人提交审批、检验等文件的义务。在货物运输中，根据运输货物的种类、性质及国家的计划安排，有的货物运输需要得到有关部门批准，有的货物要先经过有关机关的

检验方可进行运输。托运人对需要办理审批、检验手续的货物运输，应将办完有关手续的文件提交承运人。

③ 托运人的包装义务。合同中对包装方式有约定的，托运人有按照约定方式包装货物的义务。合同中对包装方式没有约定或者约定不明确时，可以协议补充，不能达成补充协议的，按照合同有关条款或者交易习惯确定。

④ 托运人托运危险物品时的义务。托运人托运易燃、易爆、有毒、有腐蚀性、有放射性等危险物品的，应当按照国家有关危险物品运输的规定对危险物品妥善包装，粘贴危险物标志和标签，并将有关危险物品的名称、性质和防范措施的书面材料提交承运人。托运人违反规定的，承运人可以拒绝运输，也可以采取相应措施以避免损失，因此产生的费用由托运人承担。

⑤ 支付运费、保管费及其他运输费用的义务。在承运人全部、正确履行运输义务的情况下，托运人或收货人有按规定支付运费、保管费及其他运输费用的义务。

（2）承运人的义务。

① 安全运输义务。承运人应依合同约定，将托运人交付的货物安全运输至约定地点。运输过程中，货物毁损、灭失的，承运人应承担损害赔偿责任。

② 承运人的通知义务。货物运输到达后，承运人负有及时通知收货人的义务。

（3）收货人的义务。

① 及时提货的义务。收货人虽然没有直接参与货物运输合同的签订，但受承运人、托运人双方签订的货物运输合同约束，收货人应及时提货，收货人逾期提货的，应当向承包人支付保管费等费用。

② 支付托运人未付或者少付的运费以及其他费用。一般情况下，运费由托运人在发站向承运人支付，但如果合同约定由收货人在到站支付或者托运人未支付的，收货人应当支付。

③ 收货人有在一定期限内检验货物的义务。货物运交收货人后，收货人负有对货物及时进行验收的义务，收货人应当在约定的期限内检验货物。

2. 海上货物运输当事人的义务

（1）托运人的义务。

① 托运人应当及时办理港口、海关、检验、检疫、公安和其他货物运输所需的各项手续，并将已办理各项手续的单证送交承运人。

② 托运人托运货物的名称、数量、重量、体积、包装方式、识别标志等，应当与运输合同的约定相符。

③ 需要具备运输包装的货物，托运人应当保证货物的包装符合国家规定的包装标准；没有包装标准的，货物的包装应当保证运输安全和货物质量。需要随附备用包装的货物，托运人应当提供足够数量的备用包装，交承运人随货免费运输。

④ 托运人应当在货物的外包装或者表面正确制作识别标志。识别标志的内容包括发货符号、货

物名称、起运港、中转港、到达港、收货人、货物总件数等。

⑤ 托运危险货物，托运人应当按照有关危险货物运输的规定，妥善包装，制作危险品标志和标签，并将其正式名称和危险性质以及必要时应当采取的预防措施书面通知承运人。

⑥ 除另有约定外，运输过程中需要饲养、照料的活动物、有生植物以及尖端保密物品、稀有珍贵物品和文物、有价证券、货币等，托运人应当向承运人申报并随船押运。托运人押运其他货物须经承运人同意。

⑦ 托运笨重、长大货物和舱面货物所需要的特殊加固、捆扎、烧焊、衬垫、苫盖物料和人工由托运人负责，卸船时由收货人拆除和收回相关物料；需要改变船上装置的，货物卸船后应当由收货人负责恢复原状。

⑧ 托运人托运易腐货物和活体动物、有生植物时，应当与承运人约定运到期限和运输要求；使用冷藏船（舱）装运易腐货物的，应当在订立运输合同时确定冷藏温度。

⑨ 托运人托运木（竹）排应当按照与承运人商定的单排数量、规格和技术要求进行编扎。托运船舶或者其他水上浮物，应当向承运人提供船舶或其他水上浮物的吨位、吃水及长、宽、高和抗风能力等技术资料。在船舶或者其他水上浮物上加载货物，应当经承运人同意，并支付运输费用。航行中，木（竹）排、船舶或其他水上浮物上的人员（包括船员、排工及押运人员）应当听从承运人的指挥，配合承运人保证航行安全。

⑩ 托运人应承担由于下列因素发生的洗舱费用：托运人提出变更合同约定的液体货物品种；装运特殊液体货物（如航空汽油、煤油、变压器油、植物油等）需要的特殊洗舱；装运特殊污秽油类（如煤焦油等），卸后须洗刷船舱。在承运人已履行船舶适货义务情况下，因货物的性质或者携带虫害等情况，需要对船舱或者货物进行检疫、洗刷、熏蒸、消毒的，应当由托运人或者收货人负责，并承担船舶滞期费等有关费用。

（2）承运人的义务。

① 使船舶适航：承运人应当使船舶处于适航状态，妥善配备船员、装备船舶和配备供应品，并使干货舱、冷藏舱、冷气舱和其他载货处所适于并能安全收受、载运和保管货物。

② 接收和妥善安装货物：承运人应当按照运输合同的约定接收货物。承运人应当妥善地装载、搬移、积载、运输、保管、照料和卸载所运货物。

③ 按约定送达货物：承运人应当按照约定、习惯或者地理上的航线将货物运送到约定的到达港。承运人为救助或者企图救助人命或者财产而发生的绕航或者其他合理绕航，不属于违反前款规定的行为。承运人应当在约定期间或者在没有这种约定时在合理期间内将货物安全运送到约定地点。货物未能在约定或者合理期间内在约定地点交付的，为迟延交付。由此造成的损失，承运人应当承担赔偿责任。承运人未能在规定期间届满的次日起六十日内交付货物，有权对货物灭失提出赔偿请求的人可以认为货物已经灭失。

④ 及时通知相关情况：因不可抗力致使不能在合同约定的到达港卸货的，除另有约定外，承运

人可以将货物在到达港邻近的安全港口或地点卸载，视为已经履行合同。承运人实施前款规定行为应当考虑托运人或者收货人的利益，并及时通知托运人或收货人。货物运抵到达港后，承运人应当在二十四小时内向收货人发出到货通知。到货通知的时间确定：信函通知的，以发出邮戳为准；电传、电报、传真通知的，以发出时间为准；采用数据电文形式通知的，收件人指定特定系统接收数据电文的，以该数据电文进入该特定系统的时间为通知时间；未指定特定系统的，以该数据电文进入收件人的任何系统的首次时间为通知时间。承运人发出到货通知后，应当每十天催提一次，满三十天收货人不提取或者找不到收货人，承运人应当通知托运人，托运人在承运人发出通知后三十天内负责处理该批货物。

3. 航空货物运输当事人的义务

（1）托运人的义务。

① 托运人应认真填写航空货运单，对货运单内容的真实性、准确性负责，并在货运单上签字或盖章。托运人托运政府规定限制运输的货物以及需向公安、检疫等有关政府部门办理手续的货物，应当随附有效证明。

② 托运人要求包用飞机运输货物，应先填交包机申请书，并遵守民航主管机关有关包机运输的规定。

③ 托运人对托运的货物，应按照国家主管部门规定的标准包装，没有统一标准的，应当根据保证运输安全的原则，按货物的性质和承载飞机等条件包装。凡不符合上述包装要求的，承运人有权拒绝。

④ 托运人必须在托运的货件上标明发站、到站和托运人单位、姓名和详细地址，按照国家规定标明包装储运指示标志。

⑤ 托运国家规定必须有保险的货物，托运人应在托运时投保货物运输险。对于每千克价值在10元以上的货物，实行保险与负责运输相结合的补偿制度，托运人可在托运时投保货物运输险。

⑥ 托运人在托运货物时，应接受航空承运人对航空货运单进行查核，在必要时，托运人还应接受承运人开箱进行安全检查。

⑦ 托运货物内不得夹带国家禁止运输、限制运输的物品和危险物品。如发现托运人谎报品名、夹带上述物品，应按有关规定处理。

⑧ 托运在运输过程中必须有专人照料、监护的货物，托运人应指派押运员押运。押运是对货物的安全负责，并遵守民航主管机关的有关规定，承运人应协助押运员完成押运任务。

⑨ 托运人托运货物，应按照民航主管机关规定的费率缴付运费和其他费用。除托运人和承运人另有协议外，运费及其他费用一律于承运人开具货运单时一次付清。

（2）承运人的义务。

① 承运人应按照货运单上填明的地点，在约定的期限内将货物运达到货地点。货物错运到货地点，应无偿运至货运单上规定的到货地点，如逾期运到，应承担逾期运到的责任。

② 承运人应于货物运达到货地点后 24 小时内向收货人发出到货通知。收货人应及时凭提货证明到指定地点提取货物。货物从发出到货通知的次日起，免费保管 3 日。

③ 货物从发出提货通知的次日起，经过 30 日无人提取时，承运人应及时与托运人联系，征求处理意见；再经过 30 日，仍无人提取或者托运人未提出处理意见，承运人有权将该货物作为无法交付货物，按运输规则处理。对易腐或不易保管的货物，承运人可视情况及时处理。

④ 承运人应按货运单交付货物。交付时，如发现货物灭失、短少、变质、污染、损坏时，应会同收货人查明情况，并填写货运事故记录。收货人在提取货物时，对货物状态或重量无异议，并在货运单上签收，承运人即解除运输责任。

（3）收货人的义务。

① 收货人在接到提货通知后，应持提货证明或其他有效证件在规定时间内提取货物，逾期提取货物的，应当向承运人支付保管费。

② 托运货物发生损失，收货人最迟应在收到货物之日起第 10 日提出异议。货物发生延误，收货人最迟应于自货物交付或者处理之日起第 21 日提出异议。收货人应将所提异议写在运输凭证上或者另以书面形式提出。收货人未在上述规定期限内提出异议的，不能向承运人提起索赔诉讼，但承运人有欺诈行为的情形除外。

知识拓展 4-4

关于物流保险的相关知识，请扫描二维码阅读。

知识拓展 4-4

4.3.3 邮政快递相关法律法规

1. 邮政快递法律法规

邮政快递相关的法律主要有《中华人民共和国邮政法》《民法典》《中华人民共和国国家安全法》《道路交通安全法》《中华人民共和国治安管理处罚法》《中华人民共和国刑法》等，邮政快递相关的法规主要有《邮政法实施条例》《快递业务经营许可证管理办法》《快递市场管理办法》《禁寄物品指导目录及处理办法（试行）》。

因篇幅所限，本书就《中华人民共和国邮政法》（以下简称《邮政法》）、《快递暂行条例》和《电子商务法》的相关规定简要介绍如下。

（1）《邮政法》。

制定《邮政法》是为了保障邮政普遍服务，加强对邮政市场的监督管理，维护邮政通信与信息安全，保护通信自由和通信秘密，保护用户合法权益，促进邮政业健康发展，适应经济社会发展和人民生活需要。

（2）《快递暂行条例》。

制定《快递暂行条例》是为了促进快递业健康发展，保障快递安全，保护快递用户合法权益，加强对快递业的监督管理，对在我国境内从事快递业务经营、接受快递服务以及对快递业实施监督管理。

（3）《电子商务法》的相关规定。

《电子商务法》第五十一条和第五十二条，专门规定了快递物流方式的交付时间、交货方式、验货、包装等具体事项。

合同标的为交付商品并采用快递物流方式交付的，收货人签收时间为交付时间。合同标的为提供服务的，生成的电子凭证或者实物凭证中载明的时间为交付时间；前述凭证没有载明时间或者载明时间与实际提供服务时间不一致的，实际提供服务的时间为交付时间。

合同标的为采用在线传输方式交付的，合同标的进入对方当事人指定的特定系统并且能够检索识别的时间为交付时间。合同当事人对交付方式、交付时间另有约定的，从其约定。

电子商务当事人可以约定采用快递物流方式交付商品。

快递物流服务提供者为电子商务提供快递物流服务，应当遵守法律、行政法规，并应当符合承诺的服务规范和时限。快递物流服务提供者在交付商品时，应当提示收货人当面查验；交由他人代收的，应当经收货人同意。

快递物流服务提供者应当按照规定使用环保包装材料，实现包装材料的减量化和再利用。快递物流服务提供者在提供快递物流服务的同时，可以接受电子商务经营者的委托提供代收货款服务。

2. 邮政普遍服务的保障制度和措施

邮政普遍服务，是指以合理的资费，为本国境内的所有用户持续提供的符合一定标准的基本邮政服务。《邮政法》明确规定国家保障境内的邮政普遍服务，并从四个方面规定了保障邮政普遍服务的制度和措施。

一是规定邮政企业承担提供邮政普遍服务的义务，明确了邮政普遍服务的承担主体，规定各级政府都有义务支持邮政企业提供普遍服务。

二是规定邮政普遍服务的业务范围，包括信件、单件重量不超过 5 千克的印刷品、单件重量不超过 10 千克的包裹的寄递以及邮政汇兑，并明确规定未经邮政管理部门批准，邮政企业不得停止办理或者限制办理邮政普遍服务业务。

三是在原则规定邮政企业应当加强服务质量管理，在为用户提供迅速、准确、方便、安全的服务的同时，从邮政企业的营业时间、投递邮件的频次以及寄递邮件的时限和服务规范等角度，对邮政普遍服务的质量保障作出了规定，并授权国家邮政管理部门制定邮政普遍服务监督管理的具体办法。

四是规定了支持邮政普遍服务、增强邮政普遍服务能力的具体措施，包括：在邮政设施方面，规定邮政设施的布局和建设应当满足保障邮政普遍服务的需要，地方各级人民政府应当把邮政设施的布局和建设纳入城乡规划，并对邮政设施建设给予必要的支持；邮政设施应当按照国家规定的标准设置；撤销涉及邮政普遍服务的邮政营业场所，应当经邮政管理部门批准；征收邮政营业场所和邮件处理场所的，城乡规划主管部门应当根据保障邮政普遍服务的要求，对邮政营业场所的重新设置作出妥善安排。在财力支持方面，规定国家对邮政企业提供邮政普遍服务、特殊服务给予补贴；国家建立邮政普遍服务基金。在提供工作便利方面，规定带有邮政专用标志的车辆运递邮件，确需通过公安机关交通管理部门划定的禁行路段或者确需在禁止停车的地点停车的，经公安机关交通管理部门同意，在确保安全的前提下，可以通行或者停车。为充分调动和发挥地方的积极性，规定地方各级人民政府及有关部门应当采取措施，支持邮政企业提供邮政普遍服务；省、自治区、直辖市应当根据本地区的实际情况，制定支持邮政企业提供邮政普遍服务的具体办法等。

3. 邮政快递业的监督管理

（1）邮政快递业的监督管理体系。

《邮政法》明确规定：国家邮政管理部门负责全国邮政市场的监督管理工作；省、自治区、直辖市邮政管理机构在国家邮政管理部门的领导下，负责本行政区域邮政市场的监督管理工作。邮政管理部门实施监督管理，遵循公开、公平、公正以及鼓励竞争、促进发展的原则。同时，对邮政管理部门依法进行监督检查时可以采取的措施、应当遵守的要求以及有关单位和个人配合监督检查的义务等做了明确规定。

（2）邮政快递业务经营许可制度。

信件以及包裹、印刷品等物品的快递业务，直接关系到用户通信秘密以及其他合法权益的保护，涉及国家安全和社会稳定，必须依法对快递业务加强监管。新版《邮政法》增加了"快递业务"一章，明确规定：未经许可，任何单位和个人不得经营快递业务，外商不得投资经营信件的国内快递业务。同时，从法人资格、服务能力、内部规章制度、业务操作规范、安全保障能力以及管理人员的守法记录等方面，明确规定了申请快递业务经营许可证应当具备的条件，并规定了申请和审批的程序以及经营快递业务的行为规范。

（3）安全监管的制度和措施。

针对当前经营信件以及包裹、印刷品等物品快递业务的主体多元化，安全监管难度加大，现有安全监管机制覆盖不到位甚至无法覆盖的实际情况，《邮政法》从六个方面补充、完善了加强安全监管、确保邮政通信与信息安全的制度、措施。

① 邮政管理部门、公安机关、国家安全机关和海关应当互相配合，建立健全安全保障机制，加强对邮政通信与信息安全的监督管理，确保邮政通信与信息安全。

② 邮政企业的邮件处理场所和快递企业的快件处理场所的设计和建设应当符合国家安全机关和海关依法履行职责的要求。

③ 邮政管理部门在审查快递业务经营许可证申请时，应当考虑国家安全等因素，并征求有关部

门的意见。

④ 邮政企业、快递企业应当建立并严格执行收件验视制度。

⑤ 因国家安全或者追查刑事犯罪需要，国家安全机关、公安机关有权依法查验、扣留有关邮件、快件，要求邮政企业、快递企业及其有关人员提供用户使用邮政服务或者快递服务的信息。邮政企业、快递企业以及有关单位应当配合，并对有关情况予以保密。

⑥ 任何单位和个人不得利用邮件、快件传播含有危害国家安全内容的物品。

（4）邮政业务资费的制定。

《邮政法》将邮政企业的业务资费分为政府定价和市场定价两种情况，并分别做了规定，即邮政普遍服务业务资费、邮政企业专营业务资费、机要通信资费以及国家规定报刊的发行资费实行政府定价，资费标准由国务院价格主管部门会同国务院财政部门、国家邮政管理部门制定；邮政企业的其他业务资费实行市场定价，由邮政企业自主确定资费标准。

4. 邮件损失赔偿

邮件的损失，是指邮件丢失、损毁或者内件短少。对此，《邮政法》和《快递暂行条例》都制定了专门的规范。

邮政普遍服务业务范围内的邮件和汇款的损失赔偿，适用规定。邮政普遍服务业务范围以外的邮件的损失赔偿，适用有关民事法律的规定。

邮政企业对平常邮件的损失不承担赔偿责任。但是，邮政企业因故意或者重大过失造成平常邮件损失的除外。

邮政企业对给据邮件的损失依照下列规定赔偿。

（1）保价的给据邮件丢失或者全部损毁的，按照保价额赔偿；部分损毁或者内件短少的，按照保价额与邮件全部价值的比例对邮件的实际损失予以赔偿。

（2）未保价的给据邮件丢失、损毁或者内件短少的，按照实际损失赔偿，但最高赔偿额不超过所收取资费的三倍；挂号信件丢失、损毁的，按照所收取资费的三倍予以赔偿。

（3）快件发生延误、丢失、损毁或者内件短少的，对保价的快件，应当按照经营快递业务的企业与寄件人约定的保价规则确定赔偿责任；对未保价的快件，依照民事法律的有关规定确定赔偿责任。

5. 邮政快递法律责任

《邮政法》主要从三个方面明确了法律责任。

一是制定了邮政企业、快递企业以及其他单位和个人的行为规范，如对未经批准擅自停止办理邮政普遍服务和特殊服务业务、未取得许可经营快递业务等，规定了相应的法律责任。

二是赋予邮政管理部门对违法行为的行政处罚权。

三是针对违法行为的处罚。

经营快递业务，须取得快递业务经营许可，否则，邮政管理部门可依法进行处理，如罚款、停业整顿、吊销经营许可证，甚至追究刑事责任。

经营快递业务的企业或其分支机构有下列行为之一的，邮政管理部门应责令改正、酌情罚款，并可以责令停业整顿。

（1）开办快递末端网点未向所在地邮政管理部门备案。

（2）停止经营快递业务，未提前 10 日向社会公告，未书面告知邮政管理部门并交回快递业务经营许可证，或未依法妥善处理尚未投递的快件。

（3）因不可抗力或者其他特殊原因暂停快递服务，未及时向邮政管理部门报告并未向社会公告暂停服务的原因和期限，或者未依法妥善处理尚未投递的快件。

（4）两个以上经营快递业务的企业使用统一的商标、字号或者快递运单经营快递业务，未遵守共同的服务约定，在服务质量、安全保障、业务流程等方面未实行统一管理，或者未向用户提供统一的快件跟踪查询和投诉处理服务的，邮政管理部门应责令改正、酌情罚款，并可以责令停业整顿。

（5）冒领、私自开拆、隐匿、毁弃、倒卖或者非法检查他人快件，尚不构成犯罪的，依法给予治安管理处罚。

（6）经营快递业务的企业有前款规定行为，或者非法扣留快件的，邮政管理部门应责令改正、没收违法所得、酌情罚款，并可以责令停业整顿直至吊销其快递业务经营许可证。

经营快递业务的企业有下列行为之一的，邮政管理部门应责令改正、没收违法所得、酌情罚款，并可以责令停业整顿直至吊销其快递业务经营许可证。

（1）未按规定建立快递运单及电子数据管理制度。

（2）未定期销毁快递运单。

（3）出售、泄露或者非法提供快递服务过程中知悉的用户信息。

（4）发生或者可能发生用户信息泄露的情况，未立即采取补救措施，或者未向所在地邮政管理部门报告。

经营快递业务的企业有下列情形之一的，邮政管理部门应依照《邮政法》《中华人民共和国反恐怖主义法》的规定予以处罚。

（1）不建立或者不执行收寄验视制度。

（2）违反法律、行政法规以及国务院和国务院有关部门关于禁止寄递或者限制寄递物品的规定。

（3）收寄快件未查验寄件人身份并登记身份信息，或发现寄件人提供身份信息不实仍予收寄。

（4）未按照规定对快件进行安全检查。

（5）寄件人在快件中夹带禁止寄递的物品，尚不构成犯罪的，依法给予治安管理处罚。

邮政管理部门和其他有关部门的工作人员在监督管理工作中滥用职权、玩忽职守、徇私舞弊的，依法给予处分。

经营快递业务的企业及其从业人员在经营活动中有危害国家安全行为的，依法追究法律责任；对经营快递业务的企业，邮政管理部门应吊销其快递业务经营许可证。

违反规定，构成犯罪的，依法追究刑事责任；造成人身、财产或者其他损害的，相关企业或从业人员应承担赔偿责任。

4.3.4 国际多式联运

1. 国际多式联运的概念

国际多式联运是指按照多式联运合同，以至少两种不同的运输方式，由多式联运经营人将货物从一国境内接管货物的地点运至另一国境内指定地点交付的货物运输。在多式联运中，物流服务主体可能作为多式联运的组织者，也可能另行寻找合作者完成运输作业。但无论怎样，物流服务主体都会先采用多式联运的方式，再由总承运人进行组织。

国际多式联运的特征如下。

（1）必须具有一份多式联运合同。

（2）必须使用一份全程多式联运单证。

（3）必须是至少两种不同运输方式的连续运输。

（4）必须是国际间的货物运输。

（5）必须由一个多式联运经营人对货物运输的全程负责。

（6）联运经营人以单一费率向货主收取全程运费。

2. 国际多式联运合同当事人的义务

（1）托运人的义务。

① 按照合同约定的货物种类、数量、时间、地点提供货物，并交付给多式联运经营人。

② 认真填写多式联运单据的基本内容，并对其正确性负责。

③ 按照货物运输的要求妥善包装货物。

④ 按照约定支付各种运输费用。

（2）多式联运经营人的义务。

① 及时提供适合装载货物的运输工具。

② 按照规定的运达期间，及时将货物运至目的地。

③ 在货物运输的责任期间内安全运输。

④ 在托运人或收货人按约定缴付了各项费用后，向收货人交付货物。

关键术语

物流法律规范　物流法律关系　标的物　标的物的交付　政府采购　国际货物买卖合同

货物运输　邮政普遍服务　国际多式联运

基本知识与原理

1. 物流法律规范的调整对象

2. 物流法律关系的主体、客体和相关内容

3. 标的物的交付

4. 政府采购的当事人及其法律责任

5. 货物运输当事人的权利与义务

6. 国际多式联运当事人的义务

思考与练习

一、选择题

1. 物流法律关系客体是物流法律关系的主体享有的权利和承担的义务所共同指向的对象，通常为（   ）。

    A．物流企业   B．运输的货物

    C．物流设施   D．物、行为和智力成果

2. 物流法所调整的社会关系主要包括两个部分：一是物流活动当事人之间的关系；二是（   ）。

    A．买卖双方共同

    B．物流主体之间的关系

    C．国家行政主体与物流活动当事人之间的关系

    D．物流企业之间的关系

3. 如果在合同中没有约定争议解决的方式和地点，发生纠纷后，就只能采取（   ）方式解决。

    A．诉讼   B．调解   C．仲裁   D．申诉

4. 配送人在将物品所有权转移给用户的同时为用户提供配送服务，由用户支付配送费用（包括标的物价款和配送服务费）的合同是指（   ）。

    A．配送服务合同   B．销售配送合同   C．普通配送合同   D．以上答案都不对

5. 下列属于多式联运经营人义务的是（   ）。

    A．认真填写多式联运单据的基本内容

    B．按照合同约定的货物种类、数量、时间、地点提供货物

    C．及时提供适合装载的运输工具

    D．向发货人交付货物

二、填空题

1．依据物流法调整的社会关系性质的不同，作为其调整对象的社会关系主要包括两个部分：一是_____之间的关系；二是_____之间的关系。

2．买卖合同是出卖人转移标的物的_____于买受人，买受人_____的合同。

3．政府采购不仅是指具体的采购过程，而且是_____、_____、_____及采购管理的总称，是一种对公共采购管理的制度，是一种政府行为。

4．托运人在将货物交付运输时，有对_____或_____的事项进行如实申报的义务。

5．快递物流服务提供者应当按照规定使用环保包装材料，实现包装材料的_____和_____。

三、思考题

1．讨论物流法律关系的发生、变更和终止。

2．试述我国物流法律规范的体系。

3．论述我国邮政快递业的监督管理。

四、案例分析

物流法律规范调整对象

2017年10月，北京某商品采购中心向上海某水泥公司采购了10吨水泥，并将其交给物流公司运输至天津的配送中心。

暴雨导致交通阻断，该物流公司迟延2天送达货物，在商品入库时，采购中心依据采购协议进行检验，发现货物没有达到合同规定的质量标准，提出退货和赔偿要求。同时，该批货物由于违反国家规定的强制环保标准，被当地执法部门依法查封。

讨论题：

根据本案的案情，结合物流法律规范的相关规定，回答下列问题。

1．本案例中《物流法》调整的社会关系有哪些？

2．哪些是物流民事法律关系？

3．哪些是物流行政法律关系？

电子商务消费者权益保护 | 第5章

微课扫一扫

第5章

【学习目标】

1. 掌握电子商务消费者与经营者的界定
2. 掌握电子商务消费者的权利与经营者的义务及权益保护的原则
3. 掌握《产品质量法》的立法宗旨和调整的法律关系
4. 掌握产品、产品标准、产品质量的概念
5. 掌握生产者、销售者的产品质量义务
6. 掌握广告主、广告经营者、广告发布者、广告代言人的责任和义务

【本章重点】

1. 电子商务消费者权益保护的原则
2. 生产者和销售者的产品质量义务
3. 商业广告相关人的责任和义务
4. 违反《产品质量法》和《广告法》的法律责任

【导入案例】

夸大洗碗机功能，消费者获三倍赔偿

胡某通过购物网站在某采购中心店铺购买一台洗碗机供其父母使用，成交价格为2 499元。采购中心在其网络店铺商品展示页面的商品名称及说明位置标明"全自动洗碗机 家用独嵌两用式消毒烘干"字样。胡某在使用过程中发现该洗碗机并不具备其宣称的烘干功能，达不到烘干效果。胡某遂与某采购中心店铺的客服沟通，客服回应称该洗碗机系"余温烘干""烘不太干"。胡某认为某采购中心利用虚假广告宣传方式误导消费者，构成欺诈行为，侵犯其合法权益，遂诉至法院。

法院经审理认为，案涉全自动洗碗机并不具备烘干的功能和效果，某采购中心以"烘干"这一概念宣传该商品说明书中所列明的"余温干燥"功能，构成夸大商品功能的虚假宣传，属于误导消费者的欺诈行为；胡某因被商家虚假宣传误导而做出错误判断，购买该商品，致其权益受到了损害；胡某要求商家支付商品货款的三倍赔偿金，于法有据，应予支持，遂判决某采购中心赔偿胡某7 497元。

消费欺诈行为，是指经营者在提供商品或者服务的过程中，采取虚假或者其他不正当手段欺骗、误导消费者，使消费者的合法权益受到损害。经营者通过玩文字游戏、偷换概念等方式对商品功能进行夸大和虚假宣传，属于误导消费者的欺诈行为，消费者据此提出的三倍赔偿金请求，依法应得到支持。

5.1 电子商务消费者权益保护概述

5.1.1 电子商务消费者和经营者的界定

1. 消费者与经营者

消费者是指为生活需要购买、使用商品或接受服务的人。从消费的性质来看，消费者的消费主要是指个人的生活消费，不包括生产资料的消费，如汽车厂从轮胎厂采购轮胎的行为就不是生活消费行为。就消费的主体或者权利主体来看，消费者主要指自然人；从消费客体的范围来看，消费品不仅包括实物商品，也包括各类行为或服务，还包括精神财富或智力成果；从获得商品或服务的手段来看，消费是通过市场交换（购买）来实现的。

在我国，还有一种特殊的生产资料适用《消费者权益保护法》，即农民购买、使用直接用于农业生产的生产资料。虽然农民购买生产资料不是为了生活消费，但在法律上也视为消费行为。

经营者是指向消费者提供其生产、销售的商品或者提供服务的合法主体。经营者既包括生产者又包括销售者，二者都应履行经营者的义务。消费者有权利选择其一或者共同主张权利。经营者应当是合法的主体，合法主体既指该经营者是经过国家有关机关批准成立的，又指该经营者是在被许可范围内从事经营的商家。

2. 电子商务消费者与经营者

在电子商务中，消费者的概念与传统商务中消费者的概念并无区别，但有其特殊性。

（1）对消费者行为能力的认定。

由于在电子商务活动中，当事人一般不直接面对面发生交易，消费者是否具有相应行为能力，经营者无从得知。在实际的电子商务活动中，通常通过两种做法来判断消费者是否具有行为能力。

一种做法是在交易前要求消费者提供身份证明，以确认其有行为能力，如提交身份证复印件，并承诺提交人就是身份证所显示的本人。在这种情况下，消费者就很难以不具备行为能力为理由来主张交易行为无效。

另一种做法是电子商务经营者要求消费者提交手机号码或者身份证号码，并不对消费者的行为能力进行其他审查。在这种情况下，经营者存在一种风险，即如果消费者提出自己不具备行为能力，则有可能导致交易行为无效。

（2）对真实身份与虚拟身份的认定。

在电子商务活动中，无论是经营者还是消费者都经常用虚拟的名字从事活动。并且，网络交易经常没有销货凭证。一旦发生纠纷，如何证明虚拟身份与真实身份一致的问题就成为首要问题。在已发生的一些网络诉讼纠纷中，有些当事人以此抗辩并想逃避应承担的责任。一般认为，可以通过以下几种方法认定“虚拟人”的真实身份。

① 注册信息及个人信息。注册信息是指当事人在注册虚拟身份时向网站提交的信息，它主要由当事人自己提供。个人信息是当事人在上网活动时被服务器或者网站记录的信息，如 IP 地址信息等。

② 虚拟身份在进行其他活动时的证明。例如，消费者用同一虚拟身份进行其他交易，而这些交易又与涉案交易具有一致性，且其他交易又能证明该虚拟身份的真实身份。

③ 通过传统的人证方式。①

知识拓展 5-1

关于消费者特征的相关内容，请扫描二维码阅读。

知识拓展 5-1

5.1.2 电子商务消费者的权利与经营者的义务

1. 电子商务消费者的权利

（1）安全权。

电子商务消费者的安全权是指消费者购买商品或接受服务时所涉及的生命安全权、健康安全权、财产安全权等权利。前两项是人身权，第三项是财产权。

消费者的生命安全权：消费者的生命不受危害的权利。

消费者的健康安全权：消费者的身体健康不受损害的权利。例如，商品含有的有害物质超标而致使消费者身体受到损害，就是侵害了消费者的健康安全权。

消费者的财产安全权：消费者的财产不受损失的权利，如财产的外观不损毁、价值不减少等。

（2）知情权。

消费者的知情权是指消费者享有对其购买、使用的商品或者接受的服务知悉真实情况的权利。根据商品或服务的具体情形不同，消费者对商品或服务的信息要求也会有所差别，在选择、购买、使用商品或服务的过程中，只要与消费者做出正确的判断有直接联系的信息，消费者都有权了解。消费者知情权的内容包括商品或者服务的基本信息、技术信息和销售信息三个方面。

商品或者服务的基本信息主要包括商品名称、商标、产地、生产者名称、生产日期等。例如，电子商务平台上列示的商品的产地、生产者等，都应该是明确的。因为产地、生产者不同，意味着商品的品质和性能也可能不同。

技术信息主要包括商品用途、性能、规格、等级、所含成分、有效期限、使用说明书、检验合格证书等，如食品的生产日期、有效期限等。涉及商品使用中可能会出现不当或不适的，在说明书中应该明确，如可能会给消费者的人身健康和安全带来危害的电器等。

---

① 李国旗. 电子商务法实务研究[M]. 杭州：浙江大学出版社，2015.

销售信息主要包括商品或服务的价格、运输、安装、售后服务等，如商品的价格、售后服务的收费等。售后服务也是与消费者联系比较密切的事项，如保修期、服务站点、收费等内容，应该明确。

（3）选择权。

消费者的选择权是指消费者根据自己的意愿自主选择其购买的商品及接受的服务的权利。消费者有权根据自己的情况和意愿，如收入、需要、意向、兴趣等来自主选择商品或接受服务。《消费者权益保护法》第九条规定，消费者享有自主选择商品或者服务的权利。消费者有权自主选择提供商品或服务的经营者，自主选择商品品种或服务方式，自主决定购买或不购买任何一种商品、接受或不接受任何一项服务。消费者在自主选择商品或者服务时，有权进行比较、鉴别和挑选。

（4）公平交易权。

交易公平性保证是维护消费者权益的重要内容，是消费者在购买商品或接受服务时所享有的与经营者进行公平交易的权利，具体包括获得质量保障和价格合理、计量正确等公平交易条件的权利。《消费者权益保护法》第十条规定，消费者享有公平交易的权利。消费者在购买商品或者接受服务时，有权获得质量保障、价格合理、计量正确等公平交易条件，有权拒绝经营者的强制交易行为。

（5）退货权。

消费者退货权是指消费者按照法律规定或约定，在合理期限内对所购买商品无条件要求退货，而经营者应当无条件予以退货的权利。退货权是消费者的一种特殊权利，其实质是消费者知情权和选择权的延伸，有人称之为"反悔权"，退货权是对处于弱势地位的消费者的保护。

（6）索赔权。

消费者索赔权是指消费者购买、使用商品或接受服务，合法权利受到损害时享有依法获得赔偿的权利。《消费者权益保护法》和相关法律法规规定消费者的索赔权主要包括：消费者安全权（人身或财产）受到损害的索赔权；超时服务的索赔权（事后索赔、事中索赔）；商品存在缺陷造成损害的索赔权；等等。

（7）个人信息权。

个人信息权是指个人享有的对本人信息的支配、控制和排除他人侵害的权利。个人信息权的内容主要包括信息决定权、信息保密权、信息查询权、信息更正权、信息封锁权、信息删除权和信息报酬请求权等。

关于个人信息权，我国《民法典》规定，自然人的个人信息受法律保护。任何组织和个人需要获取他人个人信息的，应当依法取得并确保信息安全，不得非法收集、使用、加工、传输他人个人信息，不得非法买卖、提供或者公开他人个人信息。

2. 电子商务经营者的义务

电子商务消费者权益的保护关键在于明确消费者的权利和经营者的义务。经营者的义务既包括其承担的对消费者的义务，即平等主体间的义务，也包括其对国家和社会的义务，履行法定义务本身就是经营者的义务。《消费者权益保护法》第十六条规定："经营者向消费者提供商品或者服务，应当依照本法和其他有关法律、法规的规定履行义务。"

根据《消费者权益保护法》的规定，经营者的义务主要有以下几个方面。第一，接受消费者监督的义务，即经营者应当听取消费者对其提供的商品或者服务的意见，接受消费者的监督。第二，保证商品或服务安全的义务，即经营者应当保证其提供的商品或服务符合保障人身、财产安全的要求。对可能危及人身、财产安全的商品或服务，应当向消费者作出真实说明和明确警示，并说明和标明正确使用商品或接受服务的方法以及防止危害发生的办法。第三，提供真实信息的义务。经营者应当向消费者提供有关商品或者服务的真实信息，不得做引人误解的虚假宣传。经营者对消费者就其提供的商品或服务的质量和使用方法等问题提出的询问，应当作出真实、明确的答复。第四，出具购货凭证或服务单据的义务，即经营者提供商品或者服务，应当按照国家有关规定或者商业惯例向消费者出具购货凭证或服务单据。消费者索要购货凭证或服务单据的，经营者必须出具。第五，保证商品或服务质量的义务，即经营者应当保证在正常使用商品或接受服务的情况下，其提供的商品或者服务应当具有的质量、性能、用途和有效期限，但消费者在购买该商品或接受该服务前已经知道其存在瑕疵的除外。第六，经营者对商品或服务质量的担保义务，即经营者提供商品或服务，按照国家规定或者与消费者的约定，承担包修、包换、包退或其他责任的，应当按照国家规定或约定履行，不得故意拖延或无理拒绝。第七，经营者应当履行公平交易的义务，即经营者不得以格式合同、通知、声明、店堂告示等方式作出对消费者不公平、不合理的规定，或者减轻、免除其损害消费者合法权益应当承担的民事责任。格式合同、通知、声明、店堂告示等含有前款所列内容的，其内容无效。第八，经营者有尊重消费者人格权的义务，即经营者不得对消费者进行侮辱、诽谤，不得搜查消费者的身体及其携带的物品，不得侵犯消费者的人身自由。

电子商务活动中的经营者应当履行上述义务，但由于网络的特殊性，经营者在履行义务时应结合网络的具体情形。根据国际上保护电子商务活动中消费者权益的一般要求，经营者在网络中尤其应当着重履行信息披露义务。经营者应充分披露并确保消费者能够知晓的信息具体有以下几点。第一，商家信息。身份信息，包括法人名称、贸易商号名称、主要营业地地址、电子邮件地址或电子通信方式或电话、登记地址、相关政府登记资料及许可证号码；通信信息，消费者迅速、简便、有效地与商家进行联络；争议解决信息；法律处理服务信息，司法执法部门可以联络到的地址；当商家公开声明其为某种自律性组织、商业协会、争议解决机构或认证组织的成员时，应当向消费者提供这类组织的联络材料，使消费者能确认商家的会员身份并得到这些组织如何操作的细节。第二，提供的商品或服务的信息。商家对所提供的商品或服务的描述应当是正确的，足以使消费者正确作出是否完成交易的决定，并使消费者能对此类信息进行保留。第三，交易信息。商家应提供有关交易条款、价格、费用的信息。这类信息应当清晰、正确，易于得到，并提供消费者在交易前进行审查的机会，具体包括：商家所收取全部费用的详细清单；通知消费者那些商家不收取但消费者日常会发生的费用；交货或履行条款；支付条款、条件与方式；购买的限制，如需要父母等监护人的批准、地理限制或时间限制；正确使用方法的提示，包括安全、人身健康的警示；售后服务信息；撤回、撤销、归还、调换、取消、退款方面的详细规定；担保与保证；等等。虽然《网络交易监督管理办法》规定已在工商行政管理部门登记注册并领取营业执照的法人、其他经济组织或者个体工商户，从事网络商品交易及有关服务的，应当在其网站首页或者从事经营活动的主页面醒目位置公开营业执照登载的信息或其营业执照的电子链接标志，但仅公开这些信息还是不够充分的。

5.1.3 电子商务消费者权益保护的原则

1. 对消费者特别保护原则

消费者购买商品或接受服务是为了满足个人或家庭的生活需要，在其消费过程中除涉及经济利益的得失外，还涉及消费者的生命权和健康权是否得到了有效保障。而经营者在销售商品或提供服务的过程中往往只涉及经济利益的得失（除非构成犯罪，否则通常不会对经营者或其相关人员的人身权和政治权利进行法律制裁）。而生命权和健康权是消费者最基本的权利，在制定规则时对消费者进行倾斜性保护，体现了法律以人为本的本质。

另外，虽然消费者与经营者在法律地位上是平等的，但这种平等是一种法律拟制的平等，在现实中由于消费者购买商品或接受服务依赖于经营者向其提供的商品或服务的信息，而经营者在提供这些信息时往往会对信息进行筛选，这就存在信息获知的不平衡。在现代市场经济体制下，新技术的使用等，使得消费者对信息的依赖性更高。因此，需要加强对消费者的倾斜性保护，以平衡经营者与消费者之间的利益格局。最后，在线交易中消费者是通过网络购买商品或接受服务的，而网络的虚拟性，使得消费者相对弱势，因此，电子商务消费者权益保护立法，首先应该确立对消费者特别保护的原则。

2. 与经济发展水平相适应原则

经济决定法律规则，这一基本法理对电子商务消费者权益保护立法也同样适用。根据罗纳德·科斯的法律经济学观点，任何法律的制定都必须考虑法律的成本或法律的经济效益。就电子商务交易中的消费者权益保护立法而言，既要考虑消费者利益的保护，也要考虑经营者的承受能力以及电子商务交易的发展。因此对电子商务消费者权益的保护水平，应当随着我国电子商务交易的发展逐步提高，所以立法和司法应当在促进电子商务交易与保护消费者权益之间寻找平衡点。

3. 注重经营者社会责任原则

在良好的消费环境中，消费者的基本权益能够得到最大限度的保障。经营者要为良好消费环境的建立尽到应有的社会责任。经营者在激烈竞争中获胜的唯一法宝就是善待自己的消费者，保障消费者的权益，对消费者关注的问题、价值和目标及时作出反应和调整，按照消费者需求及时调整自己的经营思路和市场营销战略。电子商务交易的发展，更需要赢得消费者的信任和认可。对消费者的知情权、安全权、公平交易权、隐私权的保护尤为依赖经营者的技术和信息优势，因此经营者更应尽到自己的社会责任。电子商务经营者自觉承担保护消费者权益的社会责任既是确保消费者合法权益的基础，也是经营者占领市场份额、赚取利润的远期经营策略之一。

4. 非法律辅助保护原则

非法律辅助保护原则，强调在电子商务消费者保护领域，应充分发挥消费者组织、公共利益团体的作用，同时鼓励经营者通过实施行业行为自律规范促进对消费者的保护。在线交易模式将计算机网络技术与互联网作为交易的媒介，专业性强、发展迅速，常使各种监管措施"规制乏力"，外部监控尤其是法律监控常跟不上在线交易技术更新的步伐。在这种情况下，应充分发挥消费者组织、公共利益团体的作用。

5. 技术中立原则

中立原则由技术中立原则与媒体中立原则两部分组成，并被有的学者认为是在线交易立法区别于其他立法所特有的基本原则。技术中立原则是指对于那些为在线立法重要组成部分的技术规则应采取中立的态度，即立法不应偏向于某种技术而歧视另一种技术。媒体中立原则是指对各种商务媒体（如纸张、电话、网络等）应保持中立，同等对待。也就是说，要求立法中既不能赋予在线交易模式高于传统交易模式的任何标准和要求，也不能赋予在线交易模式优于传统交易模式的任何待遇。具体到在线消费者权益保护，即立法者不能由于在线交易的特性而提高或降低对消费者的保护水平，对在线消费者的保护水平应至少与传统交易模式中对消费者的保护水平相当。针对在线交易中消费者所面临的新风险，立法者应尽快制定适合在线交易的特殊规则以促进在线交易中消费者权益的保护。

除以上所述原则之外，消费者权益保护同国际接轨原则、诚实信用原则、公平原则、平等原则、自愿原则等基本原则也同样适用于在线交易模式，在具体的制度设计中应合理运用、协调这些基本原则。

5.1.4　电子商务消费者权益保护存在的问题及易受侵害的原因

1. 电子商务消费者权益保护存在的问题

电子商务对消费者权益保护工作提出了新的挑战：消费者面临对可获得法律保护和损害赔偿的考虑，商家面临对管理环境的成本和可预见性的考虑。电子商务对消费者权益保护的影响主要体现在以下几个方面。

（1）网上交易安全问题。

随着电子商务的发展，其安全问题也变得越来越突出，已经成了制约电子商务发展的主要障碍。消费者在进行网上交易时，其重要的支付信息如身份证号码、账号、密码等可能由于技术较低等原因被泄露或被不法分子截获、破译、篡改、窃取，致使消费者的资金被盗，同时网上支付系统也有可能遭受黑客的恶意攻击，造成交易双方尤其是消费者的重大财产损失。目前国内的网上支付体系在签名、认证、支付等方面的安全性还不能完全适应电子商务发展的需要，网上消费者的财产安全也存在着一定风险。

（2）网络虚假广告问题。

在电子商务活动中，消费者往往难以确定其交易对象，只能通过广告对网上经营者的身份以及所销售的商品或提供的服务加以了解，消费者的知情权无法得到保障。某些网上经营者利用互联网虚拟性的特点发布虚假的产业信息误导消费者，甚至利用广告进行网络欺诈活动，降低了网络广告的可信度，损害了消费者的合法权益。

（3）侵害消费者隐私问题。

网络隐私权是指公民在网络中享有的私人生活与私人信息依法受到保护，不被他人非法侵犯、知悉、收集、复制、公开和利用的一种人格权；也指禁止在网上泄露某些与个人有关的敏感信息，包括事实、图像等。在传统商务活动中，消费者的个人信息并不是交易进行的必要条件，因此消费者没必要透露其个人信息，传统消费者权益保护法也很少涉及对消费者隐私的保护。在电子商务环境中，网络用户在浏览网页、申请邮箱、注册为网上会员或者进行网上购物的时候，都会主动或被动地透露其个人信息，并且这些个人信息会在用户不知情的情况下被某些网上经营者收集、储存、处理甚至销售。为了实现商业目的，一些网上经营者往往会借助技术手段有针对性地向网络用户发送商业信息。此外，某些网上经营者也会利用技术手段对网络用户进行追踪、定位，这些行为都对消费者的隐私权构成了威胁。

（4）电子商务合同问题。

电子商务合同的格式化以及网上交易过程的即时性对网上消费者权利的行使造成了很大限制。电子商务交易合同的订立多采用格式合同的形式，网上经营者为了维护自身的利益，往往利用这些格式合同中的免责条款减轻或免除其责任，或者使用技术手段将合同条款置于另外的网页上，令消费者无法直观了解合同内容。对于这些格式合同中的交易条件，网上消费者只能被动接受。此外，电子商务合同的订立也对传统合同法律法规产生了冲击。网上消费者通过点击"同意"即时发出的承诺无法撤回，因而失去了在合同成立之前收回自己意思表示的机会。目前，我国相关法律中对电子合同中要约和承诺的撤回或撤销无法实现的问题仍未作出相应的补充规定，不利于网上消费者权益的保护。

（5）网上消费的索赔问题。

在传统消费活动中，消费者因购买、使用商品或接受服务遭受人身或财产损害的，都可以依法行使其获得赔偿的权利。网上消费与传统消费相比，其交易关系更为复杂。首先，由于网络的虚拟性，很多网上经营者没有实际经营地址或虚构了一个经营地址，这就造成了在发生交易纠纷时因网上消费者无法找到网上经营者而无法获得赔偿的情况。其次，网上交易的完成需要经过多个环节，有多个主体参与，在发生网上消费纠纷时，往往难以确定网上经营者、银行、物流公司在各个环节的责任，或者出现因无法律明文规定而造成对当事人不公平的情况。最后，电子商务活动的跨地域性增加了网上消费者退换货的难度，并且目前尚未有针对数字化商品退换货的明确法律规定。

2. 电子商务消费者权益易受侵害的原因

（1）网络本身的特性。

电子商务的最大特点就是虚拟性，其交易主体具有虚拟性，交易的场所也具有虚拟性。交易双方在整个网络交易过程中不进行面对面的交流，消费者对目标商品或服务的了解都是从网站发布的影像文字资料或直接、间接地与对方沟通以及他人的评论中获得的，合同的签订也已电子化、格式化，整个过程都完全虚拟。电子商务是一场商业领域的根本性革命。一方面，它打破了时空的限制，改变了贸易形态，为消费者和商品（或服务）提供者提供了广阔的交易空间，使交易双方几乎不受任何时间和地点的限制，可以随时随地进行交易。这使得消费者有了广阔的选择空间，也为商品（或服务）提供者提供了更多的销售渠道，同时也为网站经营者提供了交易的机会。另一方面，这些特性为网络侵权提供了便利的条件。由于网络的虚拟性，经营者在网上发布经营信息和商品并没有得到相应机关的严格审核，最多是交易平台审查当事人的资格。若经营者自己搭建网站，则完全没有监督程序，这为经营者发布虚假信息、实施网络诈骗提供了便利。网络的开放性给消费者收集交易证据、诉讼维权带来了困难。一旦消费者的合法权益受到侵害，消费者往往会因为查找不到对方的信息而束手无策。

（2）监管体系不完善。

要规范网络购物市场，还需要行政机关对市场进行严格的行政监督。目前，国内对购物网站的行政监督仍存在种种缺陷，具体表现为以下两个方面。

网络购物行政监管机制不完善。目前，我国还没有形成专门针对购物网站的监督管理体系，还没有明确的主管部门负责统一实施监管，没有形成多个部门分工配合监管的协调机制。有的学者提出应当对电子商务市场进行"专职管理"，即设立专门的机构依法对电子商务市场进行监管，有的学者则赞成多部门共同监管。工业和信息化部、国家市场监督管理总局纷纷出台了针对购物网站的规制措施，这些措施的实行有利于规范网络购物市场秩序，但是缺乏协调执行机构，且效力层级不明确，使得网络购物市场的监管主体愈发不明朗。如果监管制度依然不成体系、监管主体仍然职责不明，最终将导致监管措施的实际效果不理想。因此，确定监管主体、明确监管权责、建立统一的网络购物监管体系成了网络购物行政监管工作的关注重点。

行政监管手段落后且监管范围有待拓宽：在实践中，我国行政监管队伍缺乏信息技术专业人员，且监管手段和方法落后，监管机构的基础信息设施配置滞后，导致行政机关的监管力度欠缺、监管范围较窄且监管疏忽过多。最显著的体现为：行政机关没有针对购物网站的支付环境进行安全监督，没有监督购物网站合理利用消费者的个人信息、保护消费者的私人领域；行政机关没有建立针对购物网站的、权威的、中立的信用评价机构；行政机关没有有效督促购物网站向消费者进行信息披露、及时解决消费纠纷；等等。

（3）信用和诚信观念缺失。

信用和诚信观念的缺失是影响我国电子商务发展的一个重要因素。市场内部没有形成统一的行业标准，网站各自为政、自谋出路，行业内部没有领军人物，网站之间存在不正当竞争。交易双方在完成电子合同的订立后，却不按照双方的约定履行义务，如卖方在收到货款后并不发货或者发的货不符合约定等。

（4）消费者自身的原因。

在电子商务交易当中，消费者权益受到侵害的原因还有消费者自身的原因。消费者在购买商品时，往往缺乏对商品或服务的基本了解，只注重价格，而忽略了其他信息，如质量、性能、用途、有效期限等信息。消费者隐私安全观念浅薄，不注意保护自己的隐私信息，轻易将邮箱、账号等信息透露给网站、商品（服务）提供者。消费者维权积极性不高，如果合法权益受到了损害，其往往由于维权成本较高而选择放弃维权。

5.1.5 我国电子商务消费者的权益保护机制

1. 事先预防机制

（1）加强对经营者的监管。

目前，我国对经营性互联网信息服务实行许可制度，对非经营性互联网信息服务实行备案制度，对经营性网站给予备案标志或者电子认证。但某些非经营性网站也开展营利活动，对于这样的网站，管理部门应该定期进行网络巡查，坚决予以处罚或取缔。北京市人民政府是我国较早出台保护消费者权益的地方政府，北京市工商管理局在 2000 年就出台了《关于在网络经济活动中保护消费者合法权益的通告》，规定网站所有者应按照规定进行网上经营行为登记备案，并在主页面上设置工商备案标志。对于消费者而言，出于安全考虑，其更倾向于和有工商备案标志的网站发生交易行为。在条件许可的时候，可以对有网上经营行为的网站都实行电子认证，以便于消费者确认网上经营者身份的真实性。

《网络交易监督管理办法》规定，从事网络商品交易的自然人，应当通过第三方交易平台开展经营活动，并向第三方交易平台提交其姓名、地址、有效身份证明、有效联系方式等真实身份信息。具备登记注册条件的，依法办理工商登记。从事网络商品交易及有关服务的经营者销售的商品或者提供的服务属于法律、行政法规或者国务院规定应当取得行政许可的，经营者应当依法取得有关许可。为网络商品交易提供网络接入、服务器托管、虚拟空间租用、网站网页设计制作等服务的有关服务经营者，应当要求申请者提供经营资格证明和个人真实身份信息，签订服务合同，依法记录其上网信息。申请者营业执照或者个人真实身份信息等信息记录备份保存时间为自服务合同终止或者履行完毕之日起两年以上。

电子商务中侵犯消费者权益的行为由工商行政管理机关负责监督和处理。《网络交易监督管理办法》也明确规定了发生网络交易侵权和违法行为时的受理机关。网络商品交易及有关服务违法行为由发生违法行为的经营者住所所在地县级以上工商行政管理部门管辖。对于其中通过第三方交易平台开展经营活动的经营者，其违法行为由第三方交易平台经营者住所所在地县级以上工商行政管理部门管辖。第三方交易平台经营者住所所在地县级以上工商行政管理部门管辖异地违法行为人有困难的，可以将违法行为人的违法情况移交违法行为人所在地县级以上工商行政管理部门处理。两个以上工商行政管理部门因网络商品交易及有关服务违法行为的管辖权发生争议的，应当报请共同的上一级工商行政管理部门指定管辖。对于全国范围内有重大影响、严重侵害消费者权益、引发群体投诉或者案情复杂的网络商品交易及有关服务违法行为，由国家市场监督管理总局负责查处或者指定省级工商行政管理部门负责查处。

（2）规范网上运营行为。

有学者建议，将行政职能部门传统的职责延伸至覆盖互联网领域，以加强对电子商务活动的监管，从而保护消费者的权益。相关行政职能部门尤其应当对当前电子商务中的突出问题，特别是网络广告发布中存在的不规范以及广告内容不真实、不准确、不完全和欺诈宣传、虚假广告等问题，予以重点监管。

《消费者权益保护法》规定，经营者采用网络、电视、电话、邮购等方式销售商品，消费者有权自收到商品之日起七日内退货，且无需说明理由，但下列商品除外：消费者定做的，鲜活易腐的，在线下载或者消费者已拆封的音像制品、计算机软件等数字化商品，交付的报纸、期刊。

除上述所列商品外，其他根据商品性质并经消费者在购买时确认不宜退货的商品，不适用无理由退货。消费者退货的商品应当完好。经营者应当自收到退回商品之日起七日内返还消费者支付的商品价款。退回商品的运费由消费者承担，经营者和消费者另有约定的，按照约定。

消费者因经营者利用虚假广告或者其他虚假宣传方式提供商品或者服务，其合法权益受到损害的，可以向经营者要求赔偿。广告经营者、发布者发布虚假广告的，消费者可以请求行政主管部门予以惩处。广告经营者、发布者不能提供经营者的真实名称、地址和有效联系方式的，应当承担赔偿责任。广告经营者、发布者设计、制作、发布关系消费者生命健康的商品或者服务的虚假广告，造成消费者损害的，应当与提供该商品或者服务的经营者承担连带责任。社会团体或其他组织、个人在关系消费者生命健康商品或者服务的虚假广告或其他虚假宣传中向消费者推荐商品或者服务，对消费者造成损害的，应当与提供该商品或者服务的经营者承担连带责任。

（3）强化行业自律。

成熟的市场更多是通过市场的作用调节参与主体的行为。行业组织在经济发展中作用的大小，可以反映一个社会发展的程度。在市场经济较发达的国家，行业组织的自律性规范和中介机构的监督执行机制，在培育消费者对电子商务的信心方面起着重要作用。行业自律要求提供网上交易服务的商家和从事网上交易的经营者，特别是同行业的经营者，采取切实可行的行为，制定业内交易规则；要求其从消费者的利益出发，设计交易规则，自觉平衡商家与消费者之间的利益，对业内损害消费者利益的行为进行惩处。

（4）建立电子商务信用体系。

电子商务的交易特点，使它更多地依赖于交易双方彼此之间的信用。除了运用法律的力量、政府的监管以及行业自律之外，一个覆盖全社会的社会化信用体系是不可缺少的。我国社会现阶段的信用意识比较薄弱，社会化信用体系很不健全，因此应加强信用制度建设，建立一个统一的、覆盖面广的信用体系，将信用缺失者的信用记录置于公众监督之下，从而大大提高其失信成本。只有这样，全社会的信用意识才能得到有效提高，网上消费才能变得更加轻松和可靠。完善的信用体系包括企业的基本信息、资质证明、商品信息与证明、交易情况与信用状况等，更为重要的是有关权威部门的认证。目前，在我国有些地方，政府已经开始建立企业信用档案。

（5）提高消费者的自我保护意识。

消费者在通过网络进行交易时，应当注意审查经营者的身份信息以及网站的信息，对所需购买的商品进行了解、比较，要了解清楚网上购物存在的风险。此外，消费者协会及行业自律组织应该通过各种形式的活动对消费者进行宣传与教育，提醒消费者通过以下方法预防电子商务中可能出现的欺诈行为，在与商家可能的争议中取得较为有利的地位：一是对自己的个人资料予以保密，不轻易透露，尤其是付款信息，如银行账号等；二是不随意下载或者开启陌生人传送的文件，尤其是可执行文件；三是选择诚信度好、管理严格的业主交易；四是向经营者索取购物凭证，并保存在线交易的各种资料等。

2．事后解决机制

（1）网上争端解决机制。

① 由权威的在线投诉网站解决。由国家有关部门或者消费者权益保护组织等有公信力的单位创设在线投诉网站，投诉网站应和各地的工商管理部门以及消费者权益保护部门建立有效沟通。当消费者在网站投诉时，投诉资料就会被转发到被投诉电子商务经营者所在地或者商品实际所在地的工商管理部门或者消费者权益保护部门，由其对侵犯消费者权益的事宜进行调查，维护消费者权益。目前，我国有些地区已经建立了网上投诉中心，但这些网上投诉中心大多是由民间自发建立的，很少是由政府出面设立的，力量微弱。

② 由网上仲裁机构解决。在电子商务消费交易纠纷中，通常所涉标的金额有限，一般都是小额纠纷。对于这种纠纷，如果采用传统的诉讼仲裁机制解决，对消费者而言往往得不偿失，这也是很多网上消费者放弃维权的重要原因。目前，无论是在国内还是在国外，已经出现了网上仲裁机构。但由于电子商务活动的特殊性，网上仲裁机构解决的争议范围有限，仅局限于域名、无线网址、通用网址和短信网址等，很少受理网上交易纠纷。随着网上仲裁在制度和法律层面的完善，网上仲裁可以被逐渐推广到网上交易纠纷等电子商务领域。

③ 第三方交易平台解决。目前，国内大多数的第三方交易平台在为买卖双方提供交易场所的同时，都设立了在线投诉解决机制，以解决买卖双方之间的纠纷，这对于保护消费者权益有着积极作用。《网络交易监督管理办法》规定第三方交易平台经营者应当建立消费纠纷和解和消费维权自律制

度。消费者在平台内购买商品或接受服务，发生消费纠纷或者其合法权益受到损害时，消费者要求平台调解的，平台应当调解；消费者通过其他渠道维权的，平台应当向消费者提供经营者真实的网站登记信息，积极协助消费者维护自身合法权益。第三方交易平台解决机制也有缺陷，因为第三方交易平台最大的"制裁"也就是禁止交易，但无论是买方还是卖方都可以在重新注册、变更用户名之后，继续在第三方交易平台进行交易。

（2）政府机关与消费者协会解决机制。

① 国家工商行政管理机关解决。目前，在电子商务活动中，很多权益受到侵害的消费者都向工商行政管理机关投诉。工商行政管理机关是国家综合性的行政经济监督管理机关，肩负着管理市场、约束市场主体的各种市场经济活动的重任。国家工商行政管理机关有必要专门针对网络中的问题，设立专门的电子商务解决部门。

② 消费者协会解决。消费者协会作为维护消费者合法权益的社会团体，可以代表消费者与经营者进行谈判、调解。由于网络的无空间性，各地的消费者协会应当互相配合。

知识拓展 5-2

关于产品质量纠纷较少通过法院诉讼程序解决的原因的相关内容，请扫描二维码阅读。

知识拓展 5-2

5.2 产品质量相关法律法规

我国关于产品质量的相关法律法规有《中华人民共和国产品质量法》（以下简称《产品质量法》）、《中华人民共和国农产品质量安全法》《产品质量监督抽查管理办法》《工业产品质量责任条例》《全国人民代表大会常务委员会关于司法鉴定管理问题的决定》及《产品质量仲裁检验和产品质量鉴定管理办法》等。

产品质量法是调整产品质量监督管理关系和产品质量责任关系的法律规范的总称。广义的产品质量法包括所有调整产品质量及产品责任关系的法律和法规。通常所说的产品质量法是指狭义的产品质量法，即 1993 年 2 月 22 日颁布，9 月 1 日起施行，2018 年第三次修正的《产品质量法》。

5.2.1 《产品质量法》的立法宗旨和调整的法律关系

1.《产品质量法》的立法宗旨

（1）加强产品质量监督管理，提高产品质量水平。运用法律手段规范产品质量，是现代社会的要求，也是政府的责任。

（2）明确产品质量责任。要提高产品质量水平，必须明确研制、生产、销售的各个环节对产品质量所担负的责任；要对产品质量进行管理监督，必须分清政府有关部门、质量检验中介机构及各个企业的产品质量责任。

（3）保护消费者的合法权益，维护社会经济秩序。加强管理，明确责任，其根本目的在于保护消费者的合法权益，促使生产、消费、再生产的良性循环，保障社会经济的正常秩序。

2.《产品质量法》调整的法律关系

在我国境内从事产品生产、销售活动的企业、其他组织和个人（包括外国人）均须遵守《产品质量法》。具体来说，《产品质量法》调整的法律关系包括以下三个方面。

（1）产品质量监督管理关系，即各级技术质量监督部门、工商行政管理部门在产品质量的监督检查、行使行政惩罚权时与市场经营主体所发生的法律关系。

（2）产品质量责任关系，即因产品质量问题引起的消费者与生产者、销售者之间的法律关系，包括因产品缺陷导致的人身、财产损害在生产者、销售者、消费者之间所产生的损害赔偿法律关系。

（3）产品质量检验、认证关系，即因中介服务所产生的中介机构与市场经营主体之间的法律关系，因产品质量检验和认证不实损害消费者利益而产生的法律关系。

5.2.2　产品、产品标准与产品质量

1. 产品

产品是作为商品向市场提供的，能引起注意、获取、使用或者消费的，以满足欲望或需要的有形物品和无形服务。

消费者购买的不仅是产品的实体，还包括产品的核心利益（向消费者提供的基本效用和利益）。产品的实体称为一般产品，即产品的基本形式，只有依附于产品实体，产品的核心利益才能实现；期望产品是消费者采购产品时期望的一系列属性和条件；附加产品是产品的第四层次，即产品包含的附加服务和利益；潜在产品是产品的第五层次，潜在产品预示着该产品最终可能的所有增加和改变。

2. 产品标准

产品标准是为保证产品的适用性，对产品必须达到的某些或全部要求所制订的标准。产品标准是产品生产、检验、验收、使用、维护和洽谈贸易的技术依据，对于保证和提高产品质量，提高生产和使用的经济效益，具有重要意义。

产品标准的内容主要包括：产品的适用范围；产品的品种、规格和结构形式；产品的技术要求，如物理性能、化学性能、电磁性能、表面质量、使用特性、稳定性、质量等级等；产品的试验方法，包括取样方法、试验用材料、测试器具与设备、试验条件、试验步骤及试验结果的评定等；产品的检验规则（验收规则），包括检验项目、样品抽样方式、检验结果评定、仲裁及复验方法等；产品的标志、包装、贮存和运输等，包括产品标志、包装材料、包装方式与技术要求、运输及贮存要求等。

对于一些门类中类别较多的产品，产品标准还需进行分层，如基础规范、总规范、分规范、空白详细规范和详细规范等。

在日常生活中，常见的企业标准大多是产品标准，准确地讲应该是企业产品标准，也就是企业对所生产的产品制订的技术规范。

3. 产品质量

质量概念可以分为以下三种。

（1）符合性的质量概念：以"符合"现行标准的程度作为衡量依据。

（2）适用性的质量概念：以适合顾客需要的程度作为衡量依据。

（3）广义的质量概念：质量是一组固有特性满足要求的程度。狭义的产品质量概念指有形制成品（如计算机、保温杯等）。广义的产品质量概念指硬件、服务（如快递、旅游活动等）、软件（如电子游戏、字典等）、流程性材料（如食用油、煤炭等）。

产品质量是指产品满足规定需要和潜在需要的特征和特性的总和。任何产品都是为满足用户的使用需要而制造的。对于产品质量来说，不论是简单产品还是复杂产品，都应当用产品质量特性或特征描述。产品质量特性因产品的特点不同，表现的参数和指标也多种多样。反映用户使用需要的质量特性归纳起来一般有六个方面，即性能、寿命（耐用性）、可靠性与维修性、安全性、适应性、经济性等。

质量的广义性：在质量管理体系涉及的范畴内，组织相关方对组织的产品、过程、体系等多个方面提出要求。产品、过程、体系都具有固有特性，所以，质量不仅指产品的质量，也指过程和体系的质量。

知识拓展 5-3

关于产品质量标准体系的内容，请扫描二维码阅读。

知识拓展 5-3

---

4. 产品质量标准

产品质量标准是产品生产、检验和评定质量的技术依据。产品质量特性一般以定量方式表示，如强度、硬度、化学成分等；对于难以直接以定量方式表示的产品质量特性，如舒适、灵敏、操作方便等，则通过产品和零部件的试验研究，确定若干技术参数，以间接定量反映。对企业来说，为了使生产经营能够有条不紊地进行，从原材料进厂，一直到产品销售等各个环节，都必须有相应标准作保证。

《产品质量法》第十二条规定，产品质量应当检验合格，不得以不合格产品冒充合格产品。所谓合格，是指产品的质量状况符合标准中规定的具体指标。我国现行的标准分为国家标准、行业标准、地方标准和经备案的企业标准。凡有强制性国家标准、行业标准的，必须符合该标准；没有强制性国家标准、行业标准的，允许适用其他标准，但必须符合保障人体健康及人身、财产安全的要求。同时，国家鼓励企业赶超国际先进水平。对于不符合强制性国家标准、行业标准的产品，以及不符合保障人体健康和人身、财产安全标准和要求的产品，禁止生产和销售。

5.2.3　生产者和销售者的产品质量义务

生产者、销售者的产品质量义务是指法律法规规定的生产者、销售者在产品质量方面应当承担的作为和不作为的责任。

1. 生产者的产品质量义务

（1）作为的义务。

产品质量应符合下列要求：①不存在危及人身、财产安全的不合理危险，有国家标准、行业标准的应当符合该标准；②具备产品应当具备的使用性能，但是对产品存在的使用性能的瑕疵作出说明的除外；③符合在产品或者其包装上注明采用的产品标准，符合以产品说明、实物样品的方式表明的质量状况。

包装及产品标志应当符合下列要求：①特殊产品（如易碎、易燃、易爆的物品，有毒、有腐蚀性、有放射性的物品，其他危险物品，储运中不能倒置和有其他特殊要求的产品）其标志、包装质量必须符合相应的要求，依照规定作出警示标志或者中文警示说明；②普通产品，应有产品质量检验的合格证明，有以中文标明的产品名称、生产厂的厂名和地址，应根据需要标明产品规格、等级、主要成分；③限期使用的产品，应标明生产日期和安全使用期或者失效日期；④本身易坏或者可能危及人身、财产安全的产品，应有警示标志或者中文警示说明。

（2）不作为的义务。

不作为的义务主要包括：①不得生产国家明令淘汰的产品；②不得伪造产地，不得伪造或者冒用他人的厂名、厂址；③不得伪造或者冒用认证标志、名优标志等质量标志；④不得掺杂、掺假，不得以假充真、以次充好，不得以不合格产品冒充合格产品。

2. 销售者的产品质量义务

（1）进货验收义务。

销售者应当建立并执行进货检查验收制度。该制度相对消费者及国家市场管理秩序而言是销售者的义务，相对供货商而言则是销售者的权利。严格执行进货验收制度，可以防止不合格产品进入市场，可以为准确判断和区分生产者及销售者的产品质量责任提供依据。

（2）保持产品质量的义务。

销售者进货后应对保持产品质量负责，以防止产品变质、腐烂，丧失或降低使用性能，产生危害人身、财产的瑕疵等。如果进货时的产品符合质量要求，销售时发生质量问题的，销售者应当承担相应的责任。

（3）有关产品标志的义务。

销售者在销售产品时，应保证产品标志符合产品质量法对产品标志的要求，符合进货时验收的状态，不得更改、覆盖、涂抹产品标志，以保证产品标志的真实性。

（4）不得违反禁止性规范。

对于销售者而言，法律规定的禁止性规范与生产者的不作为义务相同。

5.2.4 损害赔偿与纠纷处理

1. 生产者和销售者的责任

生产者或销售者生产或销售了不符合质量要求的产品，造成了消费者的人身伤亡或财产损失，且二者之间存在因果关系的，生产者或销售者应承担损害赔偿责任。其责任按以下方式承担。

（1）生产者的严格责任。

生产者的严格责任是指产品存在缺陷造成他人人身、财产损害的，无论生产者处于什么样的主观心理状态，生产者都应当承担赔偿责任。但严格责任不同于绝对责任，它仍然是一种有条件的责任。《产品质量法》同时规定了法定免责条件，即生产者能够证明有下列情形之一的，不承担赔偿责任：未将产品投入流通；产品投入流通时，引起损害的缺陷尚不存在；虽已将产品投入流通，但当时的科学技术水平尚不能发现缺陷的存在。

（2）销售者的过错责任。

销售者的过错使产品存在缺陷，造成他人人身、财产损害的，销售者应当承担赔偿责任；但销售者如果能够证明自己没有过错，则不必承担赔偿责任。这种过错是一种推定过错，销售者负有举证责任，若不能提供相应的证据，则不能免除赔偿责任。

2. 损害赔偿

（1）求偿对象。

首先，产品存在缺陷造成他人人身、财产损害的，受害者可以向产品的生产者要求赔偿，也可以向产品的销售者要求赔偿。并且对于属于产品生产者的责任，销售者赔偿后，有权向产品的生产者追偿；对于属于产品销售者的责任，产品的生产者赔偿后，有权要求产品的销售者赔偿。

（2）赔偿范围。

① 人身损害的赔偿范围分为三种情况：第一，产品缺陷造成受害人人身伤害的，侵权人应当赔偿医疗费、护理费、误工费等费用；第二，造成受害人残疾的，还应支付残疾者的生活自助用具费、生活补助费、残疾赔偿金、被抚养人生活费等；第三，造成受害人死亡的，还应支付丧葬费、死亡赔偿金，被抚养人所必需的生活费等。

② 财产损害的赔偿范围。产品存在缺陷造成受害人财产损失的，侵权人应当恢复原状或者折价赔偿。受害人因此遭受其他重大损失的，侵权人应当赔偿损失。

3. 产品质量纠纷解决

产品质量纠纷是指因产品质量引起的有关当事人之间的争执，包括经济合同中的质量纠纷，因产品质量而发生的侵权纠纷，因行政机关处理产品质量问题而引起的争议等。处理产品质量纠纷的主要途径如下。

协商是指由被害人和侵害人根据法律规定自行商量解决，通常当事人之间要达成书面协议或口头协议。

调解是指企业主管部门、产品质量监督管理部门根据双方当事人的要求居中调解，依照法律规定合理解决纠纷，保护用户和消费者的合法权益。

仲裁是指经济仲裁机关根据双方当事人达成的书面仲裁协议申请，以事实为根据，以法律为准绳进行裁决。裁决是终局的，当事人不得再向法院起诉。当事人协商或者调解不成功的，都可以申请仲裁。

诉讼是指双方当事人通过人民法院依照诉讼程序解决产品质量纠纷。通过诉讼程序解决产品质量纠纷是各国通用做法。诉讼最具权威性，如当事人各方不愿协商、调解和仲裁，或者仲裁没有达成仲裁协议的，受害人可以向人民法院起诉。

5.2.5 违反《产品质量法》的法律责任

《产品质量法》第五章"罚则"部分，全面规定了对产品质量负有义务的市场经济主体及行使管理监督职责的地方人民政府、行政监督部门以及与产品质量有关的其他社会组织的法律责任。

1. 产品质量的赔偿责任

（1）销售者的先行负责及赔偿义务。

《产品质量法》也是一部产品质量责任法。该法规定，售出的产品有下列情形之一的，销售者应当负责修理、更换、退货；给购买产品的消费者造成损失的，销售者应当赔偿损失，包括不具备产品应当具备的使用性能而事先未作说明的、不符合在产品或者其包装上注明采用的产品标准的、不符合以产品说明或实物样品等方式表明质量状况的。

（2）销售者的追偿权。

负责修理、更换、退货、赔偿损失后，属于生产者的责任或者属于向销售者提供产品的其他销售者（以下简称"供货者"）的责任的，销售者有权向生产者、供货者追偿。由于在绝大多数情况下，用户、消费者只知道销售者，且双方存在买卖合同关系，所以，法律规定首先由销售者承担赔偿责任是非常明智的。同时，为了充分尊重合同当事人的定约自由权，法律规定，生产者之间、销售者之间、生产者与销售者之间订立的买卖合同、承揽合同对责任承担顺序有不同约定的，按照合同约定执行。

生产者如能提供有效证明（如前文所述）的，可以不承担赔偿责任。

2. 生产者和销售者的行政责任

为了加强对产品质量的监督管理，杜绝产品事故，《产品质量法》第四十九条至第五十六条，明确了生产者、销售者违反《产品质量法》应承担的行政责任。

（1）生产者或销售者违反《产品质量法》的行为。

生产者、销售者有下列行为之一的，由产品质量监督部门或工商行政管理部门给予行政处罚：生产、销售不符合保障人体健康或人身、财产安全的国家标准、行业标准的产品；在产品中掺杂、掺假，以假充真，以次充好，或者以不合格产品冒充合格产品；生产国家明令淘汰的产品、销售国家明令淘汰并停止销售的产品；销售失效、变质的产品；伪造产地的，冒用他人厂名、厂址的，伪造或者冒用认证标志等质量标志；使用的产品标识不符合本法规定；拒绝接受依法进行的产品质量监督检查；隐匿、转移、变卖、损毁被依法查封、扣押的物品。

（2）行政处罚的种类。

行政处罚的种类包括责令停止违法行为、没收违法所得、罚款、吊销营业执照等。拥有行政处罚权的质量监督部门、其他行政管理部门应根据具体情节决定处罚的种类及是单处还是并处。此外，没收的对象除违法生产、销售的产品和违法所得外，对生产者专门用于生产假冒伪劣产品、不合格产品的原辅材料、包装物、生产工具等应予没收。

罚款的幅度最高可达违法生产、销售产品货值金额的三倍。应当承担民事赔偿责任和缴纳罚款、罚金的，其财产不足以同时支付时，应先承担民事赔偿责任。

3. 其他相关人的违法行为及责任

（1）为违法行为提供便利条件的责任。

已知或应知属于《产品质量法》规定禁止生产、销售的产品而为其提供运输、保管、仓储等便利条件的，或者提供制假技术的，应没收其收入，并处罚款。

（2）服务业经营者的责任。

服务业经营者将禁止销售的产品用于经营性服务的，责令停止使用；对于知道或应当知道该产品是禁止销售的产品的，依《产品质量法》对销售者进行处罚。

4. 产品质量监督部门及相关行政部门的法律责任

（1）地方人民政府和国家机关的责任。

各级人民政府工作人员和其他国家机关工作人员，违反《产品质量法》第九条的规定，有下列行为之一的，给予行政处分，构成犯罪的，依法追究刑事责任：包庇或放纵行为、通风报信或帮助违法当事人逃避查处的行为、阻挠或干预查处的行为。

（2）产品质量监督部门的法律责任。

产品质量监督部门相关的违法行为及应当承担相应的法律责任：监督抽查中超量索取样品或者向被检查人收取检验费用的，由其上级产品质量监督部门或监察机关责令退还，情节严重的，对直接负责的主管人员和责任人员依法给予行政处分；产品质量监督部门或其他国家机关违反《产品质量法》第二十五条的规定，向社会推荐产品或者以某种方式参与产品经营活动的，由上级机关或监察机关责令改正，消除影响，没收违法收入，情节严重的，对直接负责的主管人员和责任人员依法给予行政处分；产品质量检验机构有上述行为的，产品质量监督部门可责令改正，消除影响，没收违法收入并处罚款，情节严重的，可撤销其质量检验资格；产品质量监督部门或者工商行政管理部门的工作人员渎职构成犯罪的，依法追究刑事责任，尚未构成犯罪的，依法给予行政处分。

5. 社会团体、社会中介机构的法律责任

（1）检验机构及认证机构的法律责任。

产品质量检验机构、认证机构伪造检验结果或者出具虚假证明的，应责令改正，对单位和直接负责的主管人员及责任人员处以罚款，没收违法所得；情节严重的，取消其检验资格、认证资格。产品质量检验机构、认证机构出具的检验结果或者证明不实，造成损失的，应当承担相应的赔偿责任，造成重大损失的，撤销其检验资格、认证资格。产品质量认证机构违反《产品质量法》第二十一条的规定，不履行质量跟踪检验义务的，对因其产品不符合认证标准给消费者造成的损失，与产品的生产者、销售者承担连带责任，情节严重的，撤销其认证资格。

（2）社会团体及社会中介机构的承诺和保证责任。

社会团体、社会中介机构对产品质量的承诺和保证，对于消费者而言，通常比生产者、销售者自己的保证更加有效，但如果不实，欺骗性、危害性也更大。为了约束他们的行为，《产品质量法》第五十八条规定，社会团体、社会中介机构对产品质量作出承诺和保证，而该产品又不符合其承诺、保证的质量要求，给消费者造成损失的，与产品生产者、销售者承担连带责任。

6. 刑事责任

根据《产品质量法》和《刑法》中关于生产、销售伪劣产品犯罪的规定，如果生产者、销售者的行为触犯刑律的，应当承担刑事责任。

知识拓展 5-4

关于产品质量法律责任的构成要件的内容，请扫描二维码阅读。

知识拓展 5-4

5.3 《中华人民共和国广告法》

广告是一种特殊的社会活动，在信息传播过程中会产生各种各样的社会关系。要使广告活动的社会关系正常、有序，朝着良性、健康的方向发展，从而有效地维护社会经济秩序，就必须通过相应的法律规范加以调整。

广告法有狭义和广义两种概念。狭义的广告法专指《中华人民共和国广告法》，它是我国第一部比较全面地规范广告内容及广告活动的法律，是体现国家对广告的社会管理职能的部门行政法。

广义的广告法，是指除了《中华人民共和国广告法》外，还包括其他相关的管理广告活动的行政法规、地方性法规、行政规章等在内的具有规范性的法律文件。其中，相关的法律，是指我国的《民法典》《消费者权益保护法》《反不正当竞争法》等涉及广告活动及广告管理的内容。

在广告法规范体系中，《广告法》具有最高的法律效力。它不仅是一切广告活动应遵守的共同规范，也是广告行政法规、地方性法规、行政规章等的立法依据。

国务院 1982 年制定并颁布施行的《广告管理暂行条例》，是我国第一个全国性的统一广告法规，1987 年国务院颁布的《广告管理条例》，取代了原来的《广告管理暂行条例》。

目前，我国涉及广告规范的法律、行政法规有十几种，行政规章有近百个。这些法律法规和行政规章同《广告法》一起，形成了我国广告监督管理的法律体系，是《广告法》的重要补充。《广告法》出台以后，这些法律、法规和行政规章在更大范围内依照《广告法》的基本精神，继续发挥其积极作用。同时，有些法律、规章也根据《广告法》的具体规定，对其进行了进一步健全、完善。

5.3.1 《广告法》的调整对象及其法律关系

广告管理法规既是我国广告管理机关进行广告管理的主要依据，又是广告主、广告经营者、广告发布者从事广告活动应该遵循的基本准则。

不同的法律规范具有不同的调整对象，《广告法》的调整对象是广告法律规范所调整的各种社会关系。《广告法》第五条规定，广告主、广告经营者、广告发布者从事广告活动，应当遵守法律、法规，诚实信用，公平竞争。

就《广告法》所调整的行为主体对象而言，主要包括以下几个方面的关系。

第一，广告活动主体，包括广告主、广告经营者、广告发布者，在接受委托提供广告设计、制作、代理服务、发布广告活动中发生的民事关系。

第二，广告监督管理机关及其工作人员，在依法监督、管理、检查广告的各种活动中发生的广告管理关系。

第三，广告审查机关及其工作人员，在依法审查广告的各种活动中发生的广告审查关系。

第四，广告中向消费者推荐产品或服务的各类市场中介机构、社会团体及其他组织，在参与广告活动中发生的关系。

第五，广告监督管理机关、广告审查机关、司法机关，在进行广告违法行为的处罚和解决广告活动过程中发生的关系。

《广告法》的调整对象涉及广告活动的方方面面，同时各种关系既是各自独立的，又是相互联系、不可分割的。

5.3.2　商业广告相关人的责任和义务

依照《广告法》第二条的规定，商业广告活动中有四种角色，即有四类商业广告相关人：广告主、广告经营者、广告发布者、广告代言人。不同的角色对应不同的定义，有着不同的职责和法律责任。

1. 广告主

《广告法》所称的广告主，是指为推销商品或者服务，自行或者委托他人设计、制作、发布广告的自然人、法人或者其他组织。《广告管理条例》中的广告主为广告客户。

2. 广告经营者

《广告法》所称的广告经营者，是指受委托提供广告设计、制作、代理服务的自然人、法人或者其他组织。

3. 广告发布者

《广告法》所称的广告发布者，是指为广告主或者广告主委托的广告经营者发布广告的自然人、法人或者其他组织。

4. 广告代言人

《广告法》所称的广告代言人，是指除广告主以外的，在广告中以自己的名义或者形象对商品、服务作推荐、证明的自然人、法人或者其他组织。广告主、广告经营者、广告发布者、广告代言人应尽的责任和义务。

（1）在广告活动中应当订立书面合同，不得在广告活动中进行任何形式的不正当竞争。

（2）广告主应当委托具有合法经营资格的广告经营者和广告发布者设计、制作、发布广告。

（3）在广告中使用他人名义或形象的，应当事先取得其书面同意；使用无民事行为能力人、限制民事行为能力人的名义或者形象的，应当事先取得其监护人的书面同意。

（4）按照国家有关规定，建立健全广告业务的承接登记、审核、档案管理制度。

（5）对内容不符或者证明文件不全的广告，广告经营者不得提供设计、制作、代理服务，广告发布者不得发布。

（6）广告经营者、广告发布者应当公布其收费标准和收费办法。

（7）广告发布者向广告主、广告经营者提供的覆盖率、收视率、点击率、发行量等资料应当真实。

（8）不得设计、制作、代理、发布与禁止生产、销售以及禁止发布广告的产品或提供的服务相关的广告。

（9）广告代言人在广告中对商品、服务作推荐、证明，应当依据事实，符合法律及相关规定，不得为其未使用过的商品或者未接受过的服务作推荐、证明。

5.3.3　违反《广告法》的法律责任

《广告法》的法律责任是指广告主、广告经营者、广告发布者和广告代言人对其在广告活动中实施的违法行为及其造成的危害应承担的带有强制性的法律责任，包括民事责任、行政责任、刑事责任。

1. 民事责任

违反《广告法》承担的民事责任的形式主要是赔偿损失。根据《广告法》的规定，有下列行为之一并给对方造成一定损失的应承担赔偿损失的责任。

（1）发布虚假广告，欺骗和误导消费者，使购买商品或者接受服务的消费者的合法权益受到损害的，由广告主依法承担民事责任。

（2）广告经营者、广告发布者明知或者应知广告虚假仍设计、制作、发布的，依法承担连带责任。

（3）广告经营者、广告发布者不能提供广告主的真实名称、地址和有效联系方式的，消费者可以要求广告经营者、广告发布者先行赔偿。

（4）关系消费者生命健康的商品或者服务的虚假广告，对消费者造成损害的，其广告经营者、广告发布者、广告代言人应与广告主承担连带责任。

（5）社会团体或其他组织，在虚假广告中向消费者推荐商品或者服务，使消费者的合法权益受到损害的，应依法承担连带责任。

广告主、广告经营者、广告发布者违反规定，有下列侵权行为之一的，依法承担民事责任：

（1）在广告中损害未成年人或者残疾人的身心健康；

（2）假冒他人专利；

（3）贬低其他生产经营者的商品、服务；

（4）在广告中未经同意使用他人名义或者形象；

（5）其他侵犯他人合法民事权益的行为。

2. 行政责任

（1）广告监督管理机关的行政处罚。

广告主、广告经营者、广告发布者有下列情形之一，除法律有特别规定之外，由广告监督管理机关责令停止发布广告，公开更正、消除影响，并根据情节单处或者并处没收广告费用、非法所得，处以广告费用 1 倍以上 5 倍以下的罚款；情节严重的，依法停止其广告业务。

① 违法发布医疗、药品、医疗器械、保健食品、酒类、房地产、教育或培训广告。

② 在广告中涉及疾病治疗功能，以及使用医疗用语或者易使推销的商品与药品、医疗器械相混淆的用语。

③ 违法发布农药、兽药、饲料、饲料添加剂、农作物种子、林木种子、草种子、种畜禽、水产苗种和种养殖广告。

④ 违法发布招商等有投资回报预期的商品或者服务广告。

⑤ 利用不满 10 周岁的未成年人作为广告代言人。

⑥ 在中小学校、幼儿园内或者利用与中小学生、幼儿有关的物品发布广告。

⑦ 发布针对不满 14 周岁的未成年人的商品或者服务的广告。

⑧ 未经审查发布广告。

（2）有关行政管理部门的行政处分。

违反《广告法》有关规定的，行政管理部门可以采取的措施有：责令改正、没收广告费用或违法所得、罚款、暂停广告发布业务、吊销营业执照、吊销广告发布登记证件、一定期限内不受理其广告审查申请以及记入信用档案，并依照有关法律、行政法规规定予以公示。

拒绝、阻挠市场监督管理部门监督检查，或有其他构成违反治安管理行为的，依法给予治安管理处罚；构成犯罪的，依法追究刑事责任。

3．刑事责任

（1）利用广告对商品或者服务作虚假宣传，构成犯罪的，应当依法追究刑事责任。利用虚假广告推销假药、劣药、违法食品、伪劣农药，构成犯罪的，依法追究刑事责任。

（2）发布的广告中有《广告法》严格禁止的情形，构成犯罪的，依法追究刑事责任。

（3）广告监督管理机关和广告审查机关的工作人员玩忽职守、滥用职权、徇私舞弊，情节严重，构成犯罪的，依法追究刑事责任。

关键术语

电子商务消费者　电子商务经营者　产品标准　产品质量　生产者　销售者　法律责任

基本知识与原理

1．电子商务消费者与经营者的界定

2．电子商务消费者权益保护的原则

3．我国电子商务中消费者权益保护的具体措施

4．《产品质量法》的立法宗旨和调整对象

5．损害赔偿与纠纷处理

6．违反《产品质量法》的法律责任

思考与练习

一、选择题

1．消费者为（　　）需要购买、使用商品或接受服务的人，其权益受《消费者权益保护法》

的保护。

    A. 生产   B. 生活   C. 生产和生活   D. 个人

2. 《消费者权益保护法》中，消费者的消费客体是（   ）。

    A. 生活消费   B. 商品   C. 服务   D. 商品和服务

3. 各级人民政府应当加强监督，预防损害消费者（   ）行为的发生。

    A. 人身安全   B. 财产安全   C. 人身、财产安全   D. 生活安全

4. 销售者的产品质量义务包括进货验收义务、保持产品质量的义务、有关产品标志的义务和（   ）。

    A. 仓储义务   B. 不得违反禁止性规范

    C. 告知义务   D. 保存信息

5. 消费者因经营者利用虚假广告提供商品或者服务，其合法权益受到损害，可以向（   ）要求赔偿。

    A. 生产者   B. 广告发布者

    C. 经营者   D. 生产者和广告发布者

二、填空题

1. 电子商务消费者的权利有：＿＿＿＿、＿＿＿＿、＿＿＿＿、＿＿＿＿、＿＿＿＿、＿＿＿＿、＿＿＿＿。

2. 目前，我国对经营性互联网信息服务实行＿＿＿＿＿，对非经营性互联网信息服务实行＿＿＿＿＿，对经营性网站给予备案标识或者电子认证。

3. 产品质量标准是产品＿＿＿＿、＿＿＿＿、＿＿＿＿、＿＿＿＿和＿＿＿＿的技术依据。

4. 生产者或销售者生产或销售了不符合质量要求的产品，造成了消费者的人身伤亡或财产损失，且二者之间存在＿＿＿＿＿的，生产者或销售者应承担损害赔偿责任。

5. 《广告法》的法律责任是指广告主、广告经营者、广告发布者和广告代言人对其在广告活动中实施的违法行为及其造成的危害应承担的带有强制性的法律责任，包括＿＿＿＿、＿＿＿＿、＿＿＿＿。

三、思考题

1. 讨论我国电子商务中消费者权益保护的具体措施。

2. 试述我国《产品质量法》实施的意义。

3. 论述违反《广告法》的法律责任。

四、案例分析

2016年5月31日，李某通过某平台公司提供的网络平台某某商城在金某某公司经营的店铺购买200份粽子礼盒，单价69元，每份礼盒含粽子8个，赠绿豆糕2块、咸鸭蛋2枚，李某支付13 800元。

收货后，李某看到粽子礼盒上有扇形标志，以为买的是北京稻香村产品，后发现是河北稻香村公司生产的，认为对方存在欺诈。咸鸭蛋和绿豆糕均未写生产日期，李某认为这违反《食

品安全法》的规定，故将河北稻香村公司、金某某公司、某平台公司诉至人民法院，要求退还购买粽子礼盒的费用13 800元、3倍赔偿购买粽子的价款（共计41 400元）及10倍赔偿绿豆糕和咸鸭蛋的价款（共计20 000元）。

2017年12月22日，北京市丰台区人民法院作出民事判决书（〔2016〕京0106民初21841号），认定礼盒外包装显示有"河北稻香村食品有限公司"字样，李某在购买礼盒时应详细了解该商品介绍，其购买礼盒亦属自愿，故无法认定被告存在欺诈行为。咸鸭蛋和绿豆糕的产品标志存在瑕疵，但其均系赠品，未对消费者造成损害，故驳回李某的诉讼请求。

李某不服判决上诉。2018年3月30日，北京市第二中级人民法院作出民事判决书（〔2018〕京02民终3004号），维持原判。

讨论题：

根据本案的判决依据，结合《消费者权益保护法》等相关法律法规的规定，回答下列问题。

1．本案判决的依据是什么？

2．如何有效解决赠品的质量问题？

电子商务纠纷解决 | 第6章

微课扫一扫

第6章

【学习目标】

1. 掌握电子商务纠纷案件类型及纠纷解决途径

2. 掌握电子商务纠纷协商和解、调解、仲裁及诉讼的概念

3. 掌握在线纠纷解决机制的含义与主要形式

4. 掌握电子商务纠纷在线协商的定义及流程

5. 掌握电子商务纠纷在线调解的定义、类别及流程

6. 掌握电子商务纠纷在线仲裁的定义、类别及流程

【本章重点】

1. 电子商务纠纷案件类型

2. 电子商务纠纷传统解决途径：协商和解、调解、仲裁及诉讼

3. 电子商务纠纷在线协商

4. 电子商务纠纷在线调解

5. 电子商务纠纷在线仲裁

【导入案例】

网购伤害难维权，诉讼获赔偿

2016年9月，江苏省消费者权益保护委员会（以下简称江苏省消保委）接到投诉，消费者王先生称其于2015年8月花600元于某电商平台网店购买了雷尼斯品牌折叠山地自行车，其在2016年6月10日骑该山地自行车时，因车辆折叠部分链接栓脱落而摔倒，造成左手手腕粉碎性骨折，花费了数万元医疗费用。网店客服一直拖延解决，后来杳无音信。网店注册企业为天津市柳江工贸公司，客服人员却在广州，发票开票单位为天津市武清区腾跃自行车零件厂。一个网购商品引发的人身伤害案件牵涉一个品牌、两家企业、三个地方，消费者四处联系，求助无果，只得向江苏省消保委投诉。

江苏省消保委联合天津市消费者协会前往厂家调查，经多次调解，依然没有任何进展。江苏省消保委果断派出了公益律师团的律师支持消费者诉讼。2017年11月29日，南京市中院二审判决腾跃厂和柳江工贸公司于12月6日前赔偿消费者5万元，如到期未支付，按照6万元强制执行，且被告两公司承担一审、二审的诉讼费用。消费者如期收到了赔偿款，事情得到圆满解决。

6.1 电子商务纠纷概述

6.1.1 电子商务纠纷的特点

电子商务是通过互联网等信息网络销售商品或者提供服务的经营活动。电子商务纠纷是电子商务交易当事人之间因电子商务经营活动而产生的争议。

1. 电子商务纠纷的虚拟性

电子商务活动的发生可能不依附于任何有形的实体，而是通过计算机按照网络协议所进行的数码交换活动来完成的。当事人利用网络可以进行匿名交易，交易过程的完全数字化表现为交易双方基本只靠聊天、图片等方式达成交易。一旦产生纠纷，要证明电子商务交易是否存在及保存相关证据较为困难，这既不利于保护交易双方，又给法院调查取证带来挑战。

2. 电子商务纠纷的标的额相对较小

电子商务交易涉及众多商品和服务，其纠纷主要集中在食品、保健品、药品、电子产品、服饰等领域，纠纷标的额相对较小。

3. 电子商务纠纷的跨地域性

电子商务交易双方可在任何地理位置上进行交易，因此，电子商务交易行为的随意性和流动性易造成电子商务纠纷的跨地域性。由于互联网的全球性和无国界性，跨境电子商务纠纷的跨地域性转化为跨国别性。

4. 电子商务纠纷以消费者权益纠纷为主

由于电子商务交易通过网络进行，交易双方无需见面，买家了解所购商品只能通过网页图片和卖家描述，并不能亲眼看见。如果卖家不守诚信甚至恶意销售，则消费者权益易受到侵害且产生纠纷。

6.1.2 电子商务纠纷案件类型

1. 电子商务合同纠纷

（1）按照电子商务交易对象分类。

① B2B 电子商务合同纠纷。B2B 是指企业与企业之间通过专用网络或互联网进行数据信息传递，开展商务活动的电子商务运行模式。B2B 电子商务合同纠纷是基于企业间供应商管理、库存管理、销售管理、信息传递以及支付管理等具体电子商务活动所产生的电子商务合同纠纷。

② B2C 电子商务合同纠纷。B2C 是指企业以互联网为主要服务提供渠道，向消费者销售产品和提供服务，并保证付款方式电子化的电子商务运营模式，它是普通消费者广泛接触的一类电子商

务。B2C 电子商务合同纠纷是指企业与消费者通过互联网等信息网络实现各种商品消费和服务，由此产生的电子商务合同纠纷。

③ C2C 电子商务合同纠纷。C2C 是指网络服务提供商利用计算机和网络技术，提供有偿或无偿使用的电子商务平台和交易程序，允许交易双方在其平台上独立开展以竞价、议价为主的在线交易模式。C2C 电子商务合同纠纷是指消费者与消费者之间因通过电子商务平台完成交易而产生的电子商务合同纠纷。

④ B2G 电子商务合同纠纷。B2G 是指企业与政府之间通过网络进行交易活动的运作模式。B2G 电子商务合同纠纷是指政府作为电子商务使用者，因购买活动而与企业间产生的电子商务合同纠纷。

（2）按照电子商务合同纠纷内容分类。

① 生活消费合同纠纷。生活消费合同是指以生活消费为目的的合同。电子商务生活消费合同纠纷是指消费者通过互联网等信息网络购买商品或接受服务以满足生活消费而产生的合同纠纷。该纠纷常见于 C2C 电子商务合同及 B2C 电子商务合同。

知识拓展 6-1

关于《电子商务法》中消费者权益相关法条的内容，请扫描二维码阅读。

知识拓展 6-1

---

② 生产购销合同纠纷。生产购销合同是指一方将货物所有权或经营管理权转移给对方，对方支付价款的合同，包括供应合同、采购合同、预购合同、购销结合合同、协作合同及调剂合同。生产购销合同纠纷是指购销双方通过互联网等信息网络完成购销活动而产生的合同纠纷。该纠纷常见于 B2B 电子商务合同及 B2G 电子商务合同。

③ 电子支付合同纠纷。电子商务要通过互联网等信息网络完成，电子支付是其支付的首选方式。电子支付合同纠纷是指电子商务主体因电子支付行为而产生的合同纠纷。四种电子商务交易模式均可能产生电子支付合同纠纷。

知识拓展 6-2

关于《电子商务法》中电子支付相关法条的内容，请扫描二维码阅读。

知识拓展 6-2

---

④ 虚拟财产合同纠纷。虚拟财产是指在网络环境下，模拟现实环境中的财产形态，以数字化形

式存在的、具有独立价值和可独占性的财产利益。虚拟财产合同纠纷是指电子商务主体通过互联网等信息网络完成虚拟财产转让交易而产生的合同纠纷。

⑤ 物流运输合同纠纷。物流是电子商务交易中唯一需要实体载体支持的环节，物流运输合同是指承运人从起运地点将货物运输到托运人指定地点，托运人或收货人按照规定的价格支付票款或运输费用的合同。物流运输合同纠纷是指电子商务主体因商品物流运输而产生的合同纠纷。

> **知识拓展 6-3**
>
> 关于《电子商务法》中电子商务物流相关法条内容，请扫描二维码阅读。
>
> 知识拓展 6-3

⑥ 旅游休闲合同纠纷。电子商务旅游是指通过现代网络信息技术手段，采用数字化电子方式进行旅游信息数据交换和开展旅游休闲活动，包括信息发布、电子交易、信息交流、客户管理、网上预订和支付、售前售后服务等。旅游休闲合同纠纷是指旅游服务提供方与游客在通过互联网等信息网络完成旅游服务的过程中产生的合同纠纷。

2. 电子商务侵权纠纷

（1）电子商务人格权侵权纠纷。

① 电子商务姓名权侵权纠纷。其是指盗用他人名义发出要约签订电子合同，以及伪造他人姓名的电子签章等侵权行为引发的纠纷。

② 电子商务肖像权侵权纠纷。其是指在网站上刊登未经本人同意拍摄的、他人在非公开场合中的肖像；未经本人同意，在网站上使用与发布信息内容无关的他人肖像；未经本人同意，使用他人肖像在互联网上做广告，进行商业宣传；以及未经本人同意的，其他不当使用行为引发的纠纷。

③ 电子商务名誉权侵权纠纷。其是指电子商务经营者利用电子商务平台侵害他人的名誉权，或是通过侵害名誉权进行不正当竞争而引发的纠纷。

④ 电子商务隐私权侵权纠纷。其是指电子商务经营者非法收集、使用其用户的个人信息；有关主管部门未采取必要措施保护电子商务经营者提供的数据信息的安全，泄露、出售或者非法向他人提供其中的个人信息、隐私和商业秘密；对用户信息查询、更正、删除以及用户注销设置不合理条件；电子商务平台经营者未记录、保存平台上发布的商品和服务信息、交易信息，且未确保信息的完整性、保密性、可用性；商品和服务信息、交易信息保存时间自交易完成之日起少于三年等侵权行为引发的纠纷。

知识拓展 6-4

知识拓展 6-4

关于《电子商务法》中电子商务信息相关法条的内容，请扫描二维码阅读。

（2）电子商务消费者权益侵权纠纷。

① 电子商务消费者知情权侵权纠纷。其是指电子商务交易双方通过远程非面对面方式订立合同，消费者所获取的信息往往是商家或者经营者单方提供的。电子商务经营者未能全面、真实、准确、及时地披露商品或者服务信息；以虚构交易、编造用户评价等方式进行虚假或者引人误解的商业宣传，欺骗、误导消费者；搭售商品或者服务，未以显著方式提请消费者注意，将搭售商品或者服务作为默认同意选项等行为，侵犯电子商务消费者知情权而产生的纠纷。

② 电子商务消费者选择权侵权纠纷。其是指电子商务经营者仅根据消费者的兴趣爱好、消费习惯等特征向其提供商品或者服务的搜索结果，或者未遵守《广告法》的有关规定向消费者发送广告；电子商务平台经营者未能根据商品或者服务的价格、销量、信用等以多种方式向消费者显示商品或者服务的搜索结果，或者对于竞价排名的商品或者服务，未能显著标明"广告"等行为，侵犯电子商务消费者选择权而产生的纠纷。

③ 电子商务消费者安全权侵权纠纷。其是指电子商务经营者销售的商品或者提供的服务不符合保障人身、财产安全的要求和保护环境的要求，销售或者提供法律、行政法规禁止交易的商品或者服务；或者电子商务平台经营者未采取技术措施和其他必要措施保证其网络安全、稳定运行，出现网络违法犯罪活动等行为，侵犯电子商务消费者安全权而产生的纠纷。

④ 电子商务消费者押金退还权侵权纠纷。其是指电子商务经营者按照约定向消费者收取押金的，未明示押金退还的方式、程序，或对押金退还设置不合理条件，侵犯电子商务消费者押金退还权而产生的纠纷。

（3）电子商务不正当竞争侵权纠纷。

① 滥用互联网平台市场优势地位引发的侵权纠纷。其是指电子商务平台经营者利用服务协议、交易规则以及技术等手段，对平台内经营者在平台内的交易、交易价格以及与其他经营者的交易等进行不合理限制、附加不合理条件，或者向平台内经营者收取不合理费用等侵权行为引发的纠纷。

② 实施虚假或者引人误解的商业宣传引发的侵权纠纷。其是指电子商务经营者违法销售的商品或者提供的服务不符合保障人身、财产安全的要求，实施虚假或者引人误解的商业宣传等不正当竞争行为引起的侵权纠纷。

③ 电子商务平台经营者集中交易及标准化合约交易引发的侵权纠纷。其是指电子商务平台经营

者为经营者之间的电子商务提供服务，采取集中竞价、做市商等集中交易方式进行交易或进行标准化合约交易等不正当竞争行为引起的侵权纠纷。

（4）电子商务知识产权侵权纠纷。

① 电子商务平台经营者未履行删除义务引起的侵权纠纷。其是指知识产权权利人认为其知识产权受到侵害的，有权通知电子商务平台经营者采取删除、屏蔽、断开链接、终止交易和服务等必要措施。通知应当包括构成侵权的初步证据。电子商务平台经营者接到通知后，未及时采取必要措施，并未将该通知转送给平台内经营者，对知识产权权利人造成损害的侵权纠纷。

② 知识产权权利人因错误行使通知权引起的侵权纠纷。其是指知识产权权利人因通知错误或者恶意发出错误通知，造成平台内经营者损失的侵权纠纷。

③ 电子商务平台未采取必要措施制止侵权行为引起的侵权纠纷。其是指电子商务平台经营者知道或者应当知道平台内经营者侵犯知识产权，但未采取删除、屏蔽、断开链接、终止交易和服务等必要措施，对知识产权权利人造成损害的侵权纠纷。

6.1.3　电子商务纠纷解决途径

1. 电子商务争议解决的基本规则

（1）商品或服务质量担保机制。

国家鼓励电子商务平台经营者建立有利于电子商务发展和消费者权益保护的商品、服务质量担保机制。电子商务平台经营者所建立的质量担保机制，应当有利于电子商务发展和消费者权益保护。该质量担保机制的保证人并不限于电子商务经营者，也包括电子商务经营者或者第三方机构中的一方或者多方。

（2）设立消费者权益保证金。

电子商务平台经营者与平台内经营者协议设立消费者权益保证金。消费者权益保证金是指该电子商务平台经营者与平台内经营者之间达成协议，缴纳的用于保障消费者合法权益的专用款项。协议应当就消费者权益保证金的提取数额、管理、使用和退还办法等内容作出明确约定。此外，协议还需要对缴纳义务人、缴纳标准、期限、赔偿对象、赔偿范围、赔偿标准和赔偿程序等进行约定，以保障平台内经营者的合法权益。

（3）先行赔偿责任机制。

特定情况下，消费者有权要求电子商务平台经营者承担先行赔偿责任；电子商务平台经营者赔偿后，有权向平台内经营者追偿。消费者要求电子商务平台经营者先行赔偿的依据如下：一是法律规定。消费者向平台内经营者维权时，有权要求电子商务平台经营者提供平台内经营者的真实名称、地址和其他有效联系方式，电子商务平台经营者不能提供时，即应对消费者承担先行赔偿责任；二是电子商务平台经营者的承诺。若电子商务平台经营者不履行自己的承诺，则消费者同样可以直接以电子商务平台经营者为被告向人民法院起诉维权。

2. 电子商务经营者的投诉举报机制

针对日益增多的电子商务消费纠纷，电子商务经营者应当建立便捷、有效的投诉、举报机制，公开投诉、举报方式等信息，及时受理并处理投诉、举报。电子商务经营者在电商的主页面可以设置消费举报投诉专栏，直接让消费者在电商的主页面上进行投诉举报，且该投诉举报信息应与工商部门投诉举报网络互联，方便消费维权部门查处。

3. 电子商务争议解决方式

（1）协商和解。

对于电子商务争议，可以通过协商和解来解决。协商和解是指消费者与电子商务经营者在发生争议后，就与争议有关的问题进行协商，在自愿、互谅的基础上，通过直接对话分清责任，达成和解协议。

（2）调解组织调解。

对于电子商务争议，消费者可以请求消费者组织、行业协会或者其他依法成立的调解组织调解。

（3）向有关部门投诉。

对于电子商务争议，消费者可以向有关部门投诉。消费者因网络交易发生消费者权益争议的，可以向经营者所在地的市场监督管理部门投诉，也可以向第三方交易平台所在地的市场监督管理部门投诉。

（4）提请仲裁。

对于电子商务争议，可以提请仲裁。如果事先没有达成仲裁协议，发生消费争议后，消费者如果要提请仲裁，必须与电子商务经营者达成仲裁协议，只有双方同意才能提请仲裁机构仲裁。

（5）提起诉讼。

对于电子商务争议，可以提请诉讼。当消费者权益受到严重侵害，以及已尝试各种解决途径不能如愿时，消费者可以向人民法院提起诉讼。

（6）在线解决机制。

电子商务平台经营者可以建立争议在线解决机制，制定并公示争议解决规则，根据自愿原则，公平、公正地解决当事人的争议。

6.1.4　电子商务纠纷案件的司法管辖

司法管辖可分为级别管辖、地域管辖、指定管辖和移送管辖等。本书仅讲解地域管辖。

1. 电子商务侵权纠纷案件的司法管辖

（1）电子商务侵权纠纷案件司法管辖的一般规定。

《中华人民共和国民事诉讼法》第二十八条规定：因侵权行为提起的诉讼，由侵权行为地或被告住所地人民法院管辖。

（2）电子商务侵权纠纷案件司法管辖的特殊规定。

① 被告是自然人时，由侵权行为地或被告住所地人民法院管辖。

② 被告是电子商务公司时司法管辖地的确定。一是住所地的确定。《民法典》第六十三条规定：法人以其主要办事机构所在地为住所。由于电子商务公司物理地址、服务器所在地可能不在一个地方，通常以其主要物理地址为主确定公司住所地。二是侵权行为地的确定。《最高人民法院关于适用〈中华人民共和国民事诉讼法〉若干问题的意见》第二十八条规定：侵权行为地包括侵权行为实施地和侵权结果发生地。《最高人民法院关于审理涉及计算机网络著作权纠纷案件适用法律若干问题的解释》第一条规定：网络著作权侵权纠纷案件由侵权行为地或者被告住所地人民法院管辖。侵权行为地包括实施被诉侵权行为的网络服务器、计算机终端等设备所在地。对难以确定侵权行为地和被告住所地的，原告发现侵权内容的计算机终端等设备所在地可以视为侵权行为地。另外，根据最高人民法院有关侵害名誉权案件的司法解释，原告所在地也有管辖权。

2. 电子商务合同纠纷案件的司法管辖

（1）电子商务合同纠纷案件司法管辖的一般规定。

《民事诉讼法》第二十三条规定：因合同纠纷提起的诉讼，由被告住所地或者合同履行地人民法院管辖。《最高人民法院关于适用〈中华人民共和国民事诉讼法〉若干问题的意见》第十八条规定：因合同纠纷提起的诉讼，如果合同没有实际履行，当事人双方住所地又都不在合同约定的履行地的，应由被告住所地人民法院管辖。

（2）电子商务合同纠纷案件司法管辖的特殊规定。

① 合同签订地的确定。原则上合同中写明了合同签订地点的，以合同写明的地点为准；未写明合同签订地点的，以双方在合同上共同签字盖章的地点为合同签订地；双方签字盖章不在同一地点的，以最后一方签字盖章的地点为合同签订地。电子商务交易中双方当事人相互间签订电子合同，替代传统合同中的签字盖章，电子合同采用数字签名方式，而双方当事人往往不能同时进行数字签

名，最后签字一方的主营业地(没有主营业地的为经常居住地)为合同签订地。

② 合同履行地的确定。网上履行合同的双方当事人可以约定合同履行地点；若双方当事人没有约定或约定不明确的，双方补充协议；不能达成补充协议的，按照合同有关条款或交易习惯确定；仍不能确定的，一方交付信息产品或信息服务，而另一方交付货币的，接受货币一方所在地为合同履行地；双方均向对方交付信息产品或信息服务的，即存在信息发送地和信息接收地两个地点时，信息接收地为合同履行地。

③ 被告住所地的确定。互联网交易过程中双方当事人虽然不知道对方真实的住所地，但能够很直观地知道所交易网站的 IP 地址。IP 地址网址具有唯一性及相对稳定性，网址存在于网络空间中，其位置是确定的，因此，通过网址确定被告身份从而确定被告的住所地。

6.2 电子商务纠纷传统解决机制

消费者在电子商务平台购买商品或者接受服务，与平台内经营者发生争议时，电子商务平台经营者应当积极协助消费者维护合法权益。

> **知识拓展 6-7**
> 关于《电子商务法》中电子商务平台经营者协助维权义务的内容，请扫描二维码阅读。

知识拓展 6-7

6.2.1 电子商务纠纷协商和解

1. 电子商务纠纷协商和解的概念

对于电子商务争议，可以通过协商和解。电子商务纠纷协商和解是指消费者与电子商务经营者在发生争议后，就与争议有关的问题进行协商，在自愿、互谅的基础上，通过直接对话摆事实、讲道理，分清责任，达成和解协议，使纠纷得以解决的活动。协商和解具有快速、简便、经济等特点，因程序简单、节省时间和精力，而成为解决消费者权益争议最主要、最常用的方式。

2. 电子商务纠纷协商和解的原则

（1）协作原则。

消费者与电子商务经营者在融洽的气氛中，在互相谅解的基础上，本着实事求是、团结协作的精神，自愿达成协议，避免只从自己利益出发，坚持己见，互不相让。

（2）平等原则。

消费者和电子商务经营者应在平等前提下自行协商解决消费者权益争议。绝不允许任何一方凭借某种势力，以强凌弱，以大压小，享有特权，获得不平等的利益。

（3）行政不干预原则。

消费者和电子商务经营者的纠纷协商和解，应建立在双方互相谅解的基础上，行政部门不予干预。

3. 电子商务纠纷协商和解的注意事项

（1）准备好翔实、充足的证据和必要的证明材料。

在电子商务争议处理中，电子商务经营者应当提供原始合同和交易记录。电子商务经营者丢失、伪造、篡改、销毁、隐匿或者拒绝提供前述资料，致使人民法院、仲裁机构或者有关机关无法查明事实的，电子商务经营者应当承担相应的法律责任。

（2）注意维权的时效性。

当消费者与电子商务经营者发生争议后，应注意维权的实效性，不要因电子商务经营者的故意拖延，而丧失维权的机会。

（3）应对电子商务经营者故意拖延或无理拒绝消费者协商和解的措施。

当电子商务经营者无诚意通过协商和解解决问题时，消费者应立即通过调解、投诉、仲裁、诉讼等其他途径解决纠纷。电子商务经营者故意拖延和无理拒绝，致使消费者财产损失增加的，除应当满足消费者正常要求外，还应当就增加部分的损失承担赔偿责任。

（4）应对电子商务经营者故意推卸赔偿责任的措施。

当消费者遇到商品质量问题时，如果电子商务经营者故意推卸责任，《消费者权益保护法》第四十条规定，消费者在购买、使用商品时，其合法权益受到损害的，可以向销售者要求赔偿。销售者赔偿后，属于生产者的责任或者属于向销售者提供商品的其他销售者的责任的，销售者有权向生产者或者其他销售者追偿。

4. 电子商务纠纷协商和解的后果

（1）协商和解成功，签订和解协议。

消费者与电子商务经营者和解成功的，应当签订和解协议，和解协议经双方签字或盖章后生效，对双方具有约束力。如果当事人一方反悔，不履行或不完全履行该和解协议，则和解协议不再具有约束力。

（2）协商和解不成功，采取其他维权途径。

若消费者与电子商务经营者经协商后未能达成和解，当事人可以依法通过调解、投诉、仲裁、诉讼等途径维护自己的权利。

6.2.2 电子商务纠纷调解

1. 电子商务纠纷调解的概念

调解是指中立的第三方在当事人之间调停疏导，帮助交换意见，提出解决建议，促成双方化解矛盾的活动。电子商务纠纷调解是指消费者与电子商务经营者在发生争议后，请求消费者组织、行业协会或者其他依法成立的调解组织调解。其性质是群众性组织的人民调解。

2. 电子商务纠纷调解的组织

（1）消费者组织。

消费者组织即消费者保护团体，是指依法成立的对商品和服务进行社会监督，从而保护消费者合法权益的社会团体的总称。社会团体，以保护消费者合法权益为宗旨，不以营利为目的。我国主要的消费者组织是消费者协会，负责处理消费者的投诉，协助消费者处理消费纠纷。消费者协会调解是指消费者协会在受理消费者投诉以后，依法应当对投诉事项进行调查、调解的工作制度。《消费者权益保护法》第三十七条规定：消费者协会受理消费者的投诉，并对投诉事项进行调查、调解。第三十九条第二款规定：消费者和经营者发生消费者权益争议的，可以请求消费者协会或者依法成立的其他调解组织调解。由此，消费者协会具有法定调解职能。

（2）行业协会。

行业协会是指介于政府与企业之间、商品生产者与经营者之间，并为其服务、咨询、沟通、监督、公正、自律、协调的社会中介组织。行业协会属于民间组织，是非营利性社团法人。行业协会调解是指行业纠纷双方在行业协会的主持下，通过行业协会的专业优势促进当事人的沟通协调，并最终促成纠纷双方达成和解协议的纠纷解决过程。

（3）其他依法成立的调解组织。

人民调解委员会是依法设立的调解民间纠纷的群众性组织。企业事业单位根据需要设立人民调解委员会。人民调解委员会应当建立健全各项调解工作制度，听取群众意见，接受群众监督。例如，为解决特定类型纠纷，如旅游纠纷、保险纠纷而设立的专业性人民调解委员会；为及时方便解决消费纠纷而在集贸市场、经济开发区等特定区域设立的区域性人民调解委员会等。此类调解组织具有与纠纷相关的专业知识，熟悉相关纠纷特点，较容易获得纠纷当事人认同，能够更加有效地调解相关纠纷。

3. 电子商务纠纷调解的原则

（1）自愿原则。

自愿原则是指调解工作必须在双方当事人自愿的基础上进行，不能强迫任何一方当事人进行强行调解。调解协议内容必须出自双方自愿，任何人不得替代和强迫。

（2）合法原则。

合法原则是指调解必须以事实为根据，以法律为准绳，不得损害国家、集体和他人的合法权益。

4. 电子商务纠纷调解的程序

电子商务纠纷调解的程序如下。

（1）消费者提出调解请求。

（2）调解组织接受调解请求。

（3）调查取证。

（4）组织调解。

（5）制作调解协议书。

调解协议书可以载明下列事项：①当事人的基本情况；②纠纷的主要事实、争议事项以及各方当事人的责任；③当事人达成调解协议的内容，调解协议履行的方式及期限。

5. 电子商务纠纷调解的结果

（1）调解成功，签订调解协议。

经调解组织调解达成调解协议的，可以制作调解协议书。当事人认为无需制作调解协议书的，可以采取口头协议方式，调解组织应当记录协议内容。调解协议书自各方当事人签名、盖章或者按指印，调解员签名并加盖调解组织印章之日起生效。调解协议书由当事人各执一份，由调解组织留存一份。口头调解协议自各方当事人达成调解协议之日起生效。经调解组织调解达成的调解协议，具有法律约束力，当事人应当按照约定履行。经调解组织调解达成调解协议后，双方当事人就调解协议的履行或者调解协议的内容发生争议的，一方当事人可以向人民法院提起诉讼。

（2）调解不成功，告知其他维权途径。

调解组织调解纠纷，调解不成功的，应当终止调解，并依据有关法律、法规的规定，告知当事人可以依法通过投诉、仲裁、诉讼等途径维护自己的权利。

6.2.3　电子商务纠纷仲裁

1. 电子商务纠纷仲裁的概念和特点

电子商务纠纷仲裁是指消费者与电子商务经营者在争议发生前或发生后达成协议，自愿将纠纷交由中立的第三方仲裁机构，第三方仲裁机构按照一定的仲裁程序与规则进行审理，并作出对争议双方具有终局裁决效力的仲裁裁决书的一种解决纠纷方式。

电子商务纠纷仲裁的特点如下。

（1）仲裁的自愿性。

自愿性是仲裁最突出的特点。仲裁以双方当事人自愿为前提，纠纷发生后是否通过仲裁方式解决由争议双方协商确定；由哪个仲裁机构裁决案件由双方协商选定；仲裁庭的组成形式以及仲裁员的选择由当事人约定；涉外仲裁中仲裁适用的程序规则以及实体规范也可由当事人协商确定。

（2）仲裁的独立性。

仲裁机构与行政机关之间没有隶属关系，仲裁机构之间也没有隶属关系。仲裁机构不是官方机构，具有民间性。仲裁庭独立进行仲裁，不受任何机关、社会团体和个人的干涉，亦不受仲裁机构的干涉，有较大的独立性。

（3）仲裁的快速性。

仲裁实行一裁终局制，仲裁裁决一经仲裁庭作出即发生法律效力，当事人不得就同一纠纷再申请仲裁或向人民法院起诉，这使当事人之间的纠纷能够迅速得以解决。

（4）仲裁的灵活性。

与诉讼相比，仲裁程序更加灵活，更具有弹性。仲裁充分体现当事人意思自治，仲裁具体程序由当事人协商确定与选择，如开庭或不开庭审理案件、公开或不公开审理案件，甚至可以在协商裁决书中不写仲裁裁决的理由。

（5）仲裁裁决的强制性。

仲裁裁决一经作出即发生法律效力，承担义务的一方当事人应当在指定的期限内履行其义务，否则，权利人可以依据生效的仲裁裁决向法院申请强制执行。仲裁裁决通过国家的司法权保障裁决的实现，以维护仲裁的权威性。

2. 处理电子商务纠纷仲裁的机构

处理电子商务纠纷仲裁的机构是仲裁委员会。

（1）仲裁委员会的性质。

仲裁委员会是解决平等主体的公民、法人和其他组织之间发生的合同纠纷和其他财产权益纠纷的组织。仲裁委员会独立于行政机关，与行政机关之间没有隶属关系。仲裁委员会之间也没有隶属关系。

（2）仲裁委员会的设立。

仲裁委员会可以在直辖市和省、自治区人民政府所在地的市设立，也可以根据需要在其他设区的市设立，不按照行政区划层层设立。仲裁委员会由市的人民政府组织有关部门和商会统一组建，并应经省、自治区、直辖市的司法行政部门登记，未经设立登记的，其仲裁裁决不具有法律效力。仲裁委员会应当有自己的名称、住所和章程，有必要的财产，有该仲裁委员会的组成人员，有聘任的仲裁员。

（3）仲裁委员会的组成成员。

仲裁委员会由主任（一人）、副主任（二至四人）和委员（七至十一人）组成。仲裁委员会的主任、副主任和委员由法律、经济贸易专家和有实际工作经验的人员担任。仲裁委员会组成人员中，法律、经济贸易专家不得少于三分之二。仲裁委员会应当从公道正直的人员中聘任仲裁员。

3. 电子商务纠纷仲裁的原则

（1）自愿原则。

① 以仲裁的方式解决纠纷是当事人双方的共同意愿。仲裁必须基于当事人双方的共同选择，任何一方仅凭自己的单方意愿是不能将纠纷提请仲裁的。

② 向哪个仲裁机构提请仲裁由当事人双方协商选定。仲裁不实行级别管辖和地域管辖。当事人在选择、约定仲裁机构时，不因当事人所在地、纠纷发生地而受到地域管辖的限制，也不因争议标的额的大小和案件复杂程度而受级别管辖的制约。

③ 组成仲裁庭的仲裁员由当事人在仲裁员名册中自主选定，也可以委托仲裁机构主任代为指定，仲裁庭的组成形式也可以由当事人约定。

④ 当事人可以约定交由仲裁解决的争议事项，即当事人将哪些纠纷交付仲裁，可以由当事人自主协商确定。当事人既可以约定把因履行合同所产生的任何争议均交由仲裁解决，也可以约定将某一项或几项争议交付仲裁。

⑤ 开庭和裁决程序中，当事人还可以约定审理方式、开庭形式等有关程序事项。

（2）独立仲裁原则。

① 仲裁与行政脱钩。仲裁依法独立进行，不受行政机关的干预。仲裁委员会独立于行政机关，与行政机关没有隶属关系。设立仲裁委员会虽需经司法行政部门登记，但也仅限于依法审查仲裁委员会的设立是否符合法定条件，对仲裁委员会的设立进行宏观上的管理，相互间无隶属关系。

② 仲裁庭对案件独立审理和裁决，仲裁委员会不能干预。在自仲裁庭组成至作出仲裁裁决期间，仲裁委员会不介入仲裁审理和裁决的实质性工作，案件的审理和裁决完全由仲裁庭独立进行。

（3）根据事实，符合法律规定，公平合理解决纠纷的原则。

① 根据事实是指在仲裁审理过程中，相关人员要全面、深入、客观地查清与案件有关的事实情况，包括纠纷发生的原因、发生的过程、现实状况以及争议各方的争执所在。

② 符合法律规定是指仲裁庭在查清事实的基础上，应当根据法律的有关规定确认当事人的权利和义务，确定承担赔偿责任的方式以及赔偿数额的大小。

③ 公平合理是指仲裁庭处理纠纷应当公平、公正、不偏不倚。若在仲裁中所适用的法律对有关争议的处理未作明确规定的，仲裁庭可以参照在经济贸易活动中被人们所普遍接受的做法，即依据国际贸易惯例或者行业惯例来判别责任。

（4）一裁终局原则。

仲裁实行一裁终局的制度。裁决作出后，当事人就同一纠纷再申请仲裁或者向人民法院起诉的，仲裁委员会或者人民法院不予受理。裁决被人民法院依法裁定撤销或者不予执行的，当事人就该纠纷可以根据双方重新达成的仲裁协议申请仲裁，也可以向人民法院起诉。

4. 电子商务纠纷仲裁的程序

（1）申请和受理。

① 电子商务纠纷仲裁申请是指电子商务纠纷的一方当事人根据合同仲裁条款或事后达成的仲裁协议，将发生的争议依法请求仲裁委员会进行仲裁的行为。提起仲裁申请是当事人争取采用仲裁解决纠纷的请示，是仲裁程序开始的准备，也是仲裁机构行使仲裁权的前提。

a. 申请仲裁的条件。当事人申请仲裁应当有仲裁协议，有具体的仲裁请求和事实、理由，且该事项属于仲裁委员会的受理范围。b. 申请仲裁的文件。当事人申请仲裁，应当向仲裁委员会递交仲裁协议、仲裁申请书及副本。c. 仲裁申请书内容。仲裁申请书内容包括：当事人的姓名、性别、年龄、职业、工作单位和住所；法人或者其他组织的名称、住所。法定代表人或者主要负责人的姓名、职务；仲裁请求和所根据的事实、理由；证据和证据来源、证人姓名和住所。

② 仲裁受理是指仲裁机构对电子商务纠纷当事人的申请进行审查后，认为符合受理条件，决定

立案进行仲裁的程序。受理是仲裁程序的开始，是仲裁机构开始行使管辖权的标志。仲裁委员会自收到仲裁申请书之日起五日内，认为符合受理条件的，应当受理，并通知当事人；认为不符合受理条件的，应当书面通知当事人不予受理，并说明理由。

（2）仲裁庭的组成。

仲裁机构仲裁案件，不是由仲裁委员会直接进行仲裁，而是通过仲裁庭实现的。仲裁庭行使仲裁权基于当事人的授权。仲裁庭的组成形式由当事人约定，仲裁员由当事人选定或委托仲裁委员会主任指定。当事人没有在仲裁规则规定的限期内约定仲裁庭的组成形式或选定仲裁员的，由仲裁委员会主任指定。

① 独任仲裁庭。独任仲裁庭是由一名仲裁员组成的仲裁庭。当事人应当共同选定或共同委托仲裁委员会主任指定仲裁员。

② 合议仲裁庭。合议仲裁庭即由三名仲裁员组成的仲裁庭。当事人约定由三名仲裁员组成仲裁庭的，应当各自选定或者各自委托仲裁委员会主任指定一名仲裁员，第三名仲裁员由当事人共同选定或者共同委托仲裁委员会主任指定。第三名仲裁员是首席仲裁员。

（3）开庭和裁决。

① 开庭是仲裁庭在双方当事人和其他仲裁参与人参加下，对仲裁请求进行实体审理和裁决的活动。开庭是仲裁活动的实质阶段，其目的是查清事实、分清是非、正确适用法律、确认当事人之间的权利义务关系。仲裁一般应开庭进行，但当事人协议不开庭的，仲裁庭可以书面审理。

② 裁决是指仲裁庭在实体上对当事人的权利义务作出裁断。裁决标志着案件的审结，是仲裁审理的最终程序，一经作出即发生法律效力。

5. 电子商务纠纷仲裁的结果

（1）制作仲裁裁决书。

仲裁裁决书是仲裁庭对电子商务纠纷当事人提交仲裁的争议事项进行审理，并在审理终结时所作出的对当事人有约束力的法律文书。仲裁裁决书自作出之日起发生法律效力，非经法定程序，任何人不得随意变更和修改。

① 先行裁决。先行裁决是指在仲裁程序进行过程中，仲裁庭就已经查清的部分事实所作出的裁决。

② 最终裁决。最终裁决即通常意义上的仲裁裁决，是指仲裁庭在查明事实、分清责任的基础上，就当事人申请仲裁的全部争议事项作出的终局性判定。

③ 缺席裁决。缺席裁决是指仲裁庭在被申请人无正当理由不到庭或未经许可中途退庭情况下作出的裁决。

④ 合意裁决。合意裁决即仲裁庭根据上访当事人达成协议的内容作出的仲裁裁决。合意裁决包括根据当事人自行和解达成的协议而作出的仲裁裁决，以及根据经仲裁庭调解双方达成的协议而作出的仲裁裁决。

（2）申请撤销仲裁裁决。

第一，申请撤销裁决的条件。电子商务纠纷当事人提出证据证明裁决有下列情形之一的，可以向仲裁委员会所在地的中级人民法院申请撤销裁决：①没有仲裁协议；②裁决的事项不属于仲裁协议的范围或者仲裁委员会无权仲裁；③仲裁庭的组成或者仲裁的程序违反法定程序；④裁决所依据的证据是伪造的；⑤对方当事人隐瞒了足以影响公正裁决的证据；⑥仲裁员在仲裁该案时有索贿受贿、徇私舞弊、枉法裁决行为；⑦违背社会公共利益。

第二，期限。当事人申请撤销裁决的，应当自收到裁决书之日起六个月内提出。人民法院应当在受理撤销裁决申请之日起两个月内作出撤销裁决或者驳回申请的裁定。

第三，申请撤销裁决的后果。人民法院受理撤销裁决的申请后，认为可以由仲裁庭重新仲裁的，通知仲裁庭在一定期限内重新仲裁，并裁定中止撤销程序。仲裁庭拒绝重新仲裁的，人民法院应当裁定恢复撤销程序。

6.2.4 电子商务纠纷诉讼

1. 电子商务纠纷诉讼的概念和特点

电子商务纠纷诉讼是人民法院受理消费者与电子商务经营者之间因财产关系和人身关系提起的民事诉讼，依法审理和解决民事纠纷的活动。

电子商务纠纷诉讼的特点如下。

（1）公权性。

民事诉讼以司法方式解决平等主体之间的纠纷，由法院代表国家行使审判权解决民事争议，既不同于人民调解委员会以调解方式解决纠纷，也不同于由民间性质的仲裁委员会以仲裁方式解决纠纷。

（2）强制性。

民事诉讼的强制性既表现在案件受理上，也反映在裁判执行上。只要原告的起诉符合民事诉讼法规定的条件，无论被告是否愿意，诉讼均会发生。若当事人不自动履行生效裁判所确定的义务，法院可以依法强制执行。

（3）程序性。

民事诉讼是依照法定程序进行的诉讼活动，无论是法院还是当事人和其他诉讼参与人，都需要按照《民事诉讼法》设定的程序实施诉讼行为，不按诉讼程序实施诉讼行为会引起一定的法律后果。

2. 电子商务纠纷诉讼的机构

人民法院作为国家审判机关，职能之一是审判民事案件，解决民事纠纷。

（1）诉讼管辖。

诉讼管辖是指各级人民法院之间以及不同地区的同级人民法院之间，受理第一审民事、商事案件的职权范围和具体分工。级别管辖和地域管辖最重要、最常用。级别管辖，是按照案件的性质、影响范围、复杂程度，在上下级人民法院之间进行分工，确定由哪一级人民法院对案件进行审理。地域管辖、专属管辖、协议管辖均不得违反级别管辖的规定。地域管辖，是按照当事人的住所地、诉讼标的的所在地或者引起法律关系发生、变更、消灭的法律事实所在地的关系在同级人民法院之间进行分工。民事诉讼主要以法院的辖区和当事人诉讼标的所在地确定管辖，分为普通地域管辖和特别地域管辖。

（2）审判组织。

审判组织是指人民法院审理案件的内部组成形式，分为独任制与合议制。

① 人民法院审理第一审民事案件，由审判员、陪审员共同组成合议庭或者由审判员组成合议庭。合议庭的成员人数，必须是单数。适用简易程序审理的民事案件，由审判员一人独任审理。陪审员在执行陪审职务时，与审判员有同等的权利义务。

② 人民法院审理第二审民事案件，由审判员组成合议庭。合议庭的成员人数必须是单数。发回重审的案件，原审人民法院应当按照第一审程序另行组成合议庭。审理再审案件，原来是第一审的，按照第一审程序另行组成合议庭；原来是第二审的或者是由上级人民法院提审的，按照第二审程序另行组成合议庭。

3. 电子商务纠纷诉讼的原则

（1）同等原则和对等原则。

① 同等原则是指外国、无国籍当事人在我国参加民事诉讼，享有和我国当事人相同的诉讼权利义务。

② 对等原则是指外国法院对我国公民、法人和其他组织的民事诉讼权利加以限制的，我国人民法院对该国公民、企业和组织的民事诉讼权利进行同样的限制。

（2）法院独立审判原则。

民事案件的审判权由人民法院行使。人民法院依照法律规定对民事案件独立进行审判，不受行政机关、社会团体和个人的干涉。

（3）法院审判原则。

人民法院审理民事案件，必须以事实为根据，以法律为准绳。

（4）当事人平等原则。

民事诉讼当事人有平等的诉讼权利。人民法院审理民事案件，应当保障和便利当事人行使诉讼权利，当事人在适用法律上一律平等。

（5）法院调解原则。

人民法院审理民事案件，应当根据自愿和合法的原则进行调解；调解不成的，应当及时判决。

4. 电子商务纠纷诉讼的程序

（1）第一审程序。

① 原告起诉。向有管辖权的法院立案庭递交起诉书。

② 法院受理后将起诉书副本送达被告。

③ 被告在十五日内提交答辩状，法院在五日内将答辩状副本送达原告。即使被告不提交答辩状，也不影响审理。

④ 决定开庭审理的案件，法院在三日前通知当事人并公告。

⑤ 法庭调查。该阶段包括：当事人陈述；告知证人的权利义务，证人作证，宣读未到庭的证人证言；出示书证、物证和视听资料；宣读鉴定结论；宣读勘验笔录。

⑥ 法庭辩论。该阶段包括：原告及其诉讼代理人发言；被告及其诉讼代理人答辩；第三人及其诉讼代理人发言或者答辩；互相辩论。法庭辩论终结，由审判长按照原告、被告、第三人的先后顺序征询各方最后意见。

⑦ 法庭辩论终结，应当依法作出判决。判决前能够调解的，还可以进行调解，调解不成功的，应当及时判决。

⑧ 判决宣告。

（2）第二审程序。

① 当事人不服基层人民法院第一审判决的，有权在自判决书送达之日起十五日内向上一级人民法院提起上诉。当事人不服地方人民法院第一审裁定的，有权在裁定书送达之日起十日内向上一级人民法院提起上诉。上诉状应当通过原审人民法院提出，并按照对方当事人或者代表人的人数提出副本。当事人直接向第二审人民法院上诉的，第二审人民法院应当在五日内将上诉状移交原审人民法院。

② 法院受理。

③ 审理程序大致与第一审一样，不同之处主要在审查范围和内容方面。

5. 电子商务纠纷诉讼的结果

（1）当事人不服第一审判决，可上诉到第二审人民法院。

（2）第二审人民法院对上诉案件，经过审理，按照下列情形，分别处理。

① 原判决认定事实清楚，适用法律正确的，判决驳回上诉，维持原判决。

② 原判决适用法律错误的，依法改判。

③ 原判决认定事实错误，或者原判决认定事实不清，证据不足，裁定撤销原判决，发回原审人民法院重审，或者查清事实后改判。

④ 原判决违反法定程序，可能影响案件正确判决的，裁定撤销原判决，发回原审人民法院重审。

当事人对重审案件的判决、裁定，可以上诉。

第二审人民法院审理上诉案件，可以进行调解。调解达成协议，应当制作调解书，由审判人员、书记员署名，加盖人民法院印章。调解书送达后，原审人民法院的判决即视为撤销。

6.3 电子商务在线纠纷解决机制

6.3.1 在线纠纷解决机制

1. 在线纠纷解决机制的含义

在线纠纷解决机制是指借助电子通信以及其他信息和通信技术解决纠纷的一种机制，简称ODR

（Online Dispute Resolution）。ODR 产生初期主要是化解司法诉讼体制外的电子商务纠纷和网络域名纠纷，根据美国联邦贸易委员会、欧盟、经济合作与发展组织以及全球电子商务论坛所下的定义，ODR 是指网络上由非法庭但公正的第三人，解决电子商务经营者和消费者之间电子商务纠纷的所有方式。

随着电子商务的发展，ODR 逐渐发展成为中立第三方利用网络信息技术在虚拟空间协助当事人解决各种纠纷的平台。

2. ODR 的基本原则

（1）合法性原则。

纠纷解决服务应符合国家相关法律法规及有关规定。

（2）自愿性原则。

纠纷解决服务应坚持自愿原则，充分尊重纠纷当事人自由意愿。

（3）独立性原则。

纠纷解决过程应具有独立性和客观性，不受外来因素影响。

（4）公正性原则。

纠纷解决过程应公平、公正，保护电子商务纠纷各方当事人的合法权益。

（5）保密性原则。

纠纷解决过程中涉及的个人信息、企业信息、纠纷信息等应进行必要的保密处理，并提供必要的信息安全保障。

3. 在线纠纷解决机制的主要形式

（1）在线协商。

在线协商是指无中立人参与，由纠纷各方当事人通过 ODR 服务平台进行信息的传输、交流、沟通以协商解决纠纷的方式。一般只涉及一定数额的金钱支付问题。

（2）在线调解。

在线调解是指在中立人的协助下，电子商务纠纷当事人利用网络信息技术所打造的网络纠纷解决环境，在没有会面的情况下，利用网络信息技术进行纠纷解决的信息传输、交流、沟通，最后达成纠纷解决的协议并最终解决纠纷的方式。

（3）在线仲裁。

在线仲裁是指在中立人主持下，电子商务纠纷当事人通过 ODR 服务平台，在线进行案件庭审以及中立人之间的在线合议等其他程序性事项，最后做出在线仲裁的纠纷解决方式。

（4）在线消费者投诉处理。

在线消费者投诉处理是指电子商务消费者以在线方式投诉电子商务经营者，由服务网站与被投诉方取得联系，尝试和解。若和解不成，则启动简易调解程序，双方采用电子邮件或电话方式联络，以便在最初阶段解决纠纷。

6.3.2　电子商务纠纷在线协商

1. 电子商务纠纷在线协商的定义

在线协商是指电子商务纠纷双方当事人在没有第三人参与的情况下，通过电子邮件、电子布告栏、视频设备等网络工具进行信息的传输、沟通、交流，最终解决纠纷的方式。

2. 电子商务纠纷在线协商的特点

（1）简单、便利、和平。

在线协商没有过于复杂的协商过程，同时不需要任何第三方介入，更不用提交证据或进行陈述，能够有效避免双方当事人的冲突。

（2）适用范围有限。

在线协商需要双方能够相对主动地利用互联网技术进行有效的在线沟通，及时解决纠纷，使双方矛盾得到有效解决。在线协商应用范围相对较小，只适用于交易数额小、事实较为清楚的案件。

3. 电子商务纠纷在线协商的流程

（1）申请协商。

① 任何一方、双方或多方当事人均可通过 ODR 服务平台向可提供在线协商服务的服务提供方申请协商。

② 当事人申请协商的，应通过 ODR 服务平台向服务提供方提交协商申请书、证据及当事人主体资格证明文件等材料。协商申请书内容应包括：各方当事人的名称（姓名）、地址、电话、电子邮件或其他联系方式，以及纠纷事实和协商请求。

（2）受理协商。

服务提供方在收到协商申请书后，应及时通知对方当事人。对方当事人宜在收到通知之日起规定的工作日内书面确认是否同意参与协商，在该期限内不予确认的，视为拒绝协商。

（3）协商通知。

各方当事人同意参与协商后，协商程序开始。服务提供方应及时向各方当事人发送协商受理通知和在线协商规则。

（4）协商。

各方当事人通过 ODR 服务平台直接进行在线协商。

（5）协商程序的终止。

出现下列情形之一的，协商程序应终止：

① 对方当事人在收到协商通知后明确表示不同意参加协商程序或在规定期限内未回复；

② 任一方当事人书面通知终止协商程序；

③ 当事人就解决纠纷达成一致的，协商程序在和解协议制作发出后终止；

④ 其他协商程序应当终止的情形。

电子商务纠纷在线协商的流程如图 6-1 所示。

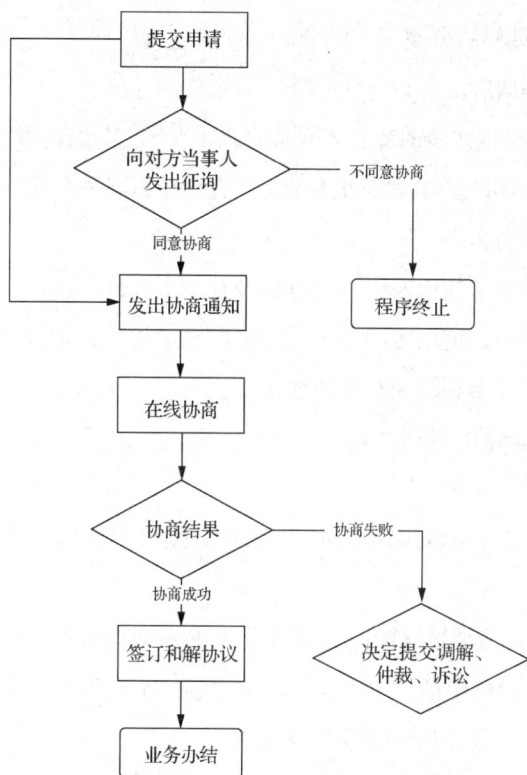

图 6-1　电子商务纠纷在线协商的流程

6.3.3　电子商务纠纷在线调解

1. 电子商务纠纷在线调解的定义

在线调解是指调解人运用计算机和网络技术，努力促成电子商务纠纷当事人达成解决争议协议的一种非诉讼纠纷解决方式。

2. 电子商务纠纷在线调解的特点

（1）能够迅速解决争议。

在线调解以自愿为原则，以双方合意为基础，由电子商务纠纷的一方当事人向 ODR 服务平台提出申请，在双方均同意之后，由专业的调解人员组织，最终达成调解协议。纠纷解决程序较为灵活、便捷，调解结果自动履行率较高。

（2）受案范围远大于离线调解。

在线调解与离线调解最大的不同之处在于调解的物理空间变化。离线调解的物理空间是现实存在的，而在线调解的空间是互联网空间，因不受物理空间限制，所以在线调解的受案范围远大于离线调解。

（3）纠纷解决成本低。

在线调解过程中，所有送达工作均可通过电子送达平台"数据流量"实现。纠纷当事人在线上沟通，能够节省当事人交通费用，降低时间成本。大部分案件不用聘请代理人，可以节省代理费。

3. 电子商务纠纷在线调解的分类

（1）完全自动化的在线调解。

完全自动化的在线调解是指在线调解服务网站的调解程序完全以在线方式进行，并且完全针对金额方面的单纯争议，通过计算机程序自动化的辅助，没有自然调解员介入就可以解决争议的调解方式。

（2）调解员介入的在线调解。

调解员介入的在线调解通常使用网络协商程序及计算机软件编程，同时有第三方当事人，即中立调解人加入争议解决过程中。使用多阶段过滤筛选的调解程序，融合了在线协商、自动化调解程序及调解员的优势，使得争议得到迅速有效的解决。

4. 电子商务纠纷在线调解的流程

（1）申请调解。

① 任何一方、双方或多方当事人均可通过 ODR 服务平台向可提供在线调解服务的服务提供方申请调解。

② 当事人申请调解的，应通过 ODR 服务平台向服务提供方提交调解申请书、证据及当事人主体资格证明文件等材料。调解申请书中应包括以下内容：各方当事人的名称（姓名）、地址、电话、电子邮件或其他联系方式，以及纠纷事实和调解请求。

（2）受理调解。

服务提供方在收到调解申请书后，应及时通知对方当事人。对方当事人自收到通知之日起在规定的工作日内书面确认是否同意参与调解，在该期限内不予确认的，视为拒绝调解。

（3）调解通知。

各方当事人同意参与调解后，调解程序开始。服务提供方应及时向各方当事人发送调解受理通知、在线调解规则及调解员名册。

（4）选定调解员。

① 调解宜由一名调解员进行，当事人另有约定的除外。

② 当事人可从服务提供方提供的调解员名册中选择调解员，也可选择在该名册外的调解员。选择在该名册外的调解员的，应征得服务提供方确认并提交该调解员的必要联系方式。

③ 当事人宜在收到调解通知之日起规定的工作日内共同选定一名调解员。逾期未能共同选定调解员的，由服务提供方指定。

（5）调解员的替换。

调解员无法继续履行或者不适宜履行职责的，服务提供方应按照规定重新选定调解员，各方当事人另有约定的除外。

（6）调解。

除非当事人另有约定，调解员可按其认为适当的方式进行调解，包括但不限于以下几点。

① 单独或者同时通过 ODR 服务平台会见当事人。

② 要求当事人提出书面或者口头的解决纠纷的方案。

③ 征得当事人同意后，聘请有关专家就技术性问题提供咨询或者鉴定意见。

④ 根据已掌握的情况，依据公平合理的原则，向当事人提出解决纠纷的建议和意见。

（7）保密。

① 除非当事人另有约定，调解不公开进行。

② 调解员、当事人以及其他调解参与人对调解的一切事项负有保密义务。

（8）调解程序的终止。

出现下列情形之一的，调解程序应终止。

① 对方当事人在收到调解通知后明确表示不同意参加调解程序或在规定期限内未回复。

② 任一方当事人书面通知终止调解程序。

③ 在调解程序进行的任何阶段，如果调解员认为各方当事人已经失去达成一致的可能，在征求各方当事人意见后，调解员可书面通知各方当事人终止程序。

④ 当事人就解决纠纷达成一致的，调解程序在调解协议制作发出后终止。

⑤ 其他调解程序应当终止的情形。

电子商务纠纷在线调解的流程如图 6-2 所示。

5. 电子商务纠纷在线调解的协议

（1）在调解程序进行的任何阶段，各方当事人均可自行达成解决纠纷的协议或在调解员的主持下达成协议。

（2）各方当事人及调解员在调解协议上签字或盖章后，由服务提供方加盖印章。

（3）调解协议对各方当事人均具有约束力，各方当事人均应善意遵守并执行。

（4）各方当事人就部分调解请求达成和解的，可据此签署部分调解协议。

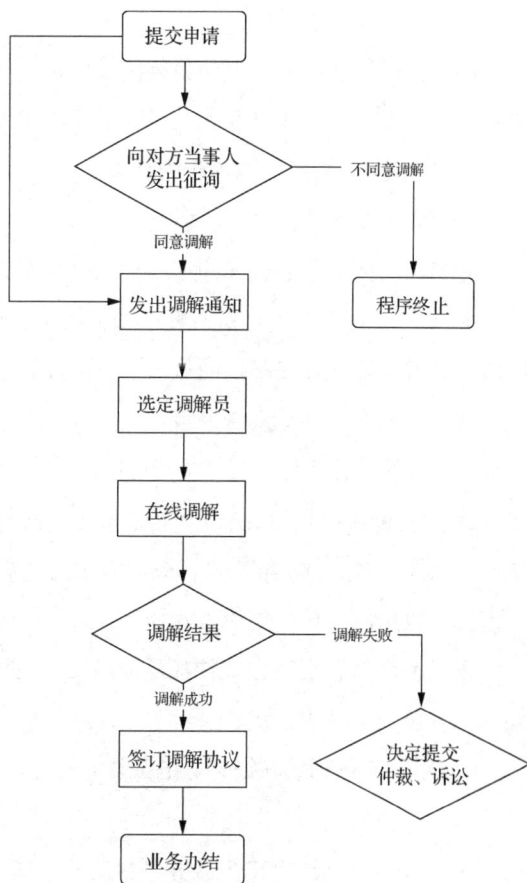

图 6-2　电子商务纠纷在线调解的流程

6.3.4　电子商务纠纷在线仲裁

1. 电子商务纠纷在线仲裁的定义

在线仲裁是指在中立人主持下，电子商务纠纷当事人通过 ODR 服务平台，在线进行案件庭审以及中立人之间的在线合议等其他程序性事项，最后做出在线仲裁的纠纷解决方式。在所有的 ODR 中，在线仲裁最为正式。

2. 电子商务纠纷在线仲裁的特点

（1）开放性。

由于互联网没有特定空间、地点及国界限制，电子商务纠纷各方当事人、仲裁员或仲裁庭等可以分别位于不同国家，使用特定软件，使相关计算机联网，形成全球性网络，从而使当事人无论何时何地均可获得仲裁服务。

（2）便利性。

在线仲裁网站全天开放，有关仲裁的各种文件、证据等通过互联网即刻传送，双方当事人通过特定软件和相关音像设施，即可在各自地点通过互联网参加开庭，无需到仲裁庭所在地参加开庭，节省了时间与差旅费。

（3）高效性。

在线仲裁从立案到作出仲裁裁决及仲裁裁决的送达均在互联网上进行，可以克服空间距离带来的障碍，信息交换的即时性大大提高了解决纠纷的效率。

3. 电子商务纠纷在线仲裁的分类

（1）完全在线仲裁。

完全在线仲裁是最狭义的在线仲裁，是指整个仲裁程序包括向仲裁庭提出仲裁申请（包括仲裁协议的订立），以及其他仲裁程序（如仲裁案件的立案、答辩或者反请求、仲裁员的指定和仲裁庭的组成、仲裁审理和仲裁裁决的作出），均在网上进行。

（2）封闭在线仲裁系统仲裁。

封闭在线仲裁系统仲裁是最常用的，是介于完全在线仲裁与采用网络信息交流方式仲裁之间的在线仲裁。封闭在线仲裁系统由一个在线争议解决提供者维持，通过密码和用户身份卡安全连接而进行访问。只要是网上争议解决机构提供的仲裁，无论其利用网络设施的程度如何，都属于网上仲裁。

（3）采用网络信息交流方式仲裁。

采用网络信息交流方式仲裁是最广义的在线仲裁，某仲裁只要仲裁程序的一个环节利用了网络媒介，其就属于网上仲裁。

4. 电子商务纠纷在线仲裁的流程

（1）申请仲裁。

① 申请人应通过 ODR 服务平台向可提供在线仲裁服务的服务提供方提出仲裁申请。

② 当事人申请仲裁的，应通过 ODR 服务平台向服务提供方提交仲裁申请书、证据及当事人主体资格证明文件等材料。仲裁申请书内容应包括：a. 各方当事人的名称（姓名）、地址、电话、电子邮件以及其他联系方式；b. 申请仲裁所依据的仲裁协议；c. 仲裁请求；d. 案情和纠纷要点；e. 仲裁请求所依据的事实和理由。

（2）受理申请。

对当事人提交的仲裁申请，服务提供方宜在规定工作日内作出受理或不予受理的决定，并通知当事人。

（3）仲裁通知。

服务提供方受理仲裁申请后，应及时将受理通知书、在线仲裁规则及仲裁员名册等送达申请人，并将仲裁通知书、仲裁申请书、申请人提交的证据材料、在线仲裁规则及仲裁员名册等送达被申请人。

（4）答辩。

被申请人宜自收到仲裁通知书之日起在规定工作日内通过 ODR 服务平台提交答辩意见、质证意见及有关证据材料。

（5）变更仲裁申请。

当事人变更仲裁请求的，宜自收到受理通知书之日起在规定工作日内提出。若逾期提出，由服务提供方或仲裁庭决定是否受理。

（6）反请求。

① 被申请人提出反请求的，宜自收到仲裁通知书之日起在规定工作日内提出，逾期提出的，由服务提供方或仲裁庭决定是否受理。

② 反请求的申请、受理、通知、答辩、变更等程序，适用前述规定。

（7）管辖异议。

当事人对仲裁协议的存在、效力或仲裁案件的管辖权有异议的，应自收到仲裁通知书之日起在规定工作日内提出。

（8）组成仲裁庭。

① 仲裁庭由一名仲裁员成立。当事人约定由三名仲裁员组成仲裁庭的，从其约定。

② 一名仲裁员成立仲裁庭的，当事人宜自被申请人收到仲裁通知书之日起在规定工作日内共同选定或委托服务提供方指定仲裁员。当事人未能依照上述规定选定或委托服务提供方指定仲裁员的，由服务提供方指定。

③ 当事人约定由三名仲裁员组成仲裁庭的，当事人宜自收到仲裁通知书之日起在规定工作日内各自选定或委托服务提供方指定一名仲裁员，并自被申请人收到仲裁通知书之日起在规定工作日内共同选定或委托服务提供方指定首席仲裁员，当事人未能依照上述规定选定或委托服务提供方指定仲裁员的，由服务提供方指定。

④ 服务提供方应及时将仲裁庭的组成情况通知当事人，并将有关案件材料送达仲裁庭成员。

（9）审理。

① 仲裁庭对仲裁案件进行书面审理。审理中，仲裁庭可通过 ODR 服务平台向各方当事人发送问题单。当事人宜自收到问题单之日起在规定工作日内通过 ODR 服务平台作出说明，逾期不说明的，视为放弃说明的权利。

② 仲裁庭认为必要时，可通过网络视频庭审、网络交流、电话会议等适当的方式审理案件。

③ 仲裁庭采用网络视频庭审审理案件的，应于开庭规定工作日前将开庭时间和庭审方式通知各方当事人。

（10）裁决。

① 仲裁庭宜自组成之日起在规定工作日内作出裁决。特殊情况需要延长的，由仲裁庭提出申请，经服务提供方批准可适当延长。

② 当事人达成调解协议的，由仲裁庭根据调解协议的内容制作调解书，或按照各方当事人要求制作裁决书。

③ 申请人撤回仲裁申请的，仲裁庭组成前由服务提供方作出决定，仲裁庭组成后由仲裁庭作出决定。

（11）结案文书送达。

裁决书、调解书、决定书送至各方当事人的电子送达地址即视为送达。当事人要求纸质结案文书的，服务提供方应制作纸质结案文书并按照仲裁规则的规定送达各方当事人。

（12）程序转换。

在线仲裁过程中，各方当事人一致同意或者服务提供方、仲裁庭认为必要时，该案件的程序可以通过线上线下相结合的方式处理，线下的程序适用仲裁规则的相关规定。

电子商务纠纷在线仲裁的流程如图 6-3 所示。

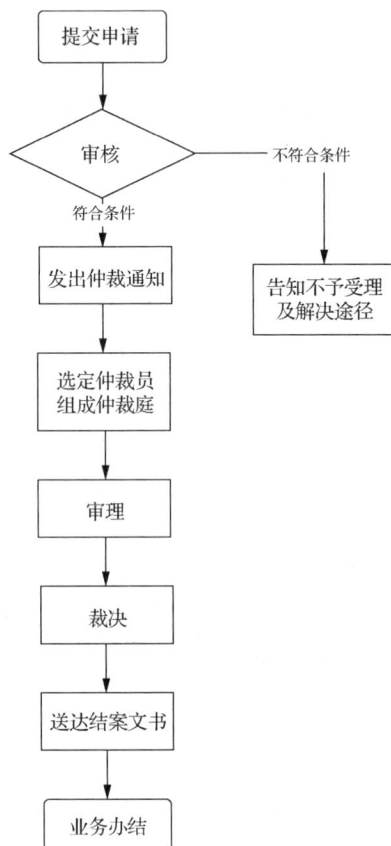

图 6-3　电子商务纠纷在线仲裁的流程

关键术语

电子商务纠纷　电子商务纠纷协商和解　电子商务纠纷调解　电子商务纠纷仲裁

电子商务纠纷诉讼　电子商务纠纷在线协商　电子商务纠纷在线调解　电子商务纠纷在线仲裁

基本知识与原理

1. 电子商务纠纷案件类型、纠纷解决途径、纠纷案件司法管辖
2. 电子商务纠纷传统解决机制
3. 电子商务纠纷在线解决机制

思考与练习

一、选择题

1. 按照电子商务（　　）分类，电子商务合同纠纷可分为 B2B 电子商务合同纠纷、B2C 电子

商务合同纠纷、C2C 电子商务合同纠纷及 B2G 电子商务合同纠纷。

    A．合同内容   B．交易对象   C．交易主体   D．交易方式

  2．电子商务纠纷调解组织不包括（   ）。

    A．消费者组织   B．人民法院   C．行业协会   D．人民调解委员会

  3．下列关于 ODR 的表述正确的是（   ）。

    A．ODR 是指网络上由第三人解决电子商务纠纷的所有方式

    B．ODR 包括在线协商、在线调解、在线仲裁等方式

    C．ODR 解决电子商务经营者之间、电子商务经营者和消费者之间的电子商务纠纷

    D．ODR 纠纷解决服务应坚持自愿原则

  4．下列关于电子商务在线调解协议的表述不正确的是（   ）。

    A．在调解程序进行的任何阶段，当事人均可自行达成解决纠纷的协议

    B．在调解程序进行的任何阶段，当事人均可在调解员的主持下达成协议

    C．各方当事人在调解协议书上签字或盖章后，由服务提供方加盖印章

    D．当事人就部分调解请求达成和解的，可据此签署部分调解协议

  5．下列关于电子商务在线仲裁裁决的表述正确的是（   ）。

    A．当事人达成调解协议的，由仲裁庭根据调解协议的内容制作调解书

    B．封闭在线仲裁系统仲裁是最狭义的在线仲裁

    C．电子商务在线仲裁的仲裁庭由三名仲裁员组成

    D．申请人撤回仲裁申请的，由仲裁庭作出决定

  二、填空题

  1．电子商务纠纷是指电子商务交易当事人之间_____而产生的争议。

  2．对于电子商务纠纷，可以通过____，请求消费者组织、行业协会或者其他依法成立的调解组织_____，向有关部门_____，提请_____，或者提起_____等方式解决。

  3．ODR 是指网络上_____，解决电子商务经营者和消费者之间电子商务纠纷的所有方式。

  4．电子商务在线协商是指_____，由电子商务纠纷各方当事人通过 ODR 服务平台进行信息的传输、交流、沟通以协商解决纠纷的方式。

  5．电子商务在线调解是指调解人运用计算机和网络技术，努力促成电子商务纠纷当事人达成解决争议协议的一种_____解决方式。

  三、思考题

  1．结合《电子商务法》，试述电子商务争议的解决方式。

  2．试述在线纠纷解决机制（ODR）的主要形式。

  3．试述电子商务纠纷在线调解的流程。

四、案例分析

《电子商务法》实施后首例恶意投诉案

2016年12月，原告王某经营的淘宝店铺遭到投诉，淘宝公司根据被告江某的投诉，删除了涉案商品的商品链接。2017年1月，王某向阿里巴巴知识产权保护平台提出申诉，经平台审核，申诉成立，恢复了涉案链接。随后，涉案淘宝店铺又收到江某发起的反申诉。阿里巴巴知识保护平台根据反申诉，认为王某申诉不成立，判定王某经营的涉案淘宝店铺售假，按照售假进行处罚，删除涉案商品链接，并对涉案淘宝店铺进行了降权处罚。

王某向杭州铁路运输法院提起诉讼，认为被告江某为被控投诉的主体，被控投诉行为不具有正当性，王某和江某为直接竞争关系，该行为已经导致王某及其经营的淘宝网店铺遭受了实际损失，故江某的恶意投诉行为构成不正当竞争，请求法院判令被告江某赔偿王某因商品链接被删除造成的经济损失800万元及合理费用3万元。

法院审理查明，江某并非涉案商标权利人，而是通过伪造印章、冒用商标权利人的名义，使用虚假的身份材料和商标证书向淘宝公司投诉的。而被投诉的原告王某所售的产品均为海外直邮，直接发货至国内。根据商标平行进口理论，特定商品的商标已获得进口国知识产权法的保护，并且商标权所有人已在该国自己或者授权他人制造或销售其商标权产品的情况下，进口商未经商标权人或者商标使用权人许可从国外进口相同商标商品不构成侵权，所以王某有权进口相同商标的商品。

法院还查明，被告江某的恶意投诉行为导致原告淘宝链接被删除，且受到了降权处罚。涉案淘宝店铺营业额在投诉之后明显下降，投诉之后的10个月营业额下降累计达3 000余万元。

法院审理后认为，被告江某作为同业竞争者理应尊重他人的合法权益，诚信经营，但其在明知自己不具有投诉资格且不能证明被投诉产品存在侵权的情形下，依然通过变造权利凭证对原告进行恶意投诉，其行为违反了诚实信用原则和商业道德准则，损害了原告的正当商业利益，应当对这种恶意投诉行为及时制止、依法严惩。

关于赔偿损失金额问题。原告诉求被告赔偿经济损失800万元及合理费用3万元，其主张侵权损失的依据系根据淘宝店铺销售下降计算而成的，但未举证证明案涉投诉行为系其营业额下降的唯一原因。结合恶意投诉之后的10个月营业额下降累计达3 000余万元这一事实，并综合考虑侵权行为的形态、时间、范围、经营规模及主观过错程度，参考销量、售价、服装行业利润率及侵权维权的合理开支，本院酌定被告赔偿原告经济损失210万元。

讨论题：

根据本案的判决依据，结合《电子商务法》的相关条款，回答下列问题。

1. 本案电子商务纠纷通过何种方式解决？

2. 本案涉及《电子商务法》的哪些法律规定？

电子商务财税法律法规 | 第7章

【学习目标】

1. 掌握电子商务税收的概念与分类

2. 掌握电子商务税收要素构成

3. 理解电子商务税收征收制度

4. 了解电子商务财政法律法规

5. 理解跨境电子商务税收管辖权

6. 掌握跨境电子商务反国际避税的方法

7. 了解跨境电子商务税收国际协作

【本章重点】

1. 电子商务税收的概念

2. 电子商务税收体系的构成

3. 电子商务纳税主体、征税客体及税率

4. 电子商务税务登记与电子发票管理的相关内容

5. 电子商务税收法律法规内容

6. 跨境电子商务税收管辖权

【导入案例】

海外代购商品，机场内被扣押

魏女士做海外代购已有两年，从最初的顺便帮朋友带东西，到后来的专职做海外代购，代购规模越来越大。两周前，她像往常一样带着几大包行李从韩国回来，入关时被海关检查。魏女士告诉记者，当时3个行李箱中装的全是服装、化妆品等，价值共计3万余元，其中一款气垫BB霜化妆品她就带了10个。

海关一一查验包内物品后向魏女士表示，因为所带的物品超过了个人所需的范围，按照国家规定其只能带走价值5 000元的物品，其余的物品要缴纳关税后才能带走。经过一番沟通，魏女士在缴纳了4 000元的税款后，带走了部分物品。之后她为了拿到剩余的物品，她又缴纳了一次关税。魏女士告诉记者，许多人之所以愿意海外代购，原因是除了能确保物品是真货外，免税也会让价格便宜不少。但是如果要缴纳关税，那物品价格和在国内专柜的价格则不相上下。

7.1 电子商务税收概述

7.1.1 电子商务税收理论

1. 电子商务税收的概念及分类

电子商务税收是指国家为了实现其公共职能的需要，凭借其政治权力，根据法律规定，强制地、无偿地、固定地对电子商务活动征税，使其参与国民收入分配的一种方式。

知识拓展 7-1

关于税收的概念与特征的相关知识，请扫描二维码阅读。

知识拓展 7-1

（1）按照征税对象分类，税收分为流转税、所得税和行为税。

电子商务流转税主要涉及增值税、消费税及关税；电子商务所得税包括企业所得税与个人所得税；电子商务行为税主要指印花税。

增值税是以商品在流转过程中的法定增值额为计税依据的流转税。

消费税是以特定的消费品或者消费行为的流转额为计税依据的流转税。

关税是以进出关境的货物或物品的流转额为计税依据而征收的流转税。

企业所得税是指对一国境内的所有企业在一定时期内的生产经营所得和其他所得等收入，进行法定的生产成本、费用和损失等扣除后的余额征收的所得税。

个人所得税是指对我国居民来源于境内、境外的应税所得和非我国居民来源于境内的各项应税所得征收的所得税。

印花税是对经济活动和经济交往中书立、应税凭证，进行证券交易的行为征收的一种行为税。

（2）按照税收管辖权分类，税收分为国内电子商务税收和跨国电子商务税收。

国内电子商务税收是征税国对来源于境内的收益或所得，针对电子商务居民纳税人行使税收管辖权，以流转税和所得税为主；对收益或所得来源于境外的收入征收的税是跨国电子商务税收，我国对跨国电子商务进口商品按照货物征收关税和进口环节的增值税与消费税。

2. 电子商务与税收的关系

（1）电子商务对税收的影响。

① 影响税收公平、税收中性及税收效率等税收原则。

② 影响流转税、所得税及行为税等税种。

③ 影响纳税主体、征税对象、纳税环节、纳税地点及纳税期限等税收要素。

④ 影响税务登记、账簿凭证及税收管辖权等税收征管。

⑤ 影响常设机构、国际税收管辖权、国际税收筹划等国际税收。

（2）税收对电子商务的产业促进。

电子商务虽然是新型交易模式，但其本质还是商业交易，电子商务对税收产生影响，反之税收亦对电子商务产生影响，税收对电子商务的产业促进作用表现在以下两个方面。

① 不开征新税种，避免增加电子商务交易双方的税收负担。

② 通过给予电子商务税收优惠，引导产业布局，促进产业发展。

3．电子商务税收制度

（1）电子商务税收原则。

电子商务税收原则是一国调整电子商务税收关系的基本规律的抽象和概括，包括税收法定原则、税收公平原则、简便透明原则与国家利益原则。

① 税收法定原则。税收法定原则要求税种法定、税收要素法定及税收征管程序法定。电子商务本质是"商务"，"电子"只不过是交易手段。电子商务交易包括货物或劳务交易，与传统商务交易本质相同，两者的区别在于载体与形式不同。因此，电子商务税收与传统商务税收同等遵守税收法定原则。

② 税收公平原则。税收公平原则是指纳税人地位必须平等，对税收负担的分配应当公平、合理。电子商务交易虚拟化、无形化、数字化等特征并未改变商品交易的实质，因此，应对电子商务交易与传统商务交易同等征税，两种交易方式的纳税人地位平等，不因交易方式不同而区别对待。既不对电子商务课以重税，也禁止对电子商务免税，否则有违税收公平原则。

③ 简便透明原则。简便透明原则是传统商务交易所遵循的税收效率原则在电子商务交易中的具体化。税收效率包括税收经济效率原则与税收行政效率原则。绝大多数国家遵循税收中性原则，对电子商务不开征新税。电子商务税收应遵循简便透明原则，把纳税人的纳税成本和税务机关的征税成本控制在最低限度。

④ 国家利益原则。国家利益是电子商务税收应维护的最高利益，包括税收管辖权利益与财政收入利益。我国属于电子商务进口国，因此，应坚持收入来源地税收管辖权和居民税收管辖权并用，且优先适用地域管辖权，避免发达国家通过网上交易损害我国的税收利益。

（2）电子商务税收体系。

税收体系是一国根据本国具体情况，将不同功能的税种进行组合配置而形成的税种体系。我国税收体系包括流转税、所得税、财产税及行为税等。我国电子商务税收体系包括流转税、所得税及印花税三大类。

第一，电子商务流转税体系。电子商务流转税是以电子商务交易的商品流转额和非商品流转额为征税对象，对流转过程中的某一环节所征收的一类税，税种主要包括增值税、消费税与关税。

① 增值税体系。增值税是以商品在流转过程中的增值额为计税依据的流转税。

电子商务交易方式的变化并不影响增值税对商品增值额征税的本质属性，因此，电子商务增值税体系沿用现有的增值税体系。纳税人是在境内销售货物或者加工、修理修配劳务，销售服务、无形资产、不动产以及进口货物的单位和个人。按照纳税人的经营规模和会计核算健全程度，纳税人分为一般纳税人与小规模纳税人。征税范围是在境内销售货物或者提供加工、修理修配劳务，销售服务、无形资产、不动产以及进口货物。增值税一般纳税人适用的税率为 13%、9%、6% 及 0%，小规模纳税人适用 3% 的征收率。

知识拓展 7-2

关于增值税一般纳税人与小规模纳税人的联系与区别，请扫描二维码阅读。

知识拓展 7-2

---

② 消费税体系。消费税是以特定消费品或者消费行为的流转额为征税对象的流转税。

纳税人是在境内生产、委托加工和进口规定的消费品的单位和个人，以及国务院确定的销售规定的消费品的其他单位和个人。征税范围是特定商品，税目包括：烟，酒，高档化妆品，贵重首饰及珠宝玉石，鞭炮、焰火，成品油，摩托车，小汽车，高尔夫球及球具，高档手表，游艇，木制一次性筷子，实木地板，涂料，电池。税率根据征税对象具体情况确定，包括定额税率、比例税率和复合税率。

③ 关税体系。关税是以进出关境的货物或物品的流转额为计税依据而征收的流转税。

纳税人是进口货物的收货人、出口货物的发货人、进境物品的所有人。征税范围是国家准许进出口的货物和准许进出境的物品。进出口货物按照《中华人民共和国进出口税则》（以下简称《进出口税则》）的归类规则归入合适的税号，适用关税税率；进境物品按照《中华人民共和国进境物品进口税税率表》（以下简称《进境物品进口税税率表》）的规定适用税率。

第二，电子商务所得税体系。电子商务所得税是对作为电子商务交易主体的法人、自然人和其他经济组织在一定时期内基于电子商务交易的纯所得征收的一类税，包括企业所得税与个人所得税。

① 企业所得税体系。企业所得税是指对一国境内的所有企业在一定时期内的生产经营所得和其他所得等收入，进行法定生产成本、费用和损失等扣除后的余额所征收的所得税。纳税人是在中国境内的企业和其他取得收入的组织，包括居民企业和非居民企业，不包括个人独资企业、合伙企业。

电子商务经营者如果是法人，就其所得缴纳企业所得税。征税范围是企业以货币形式和非货币形式取得的生产、经营所得和其他所得。税率是 25%。

② 个人所得税体系。个人所得税是对我国居民来源于境内、境外的应税所得和非我国居民来源于境内的应税所得征收的所得税。

电子商务经营者如果是自然人，应按通过电子商务交易取得的纯所得，缴纳个人所得税。纳税人分为居民纳税人与非居民纳税人。征税范围是个人境内所得与境外所得，税目共 9 项：工资、薪金所得，劳务报酬所得，稿酬所得，特许权使用费所得，经营所得，利息、股息、红利所得，财产租赁所得，财产转让所得，偶然所得。税率按照所得税项目不同，分为超额累进税率与比例税率。由工资、薪资所得，劳动报酬所得，稿酬所得，特许权使用费所得组成的综合所得、经营所得适用超额累进税率；利息、股息、红利所得，财产租赁所得，财产转让所得和偶然所得适用比例税率。

> **知识拓展 7-3**
> 关于居民纳税人与非居民纳税人的联系与区别，请扫描二维码阅读。

第三，电子商务印花税体系。印花税是对经济活动和经济交往中书立应税凭证、进行证券交易的行为征收的一种行为税。电子商务交易双方存在书立应税凭证、进行证券交易的行为应缴纳印花税。

《中华人民共和国印花税法》（以下简称《印花税法》）规定纳税人是在中华人民共和国境内书立应税凭证、进行证券交易的单位和个人，以及在中华人民共和国境外书立在境内使用的应税凭证的单位和个人。征税范围是《印花税税目税率表》列明的合同、产权转移书据、营业账簿及证券交易。税率包括比例税率和定额税率。

7.1.2　电子商务税收要素

税收要素也称为税制要素，是判定国家是否有权征税以及相关主体的纳税义务是否成立的重要标准。各种课税要素组合在一起构成了具体的税种，各个税种的进一步组合则形成了国家的税收制度。因此，税收要素是构成税种乃至税制的基础性元素，包括实体性要素和程序性要素两大类。实体性要素是确定税收征纳双方权利义务的必备条件，主要包括纳税主体、征税客体及税率。程序性要素是纳税人具体履行纳税义务所必须具备的条件，主要包括纳税环节、纳税期限和纳税地点。电子商务的虚拟性、隐蔽性、无纸化、跨国性等特征对确定电子商务纳税环节、纳税期限和纳税地点造成困难且无法律规定，因此，本书只讲解电子商务实体性税收要素。

1. 电子商务纳税主体[①]

电子商务纳税主体是指在电子商务交易中，依法负有纳税义务及扣缴义务的主体。

（1）电子商务经营者。

《电子商务法》第十一条规定：电子商务经营者应当依法履行纳税义务，并依法享受税收优惠。个人销售自产农副产品、家庭手工业产品，个人利用自己的技能从事依法无需取得许可的便民劳务活动和零星小额交易活动，以及依照法律、行政法规不需要办理市场主体登记的电子商务经营者在首次纳税义务发生后，应当依照税收征收管理法律、行政法规的规定申请办理税务登记，并如实申报纳税。电子商务 B2B 模式中从事商品经营或者营利性服务的企业是电子商务纳税人，B2C 模式中从事商品经营或者营利性服务的企业是电子商务纳税人，C2C 模式中通过交易获利的消费者因经营行为而成了电子商务纳税人。

（2）电子商务消费者。

电子商务税收主要涉及增值税、消费税、所得税、关税等税种。电子商务消费者在购买跨境电子商务零售的进口商品时，按照货物缴纳关税和进口环节的增值税与消费税。跨境电子商务零售进口商品购买人（订购人）的身份信息应进行认证；未进行认证的，购买人（订购人）身份信息应与付款人一致。电子商务企业、电子商务交易平台企业或物流企业可作为代收代缴义务人。

（3）电子商务平台经营者。

电子商务平台经营者不是电子商务交易关系中的纳税人。在跨境电子商务交易中，跨境电子商务平台企业除履行报送及提示义务，最重要的是对跨境电子商务零售进口商品及购买跨境电子商务零售进口商品的个人，履行代扣代缴义务，如实、准确地向海关申报法定税收征管要素并按照海关要求补充申报的义务。

2. 电子商务征税对象

除了货物、劳务、所得，电子商务交易中还出现了数字化商品与数字化服务等新型征税对象。

（1）国内电子商务征税对象。

国内电子商务征税对象一类是以互联网作为交易媒介在线销售的传统实体商品，与线下商业实体交易的区别只是销售方式不同，我国对此类交易按照传统征税方式征税；另一类是通过互联网提供的数字化商品。

① 通过网络下载传播的非实体商品的虚拟化物品，特别是与智能财产权有关的商品，主要包括各类软件、网络游戏、数据库服务以及电子图书、电子报刊和新闻、研究报告和论文。"软件"是指供用户直接在网上下载，通过购买序列号等获得使用权认证的应用软件。对于存放在光盘等实物介质上，通过包装再到网上出售的软件，则应归为实体商品。

② 网上数字化劳务服务包括信息服务、互动式服务、网络预约服务等。此类服务具有一定的虚

[①] 电子商务税收主要涉及增值税、消费税、关税等税种，因此，征税机关是税务机关与海关，不包括财政机关。鉴于征税主体的确定性，所以不做专门研究。

拟性,无需固定现实场所,在商家和消费者之间并不进行任何有形物品的交换。服务购买方根据经营者在其服务器上发布的信息进行查询,或由经营者在一定时间内依据特定约定规则发送给购买方。虽然这类信息商品买卖通过无形的方式实现,但随着信息的不断传递,会出现现金流。我国对此类服务,应该根据信息流转中现金流量的大小来制定征税标准,纳入电子商务税收范畴。

(2)跨境电子商务征税对象。

财政部、海关总署、国家税务总局发布的《关于跨境电子商务零售进口税收政策的通知》规定:跨境电子商务零售进口商品按照货物征收关税和进口环节的增值税、消费税。跨境电子商务零售进口税收政策适用于从其他国家或地区进口的、《跨境电子商务零售进口商品清单》范围内的以下商品。

① 所有通过与海关联网的电子商务交易平台交易,能够实现交易、支付、物流电子信息"三单"比对的跨境电子商务零售进口商品。

② 未通过与海关联网的电子商务交易平台交易,但快递、邮政企业能够统一提供交易、支付、物流等电子信息,并承诺承担相应法律责任进境的跨境电子商务零售进口商品。

③ 不属于跨境电子商务零售进口的个人物品以及无法提供交易、支付、物流等电子信息的跨境电子商务零售进口商品,按现行规定执行。

跨境电子商务除通过互联网销售实体商品,也可以借助网络的便利性,拓展无形产品交易。依照现行法律规定,服务和数字化产品进口不属于海关征税的范围,但从长远来看,对数字化产品交易应该征税。

3. 电子商务征税税率

税率是衡量税负轻重的核心要素,税种不同,税率不同,同一税种不同税目的税率也可能不同。

(1)电子商务流转税税率。

① 电子商务增值税税率。增值税一般纳税人适用比例税率。《中华人民共和国增值税暂行条例》规定,增值税税率包括基本税率、低税率及零税率。纳税人销售货物、提供劳务、提供有形动产租赁服务或者进口货物,除低税率和零税率适用范围,适用13%的基本税率;低税率分为9%与6%两档。增值税小规模纳税人适用征收率,其增值税征收率为3%,财政部和税务总局另有规定的除外。

② 电子商务消费税税率。消费税的税目均为有形产品,不涉及数字化产品,因此按消费税的从价征税和从量征税分别实行比例税率和定额税率。其中,除黄酒、啤酒、成品油三种消费品实行定额税率,卷烟、白酒实行比例税率和定额税率的复合征收,其他应税消费品实行比例税率。

③ 电子商务关税税率。进出口货物按照《进出口税则》规定的归类规则归入合适的税号,适用合适的税率。《中华人民共和国进出口关税条例》规定进口关税设置最惠国税率、协定税率、特惠税率、普通税率、关税配额税率等税率。在限值以内进口的跨境电子商务零售进口商品,关税税率暂设为0%。进境物品按照《进境物品进口税税率表》规定的适用税率纳税。

（2）电子商务所得税税率。①

① 电子商务企业所得税税率。企业所得税税率并未因征税对象的不同而细化区分，因此，对企业通过电子商务销售货物、提供劳务、转让财产及特许权使用费等依照现行企业所得税税率执行。对于企业通过互联网提供的数字化产品取得的收入是否征收企业所得税，现行法律并无规定。企业所得税税率是 25%；非居民纳税人预提所得税税率是 20%，符合条件的小型微利企业，减按 20%征收；国家重点扶持的高新技术企业，减按 15%税率征收。

② 电子商务个人所得税税率。B2B 是企业与企业间的电子商务，B2C 是企业与消费者间的电子商务，企业因电子商务交易取得所得应缴纳企业所得税，不涉及个人所得税。C2C 是消费者个人间的电子商务行为，对于通过电子商务销售货物、提供劳务、财产租赁、财产转让及特许权使用费等依照现行个人所得税税率执行。综合所得适用 3%至 45%的超额累进税率，经营所得适用 5%至 35%的超额累进税率；利息、股息、红利所得，财产租赁所得，财产转让所得和偶然所得适用 20%的比例税率。

（3）电子商务印花税税率。

① 合同（指书面合同）：借款合同、融资租赁合同的税率为 0.05‰；买卖合同、承揽合同、建设工程合同、运输合同、技术合同的税率为 0.3‰；租赁合同、保管合同、仓储合同、财产保险合同的税率为 1‰。

② 产权转移书据：土地使用权出让书据，土地使用权、房屋建筑物和构筑物所有权转让书据（不包括土地承包经营权和土地经营权转移），股权转让书据（不包括应缴纳的证券交易印花税）的税率为 0.5‰；商标专用权、著作权、专利权、专有技术使用权转让书据的税率为 0.3‰。

③ 营业账簿：税率为实收资本（股本）、资本公积合计金额的 0.25‰。

④ 证券交易：税率为成交金额的 1‰。

7.1.3 电子商务税收征收管理

1. 电子商务税收征管模式

从我国电子商务发展现状看，发展稳健且交易额形成规模的有 B2B、C2C 和 B2C 三种电子商务税收征管模式。

（1）B2B 电子商务税收征管模式。

① 本企业网站开展电子商务的税收征管模式。在本企业网站开展 B2B 电子商务的企业，一般都会同时在传统销售市场上进行经营销售，税务机关应当在月末将该企业的电子商务交易部分并入税基，与传统销售一同征税。

② 借助支付平台的电子商务税收征管模式。税务机关需要与支付平台合作，要求支付平台将交易情况报送税务机关备案。月末征收税款时，税务机关能够对企业电子商务销售情况进行汇总，以

①《中华人民共和国印花税法》生效日期是 2022 年 7 月 1 日，在此之前仍然适用《印花税暂行条例》。《印花税暂行条例》规定的印花税税率如下：10 类经济合同、产权转移书据及营业账簿中记载资金的账簿适用不同的比例税率；权利许可证照、营业账簿中的其他账簿适用税额为每件 5 元的按件贴花。

此为基础核定企业相关报税资料中应纳税额是否包括电子商务部分，从而将电子商务交易部分与传统市场上的销售合并征税。

（2）C2C 电子商务税收征管模式。

① 基于电子商务交易平台的税款扣缴模式。税务机关应当以货款支付环节为突破口，在支付平台将货款支付给卖家之前，先将交易信息报送给税务机关，税务机关扣除应纳税额后再由支付平台向卖家支付。货款支付过程中如果第三方支付平台已暂收款项，但买方未在规定时间内收货或收到的货物不符合双方约定，则买方有权获得退款。该情况不能确认为销售，支付平台也不需要向税务机关汇报该笔交易信息。

② C2C 电子商务商品退换的税务处理。C2C 交易模式下可能出现售出商品需要退换的情况。如果扣缴税款后发生商品退换，交易平台应与买卖双方协商该笔交易的商品退换事宜，在各方都同意商品退换的基础上签署三方协议并报送税务机关。税务机关接收商品退换三方协议后，根据协议载明的销售货款的变动情况调整已征收的税款，补征增值部分的税款或将多征税款给予退税。

（3）B2C 电子商务税收征管模式。

① 传统企业涉及 B2C 电子商务的税收征管模式。因有实体企业和传统销售作支撑，企业实体具有财务核算功能并承担相应的纳税义务。所以，可将该类企业的电子商务交易部分与其在传统市场的销售合并考虑，按照传统方式征税。

② B2C 电子商务税款扣缴模式。税务机关应当以支付环节为突破口，加强与网上银行的合作，将针对 B2C 电子商务税款扣缴系统植入网上银行支付系统，货款到达销售企业账户后，销售企业将销售信息报给税务机关，银行将支付信息传递给税务机关。税务机关获得由网上银行提供的支付信息和销售企业提供的销售信息后，计算应纳税额并在收款银行账户中扣缴应纳税额，同时将税收凭证发送至销售企业。

2. 电子商务税务管理制度

（1）电子商务税务登记。

税务登记又称纳税登记，是指税务机关对纳税人的生产、经营活动进行登记并据此对纳税人实施税务管理的一种法定制度。税务登记是税务管理工作的首要环节和基础工作，是征纳双方法律关系成立的依据和证明。电子商务经营者依照《税收征收管理法》办理税务登记，依法履行纳税义务，并依法享受税收优惠。依法不需要办理市场主体登记的电子商务经营者在首次纳税义务发生后，应当依照税收征收管理法律、行政法规的规定申请办理税务登记，并如实申报纳税。

（2）电子商务账簿凭证。

账簿凭证管理是指税务机关对纳税单位的账簿和凭证进行监督管理的法律制度。《中华人民共和国税收征收管理法》第十九条规定：纳税人、扣缴义务人按照有关法律、行政法规和国务院财政、税务主管部门的规定设置账簿，根据合法、有效凭证记账，进行核算。《中华人民共和国会计法》第十三条第二款规定：使用电子计算机进行会计核算的，其软件及其生成的会计凭证、会计账簿、财务会计报告和其他会计资料，也必须符合国家统一的会计制度的规定。第三十三条第一款规定：财政、审计、税务、人民银行、证券监管、保险监管等部门应当依照有关法律、行政法规规定的职责，对有关单位的会计资料实施监督检查。因此，合法的电子商务账簿凭证的法律效力与纸质账簿凭证的法律效力相同。

（3）电子商务纳税申报。

纳税申报是指纳税人在发生法定纳税义务后按照税法或税务机关规定的期限和内容，向主管税务机关提交有关纳税事项书面报告的法律行为。它既是纳税人履行纳税义务的法定程序，又是税务机关核定应征税款和填写纳税凭证的主要依据。电子商务纳税申报是指纳税人利用计算机和电话，通过分组交换网、互联网等通信网络系统，直接将申报资料发送给税务机关。纳税人不到税务机关也可完成申报。凡是通过互联网进行交易的纳税人，必须按规定填制电子纳税申报表。电子申报不仅能够减少数据库录入所需的人力、物力，提高申报效率，还能降低输入的错误率，实现申报的“无纸化”。

（4）电子商务发票管理。

发票是指在购销商品、提供或者接受服务以及从事其他经营活动中，开具、收取的收付款凭证。电子发票是指单位和个人在购销商品、提供或者接受服务，以及从事其他经营活动中，按照税务机关要求的格式，使用税务机关确定的开票软件开具的电子收付款凭证。国家税务总局自 2015 年起分步推行增值税电子普通发票。2020 年 12 月 20 日，国家税务总局发布的《国家税务总局关于在新办纳税人中实行增值税专用发票电子化有关事项的公告》（国家税务总局公告 2020 年第 22 号），详细规范了增值税电子专用发票的管理。《电子商务法》第十四条规定：电子商务经营者销售商品或者提供服务应当依法出具纸质发票或者电子发票等购货凭证或者服务单据。电子发票与纸质发票具有同等法律效力。

增值税电子专用发票（票样）如图 7-1 所示，增值税电子普通发票（票样）如图 7-2 所示。

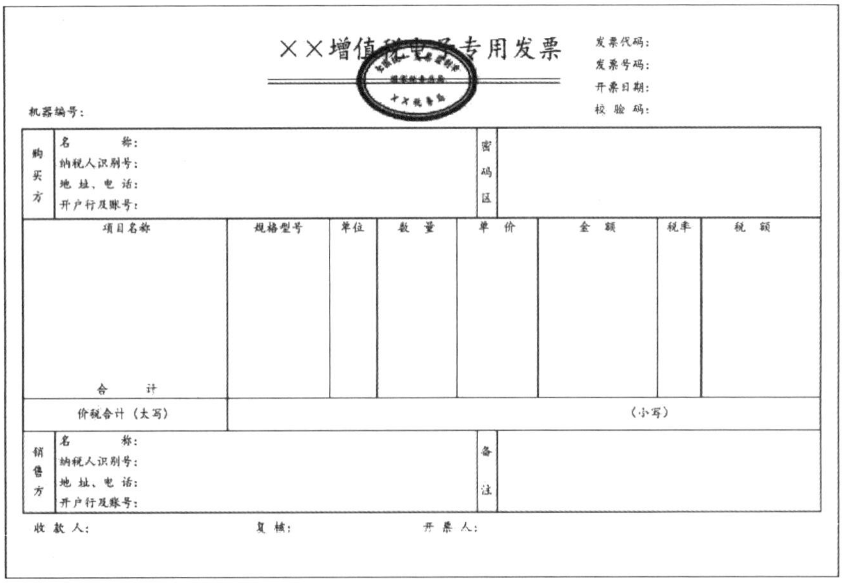
××增值税电子专用发票
发票代码：
发票号码：
开票日期：
校 验 码：
机器编号：

购买方	名　　称： 纳税人识别号： 地 址、电 话： 开户行及账号：				密码区		
项目名称	规格型号	单位	数 量	单 价	金 额	税率	税 额
合　　计							
价税合计（大写）					（小写）		
销售方	名　　称： 纳税人识别号： 地 址、电 话： 开户行及账号：				备注		

收 款 人：　　　复 核：　　　开 票 人：

图 7-1　增值税电子专用发票（票样）

××增值税电子普通发票

发票代码：
发票号码：
开票日期：
校验码：

机器编号：

购买方	名称： 纳税人识别号： 地址、电话： 开户行及账号：	密码区	

项目名称	车牌号	类型	通行日期起	通行日期止	金额	税率	税额
合计							
价税合计（大写）					（小写）		

销售方	名称： 纳税人识别号： 地址、电话： 开户行及账号：	备注	

收款人： 复核： 开票人： 销售方：（章）

图 7-2 增值税电子普通发票（票样）

7.2 电子商务财税法律法规

7.2.1 电子商务财政法律法规

国内电子商务财政法律法规主要针对电子商务进农村进行规定。

1. 2016 年电子商务进农村中央财政资金支持

（1）支持建立完善县、乡、村三级物流配送机制。中央财政资金支持物流的比例原则上不低于 30%。

（2）支持县域电子商务公共服务中心和村级电子商务服务站点的建设改造。

（3）支持农村电子商务培训。

（4）中央财政资金不得用于网络交易平台建设、购买流量等支出。如有违反，将取消综合示范资格，收回中央财政补贴资金。

2. 2017 年电子商务进农村中央财政资金支持

鼓励各地优先采取股权投资、政府和社会资本合作、以奖代补、贷款贴息等支持方式，通过中央财政资金引导带动社会资本共同参与农村电子商务工作。重点支持以下方向。

（1）聚焦农村产品上行。中央财政资金支持农村产品上行的比例原则上不低于 50%。

（2）支持县域电子商务公共服务中心和乡村电子商务服务站点的建设改造。

公共服务中心建设要坚持实用、节约原则，资金使用比例原则上不得高于 15%。

（3）支持农村电子商务培训。

（4）中央财政资金不得用于网络交易平台建设、楼堂馆所建设、工作经费及购买流量等支出，有关支持项目应开放共享。

3. 2018 年电子商务进农村中央财政资金支持

鼓励各地优先采取以奖代补、贷款贴息等支持方式，通过中央财政资金引导带动社会资本共同参与农村电子商务工作。中央财政资金重点支持以下方向。

（1）促进农村产品上行。中央财政资金支持农村产品上行的比例原则上不低于 50%。

（2）完善农村公共服务体系。公共服务中心建设应坚持实用、节约原则，资金使用比例原则上不得高于 15%。

（3）开展农村电子商务培训。

（4）中央财政资金不得用于网络交易平台建设、楼堂馆所建设、工作经费及购买流量等支出。

（5）统筹安排本省区示范县长期闲置的中央财政资金，用于奖励助推脱贫攻坚、促进产销对接等工作成绩突出的优秀示范县。

4. 2019 年电子商务进农村中央财政资金支持

鼓励各地优先采取以奖代补、贷款贴息等支持方式，通过中央财政资金引导带动社会资本共同参与农村电子商务工作。中央财政资金重点支持以下方向。

（1）农村流通基础设施。用于农村流通基础设施建设的资金比例原则上不低于 50%。

（2）农村电商公共服务体系。公共服务中心资金使用比例原则上不高于 15%。

（3）开展农村电子商务培训。

（4）中央财政资金不得用于网络交易平台建设、楼堂馆所建设、工作经费及购买流量等支出。

（5）统筹安排本省示范县长期闲置的中央财政资金，用于奖励助推脱贫攻坚、促进产销对接等工作成绩突出的优秀示范县。

5. 2020 年电子商务进农村中央财政资金支持

鼓励各地优先采取以奖代补、贷款贴息，结合先建后补、购买服务、直接补助等支持方式，合理加快资金进度，提高资金使用效益，通过中央财政资金引导带动社会资本共同参与农村电子商务工作。财政资金重点支持农产品进城，兼顾工业品下乡，对承担疫情防控相关重要物资保供任务且工作突出的电商、物流、商贸流通企业在同等条件下予以适当倾斜。中央财政资金实行"鼓励发展+负面清单"管理模式，重点支持以下方向。

（1）县乡村三级物流配送体系。

（2）农村电商公共服务体系。

支持县级电商公共服务中心建设和升级，优化农村电商公共服务内容。突出服务，硬件建设应坚持实用、节约原则，充分利用现有设施设备、闲置厂房。

（3）农村现代流通服务体系。

（4）农村电子商务培训体系。

（5）中央财政资金不得用于网络交易平台建设、楼堂馆所建设、征地拆迁、购买流量、人员经费等经常性开支以及提取工作经费等。

（6）省级财政部门要会同商务、扶贫部门，按照财政部有关规定，做好本省示范县长期闲置的中央财政资金统筹安排工作，可统筹用于支持农村流通领域。

7.2.2　电子商务税收法律关系

电子商务税收法律关系是指由税法调整而形成的，在电子商务税收活动中税收法律关系主体之间发生的、具有权利义务内容的社会关系。电子商务税收法律关系包括法律关系主体、法律关系客体及法律关系内容。

1. 电子商务税收法律关系主体

电子商务税收法律关系主体包括征税主体与纳税主体。征税主体取决于电子商务交易的税收管辖权，包括税务机关与海关。纳税主体包括电子商务的经营者、消费者及电子商务平台经营者。

2. 电子商务税收法律关系客体

电子商务税收法律关系客体包括有形产品、无形产品（非实体商品的虚拟化物品——非实体商品的虚拟化物品即数字化商品，是电子商务特有的，具有虚拟性）。

3. 电子商务税收法律关系内容

电子商务税收法律关系内容即主体的权利义务。电子商务税收征纳双方所享有的权利义务，与传统税收征纳主体的权利义务没有区别。电子商务纳税主体除履行《中华人民共和国税收征收管理法》（以下简称《税收征收管理法》）规定的义务，还应根据电子商务特性履行电子纳税申报、在网站首页公示税收登记号、接受电子税务监管等特殊义务。

7.2.3　电子商务税收法律法规

电子商务税收法律法规分为电子商务税收实体法律法规与电子商务税收程序法律法规。电子商务税收实体法律法规包括流转税法律法规、所得税法律法规及印花税法律法规；电子商务税收程序法律法规包括税收确定法律法规、税款征收法律法规、税务检查法律法规和税务救济解决法律法规。

1. 电子商务流转税法律法规

（1）电子商务增值税法律法规。

电子商务增值税的特殊性在于商品流转过程中采取的是电子商务方式交易而非传统实物交易，但交易方式变化并不能影响增值税对商品增值额征税的本质属性，因此，电子商务增值税法律制度沿用现有的增值税法律制度。《中华人民共和国增值税暂行条例》是增值税的基本法。2016 年 5 月 1 日起我国全面推开"营改增"试点，同时适用财政部、国家税务总局发布的《财政部 国家税务总局关于全面推开营业税改征增值税试点的通知》（财税〔2016〕36 号）。

财政部、国家税务总局 2016 年 3 月 23 日发布《财政部 国家税务总局关于全面推开营业税改征增值税试点的通知》（财税〔2016〕36 号），自 2016 年 5 月 1 日起试点，其附件《销售服务、无形资产、不动产注释》规定销售服务中的现代服务包括信息技术服务。信息技术服务中的信息系统增值服务，是指利用信息系统资源为用户附加提供的信息技术服务，包括数据处理、分析和整合、数据库管理、数据备份、数据存储、容灾服务、电子商务平台等。因此，电子商务平台按照征收现代服务征收增值税。

财政部、国家税务总局 2007 年 9 月 3 日发布的《财政部 国家税务总局关于调整音像制品和电子出版物进口环节增值税税率的通知》（财关税〔2007〕65 号）规定，自 2007 年 9 月 15 日起将音像制品和电子出版物的进口环节增值税税率由 17% 下调至 13%。自 2019 年 4 月 1 日起，增值税的基本税率由 16% 下调至 13%，而 2007 年音像制品和电子出版物进口环节的增值税税率就已降至 13%。

财政部、国家税务总局于 2013 年 12 月 30 日发布的，2014 年 1 月 1 日起执行的《财政部 国家税务总局关于跨境电子商务零售出口税收政策的通知》（财税〔2013〕96 号）规定：退（免）税、免税政策的电子商务出口企业，是指自建跨境电子商务销售平台的电子商务出口企业和利用第三方跨境电子商务平台开展电子商务出口的企业。除财政部、国家税务总局明确不予出口退（免）税的货物，电子商务出口企业出口货物，同时符合四项条件，适用增值税退（免）税政策。不符合规定条件的电子商务出口企业出口货物，同时符合三项条件，适用增值税免税政策。

2018 年 10 月 1 日起执行的《财政部 税务总局 商务部 海关总署关于跨境电子商务综合试验区零售出口货物税收政策的通知》（财税〔2018〕103 号）规定以下政策。对综合试验区电子商务出口企业出口未取得有效进货凭证的货物，同时符合下列条件的，试行增值税、消费税免税政策：一是电子商务出口企业在综合试验区注册，并在注册地跨境电子商务线上综合服务平台登记出口日期、货物名称、计量单位、数量、单价、金额；二是出口货物通过综合试验区所在地海关办理电子商务出口申报手续；三是出口货物不属于财政部和税务总局根据国务院决定明确取消出口退（免）税的货物。

（2）电子商务消费税法律制度。

消费税是在增值税基础上针对 15 个特定商品加征的一种税。《中华人民共和国消费税暂行条例》是消费税的基本法律。电子商务交易对象如果属于消费税税目，依法对其征收消费税。

财政部、国家税务总局于 2013 年 12 月 30 日发布的，2014 年 1 月 1 日起执行的《财政部 国家税务总局关于跨境电子商务零售出口税收政策的通知》（财税〔2013〕96 号），以及财政部、税务总局、商务部、海关总署 2018 年 9 月 28 日联合发布的，2018 年 10 月 1 日起执行的《财政部 税务总局 商务部 海关总署关于跨境电子商务综合试验区零售出口货物税收政策的通知》（财税〔2018〕103 号），均规定了对电子商务出口企业出口货物免征消费税的条件，其条件与免征增值税相同。

财政部、海关总署、国家税务总局于 2016 年 3 月 24 日联合发布的，自 2016 年 4 月 8 日起执行的《财政部 海关总署 国家税务总局关于跨境电子商务零售进口税收政策的通知》（财关税〔2016

18 号）规定，B2C 即企业对消费者模式的进口消费税政策与增值税的相同。2019 年 1 月 1 日起执行的《财政部 海关总署 国家税务总局关于完善跨境电子商务零售进口税收政策的通知》（财关税〔2018〕49 号）规定进口消费税政策与增值税的相同。

（3）电子商务关税法律制度。

《中华人民共和国进出口关税条例》是关税的基本法律，跨境电子商务零售进口涉及征收进口关税。

财政部、海关总署、国家税务总局于 2016 年 3 月 24 日联合发布的，自 2016 年 4 月 8 日起执行的《财政部 海关总署 国家税务总局关于跨境电子商务零售进口税收政策的通知》（财关税〔2016〕18 号），规定了 B2C 即企业对消费者模式的进口税收政策。一是跨境电子商务零售进口商品按照货物征收关税，购买跨境电子商务零售进口商品的个人作为纳税义务人，以实际交易价格（包括货物零售价格、运费和保险费）作为完税价格，电子商务企业、电子商务交易平台企业或物流企业可作为代收代缴义务人；二是明确跨境电子商务零售进口税收政策的适用范围。三是跨境电子商务零售进口商品的单次交易限值为人民币 2 000 元，个人年度交易限值为人民币 20 000 元。在限值以内进口的跨境电子商务零售进口商品，关税税率暂设为 0%。超过单次限值、累加后超过个人年度限值的单次交易，以及完税价格超过 2 000 元限值的单个不可分割商品，均按照一般贸易方式全额征税；四是跨境电子商务零售进口商品自海关放行之日起 30 日内退货的，可申请退税，并相应调整个人年度交易总额。

财政部、海关总署、国家税务总局于 2018 年 11 月 29 日发布的，自 2019 年 1 月 1 日起执行的《财政部 海关总署 国家税务总局关于完善跨境电子商务零售进口税收政策的通知》（财关税〔2018〕49 号）规定：将跨境电子商务零售进口商品的单次交易限值由人民币 2 000 元提高至 5 000 元，年度交易限值由人民币 20 000 元提高至 26 000 元。完税价格超过 5 000 元单次交易限值低于 26 000 元年度交易限值，且订单下仅一件商品时，可以自跨境电商零售渠道进口，按照货物税率全额征收关税，交易额计入年度交易总额，但年度交易总额超过年度交易限值的，应按一般贸易管理。

2. 电子商务所得税法律法规

（1）电子商务企业所得税法律法规。

《中华人民共和国企业所得税法》是企业所得税的基本法律。电子商务交易双方如果是企业所得税纳税人，应沿用现有的企业所得税法律制度。

国家税务总局于 2019 年 10 月 26 日发布的，自 2020 年 1 月 1 日起施行的《关于跨境电子商务综合试验区零售出口企业所得税核定征收有关问题的公告》（以下简称《公告》）是为支持跨境电商新业态发展，推动外贸模式创新，有效配合《关于跨境电子商务综合试验区零售出口货物税收政策的通知》（财税〔2018〕103 号）落实工作，配合落实"无票免税"政策而出台的更加便利企业的所得税核定征收办法，其能促进跨境电子商务企业更好地开展出口业务。其从核定征收范围、条件、方式、程序、优惠政策等方面对综合试验区内跨境电子商务企业核定征收企业所得税相关事项进行了规定，旨在为综合试验区内跨境电商企业提供更为便利的操作办法。

（2）电子商务个人所得税法律法规。

《中华人民共和国个人所得税法》是个人所得税的基本法律。电子商务经营者包括自然人、法人和非法人组织。如果电子商务经营者是自然人，其通过电子商务交易取得的纯所得，应依法缴纳个人所得税。电子商务经营者如果是个人独资企业业主、合伙企业的自然人及个体工商户，其通过电子商务交易取得的纯所得，亦应依法缴纳个人所得税。

国务院于 2018 年 12 月 13 日发布的，自 2019 年 1 月 1 日起施行的《国务院关于印发个人所得税专项附加扣除暂行办法的通知》（国发〔2018〕41 号）规定了个人所得税的综合所得专项附加扣除具体办法。2019 年 12 月 7 日，财政部、国家税务总局发布的《财政部 税务总局关于个人所得税综合所得汇算清缴涉及有关政策问题的公告》，规定了个人所得税综合所得汇算清缴相关内容。

3. 电子商务印花税法律法规

《中华人民共和国印花税法》是印花税的基础法律。电子商务交易双方若存在书立应税凭证、进行证券交易的行为应依法缴纳印花税[①]。

《印花税法》第十二条的（八）规定下列凭证免征印花税：个人与电子商务经营者订立的电子订单。因此，电子商务经营者和个人订立的电子订单免征印花税。个人在电子商务经营者下单后，发票要求开给企业，虽然是企业采购和取得发票，但是因为印花税的纳税义务是在书立时确认的，所以也应属于免税订单，不应按发票确认。但如果用户账号是企业账户，在货运 App 上提交订单，则不属于免征印花税的订单，需要按运输合同双方缴纳印花税。此外，企业账户在线上提交订单即视为合同书立。

4. 电子商务税收确定法律法规

（1）电子商务税务登记法律法规。

《税收征收管理法》第二章税务管理第一节是税务登记。国家税务总局 2003 年 11 月 20 日发布的，自 2004 年 2 月 1 日起施行的《税务登记管理办法》（国家税务总局令第 7 号）是税务登记的直接法律规范。2006 年 3 月 16 日国家税务总局发布《财政部 国家税务总局关于完善税务登记管理若干问题的通知》（国税发〔2006〕37 号），2007 年 5 月 18 日国家税务总局发布《财政部 国家税务总局关于进一步加强个体工商户税务登记管理的通知》。

电子商务税收登记的主体是电子商务经营者，包括电子商务平台经营者、平台内经营者以及通过自建网站、其他网络服务销售商品或者提供服务的电子商务经营者。《电子商务法》第十一条规定：电子商务经营者应当依法履行纳税义务，并依法享受税收优惠。依照前款规定不需要办理市场主体登记的电子商务经营者在首次纳税义务发生后，应当依照税收征收管理法律、行政法规的规定申请办理税务登记，并如实申报纳税。

（2）电子商务账簿凭证管理法律法规。

为保证纳税人真实记录其经营活动，客观反映有关纳税的信息资料，防止纳税人伪造、变造、

---

① 《中华人民共和国印花税法》生效日期是 2022 年 7 月 1 日，在此之前仍然适用《印花税暂行条例》。

隐匿、擅自销毁账簿和记账凭证，《税收征收管理法》第二章税务管理第二节规定了账簿、凭证管理的相关内容。《中华人民共和国会计法》《中华人民共和国会计法实施细则》第二章均是会计核算，规定了会计账簿、会计凭证、财务会计报告和其他会计资料。

纳税人、扣缴义务人会计制度健全，能够通过计算机正确、完整地计算其收入和所得或者代扣代缴、代收代缴税款情况的，其计算机输出的完整的书面会计记录，可视同会计账簿。纳税人使用计算机记账的，应当在使用前将会计电算化系统的会计核算软件、使用说明书及有关资料报送主管税务机关备案。纳税人建立的会计电算化系统应当符合国家有关规定，并能正确、完整地核算其收入或者所得。

（3）电子商务纳税申报法律法规。

电子商务纳税申报是指经税务机关批准的纳税人通过电话语音、电子数据交换和网络传输等形式办理的纳税申报。

《税收征收管理法》第二章税务管理第三节规定了纳税申报的相关内容，《中华人民共和国税收征收管理法实施细则》（以下简称《税收征收管理法实施细则》）第四章规定了纳税申报，纳税人采用电子方式办理纳税申报的，应当按照税务机关规定的期限和要求保存有关资料，并定期书面报送主管税务机关。《国家税务总局关于发布〈网上纳税申报软件管理规范（试行）〉的公告》规定了加强网上纳税申报软件的管理，优化纳税服务，确保纳税人申报的电子涉税数据准确、完整、安全。2015 年 9 月，《"互联网+税务"行动计划》提出：为纳税人提供便捷高效的网上申报纳税平台，实现申报纳税网上办理全覆盖和资料网上采集全覆盖。借助银行等金融机构的第三方信息，探索自然人实名认证、在线开户，逐步通过互联网实现面向自然人的个人所得税、车船税申报纳税等业务。《电子商务法》规定：不需要办理市场主体登记的电子商务经营者在首次纳税义务发生后，应当依照税收征收管理法律、行政法规的规定申请办理税务登记，并如实申报纳税。

（4）电子商务发票管理法律法规。

电子发票是指单位和个人在购销商品、提供或者接受服务，以及从事其他经营活动中，按照税务机关要求的格式，使用税务机关确定的开票软件开具的电子收付款凭证。电子商务因其无纸化而使用电子发票。

《税收征收管理法》第二章税务管理第二节账簿、凭证管理规定了发票制度。为了加强发票管理和财务监督，保障国家税收收入，维护经济秩序，根据《税收征收管理法》，1993 年 12 月 23 日，财政部发布并施行了《中华人民共和国发票管理办法》（国函〔1993〕174 号）。该办法是发票管理的直接法律依据。2015 年 11 月 26 日，国家税务总局发布《国家税务总局关于推行通过增值税电子发票系统开具的增值税电子普通发票有关问题的公告》（国家税务总局公告 2015 年第 84 号）。2017 年 3 月 21 日，国家税务总局发布《国家税务总局关于进一步做好增值税电子普通发票推行工作的指导意见》（税总发〔2017〕31 号）。2018 年 7 月 23 日，国家税务总局发布《国家税务总局关于增值税电子普通发票使用有关事项的公告》（国家税务总局公告 2018 年第 41 号）。《电子商务法》第十四条规定：电子商务经营者销售商品或者提供服务应当依法出具纸质发票或者电子发票等购货凭证或者服务单据。电子发票与纸质发票具有同等法律效力。2019年7月22日，《国家税务总局关于〈发布企业自建和第三方电子发票服务平台建设标准规范〉的通知》（税总发〔2019〕84号），明确了电子发票服务平台的业务功能及服务、技术、安全、运维等测评等要求，自2019年6月30日起实施。2020年12月20日，国家税务总局发布的《国家税务总局关于在新办纳税人中实行增值税专用发票电子化有关事项的公告》（国家税务总局公告2020年第22号），对增值税专用发票的电子化及其管理进行规范。

5. 电子商务税款征收法律法规

税款征收是国家税务机关依照税收法律法规将纳税人应缴纳的税款组织征收入库的一系列活动的总称。税款征收是税收征收管理工作的中心环节，它既是纳税人依法履行纳税义务的重要体现，也是税收征收管理工作的目的和归宿。电子商务作为交易方式并不改变税款征收方式，因此应遵循税款征收基本制度。

《税收征收管理法》第三章税款征收包括：税款征收方式、应纳税额的核定及调整、应纳税款的缴纳和入库等税款征收的基本制度；纳税担保、税收保全、税收强制执行、税收代位权与撤销权、税收优先权、欠税清缴等税款征收的保障制度；税收减免、多缴税款的退还、未缴或少缴税款的补缴和追征等税款入库制度。《中华人民共和国税收征收管理法实施细则》第四十条规定，税务机关应当根据方便、快捷、安全的原则，积极推广使用支票、银行卡、电子结算方式缴纳税款。国家税务总局于2005年5月24日发布，自2005年7月1日起施行的《纳税担保试行办法》（国家税务总局令第11号）。2007年3月5日，国家税务总局发布施行《国家税务总局关于税务机关实施税收保全措施有关问题的通知》（国税发〔2007〕24号）。2011年1月12日，国家税务总局发布施行《国家税务总局关于严格执行税款退库办理制度的通知》（国税函〔2011〕19号）。国家税务总局于2014年3月25日发布，自2014年9月1日起施行的《税款缴库退库工作规程》（国家税务总局令2014年第31号）。《"互联网+税务"行动计划》提出：明确电子数据的法律效力和配套规章，探索纳税人缴税和退税新模式，修订配套规章和制度，保障纳税人涉税事项备案、审批、缴税等全程无纸化。

6. 电子商务税务检查法律法规

税务检查是税务机关根据税收法律、行政法规的规定对纳税人、扣缴义务人履行纳税义务和扣缴义务的情况进行监督、审查和处理的总称。电子商务企业与传统企业并无本质区别，只是销售载体不同，电子商务税务检查程序依照《税收征收管理法》的规定进行。

《税收征收管理法》第四章税务检查、《税收征收管理法实施细则》第六章税务检查，规定了税务机关享有账证检查、场地检查、责成提供资料、询问、交通邮政检查、存款账户检查等检查权；履行出示税务检查证和税务检查通知书、保密、回避等义务。纳税人及扣缴义务人有拒绝非法检查权与保密权；接受检查、如实反映情况、提供有关资料等义务。电子商务的数字化、无纸化、跨省区甚至跨境结算的交易方式，给税务检查定性带来困难。无纸化网上交易，交易合同、订单销售票据等都以加密的电子票据形式存在，使以发票、凭证、账簿和报表为依据的税务检查失去了最直接的凭证依据。计算机网络加密系统给税务检查设置了防护屏障。以往税务机关通过查阅银行账户收支情况得到纳税人有关交易数据，以此判断其申报的收入情况是否属实，而电子货币的结合使用，使这种监督机制的作用明显降低。

7. 电子商务税务救济法律法规

税务救济是国家机关为排除税务具体行政行为对税收相对人合法权益的侵害，通过解决税收争议，制止和矫正违法或不当的税收行政侵权行为，从而使税收相对人的合法权益获得补救的法律制度的总称。税务救济方式包括税务行政复议、税务行政诉讼及税务行政赔偿。电子商务只是交易方式，并不改变税务救济程序，因此，电子商务税务救济程序包括电子商务税务行政复议、电子商务税务行政诉讼及电子商务税务行政赔偿。

（1）电子商务税务行政复议法律法规。

税务行政复议是指当事人不服税务机关及其工作人员作出的税务具体行政行为，认为税务具体行政行为侵犯其合法权益，依法向上一级税务机关提出申请，复议机关经审理对原税务机关具体行政行为依法作出维持、变更、撤销等决定的活动。税务行政复议的目的是发挥行政复议解决税务行政争议的作用，保护公民、法人和其他组织的合法权益，监督和保障税务机关依法行使职权。

《中华人民共和国行政复议法》是税务行政复议基本法，《税务行政复议规则》是税务行政复议特别法。主要内容包括：①救济主体：公民、法人和其他组织认为税务机关的具体行政行为侵犯其合法权益，可以书面或口头向税务行政复议机关申请行政复议。②救济途径：对各级税务局的具体行政行为不服的，向其上一级税务局申请行政复议。对税务所（分局）、各级税务局的稽查局的具体行政行为不服的，向其所属税务局申请行政复议。③救济期限：申请人可以在自知道税务机关作出具体行政行为之日起六十日内提出行政复议申请。

知识拓展 7-4

关于《中华人民共和国行政复议法》的内容，请扫描二维码阅读。

知识拓展 7-4

知识拓展 7-5

关于《税务行政复议规则》的内容，请扫描二维码阅读。

知识拓展 7-5

（2）电子商务税务行政诉讼法律法规。

税务行政诉讼是指纳税人认为征税机关的具体行政行为侵犯了其合法权益，向法院提起行政诉讼并由法院作出裁决的诉讼制度，其既包括纳税人对法院直接起诉，也包括纳税人对征税行为提起行政复议后对行政复议结果不服向法院提起的诉讼。税务行政诉讼原告是税收相对人，包括纳税人、扣缴义务人及其他税收相对人。被告是作出具体行政行为的税务机关。税务行政诉讼的对象只能是税务机关作出的税务具体行政行为。对于税务机关作出的抽象行政行为、内部行政行为和国家行为不得提起税收行政诉讼。

《中华人民共和国行政诉讼法》（以下简称《行政诉讼法》）是税务行政诉讼基本法，《税收征管法》是税务行政诉讼特别法。主要内容包括：①救济主体：公民、法人或者其他组织认为税务机关和税务工作人员的行政行为侵犯其合法权益，有权按照《行政诉讼法》向人民法院提起行政诉讼。②救济途径：申请人对征税行为不服的，应当先向行政复议机关申请行政复议；对行政复议决定不服的，可以向人民法院提起行政诉讼。申请人对征税行为以外的其他具体行政行为不服的，可以申请行政复议，也可以直接向人民法院提起行政诉讼。③救济期限：公民、法人或者其他组织直接向人民法院提起诉讼的，应当自知道或者应当知道作出行政行为之日起六个月内提出。法律另有规定的除外。公民、法人或者其他组织不服复议决定的，可以在自收到复议决定书之日起十五日内向人民法院提起诉讼。复议机关逾期不作出决定的，申请人可以在自复议期满之日起十五日内向人民法院提起诉讼。法律另有规定的除外。

（3）电子商务税务行政赔偿法律法规。

税务行政赔偿是指税务机关和税务机关工作人员违法行使税收征管职权，对纳税人合法权益造成损害的，由国家承担赔偿责任，并由致害的税务机关具体履行义务的法律救济制度。税务行政赔偿的侵权主体是行使国家税收征管职权的税务机关及其工作人员，税务机关及其工作人员行使税收征管职权的行为违法，存在合法权益受到损害的事实，违法行为与损害后果有因果关系。

《中华人民共和国国家赔偿法》是税务行政赔偿的基本法。主要内容包括：①救济主体：税务机关及其工作人员、受税务机关委托的组织或个人违法行使职权侵犯公民、法人和其他组织的合法权益造成损害的，受害的公民、法人和其他组织有权要求赔偿。②救济途径：赔偿请求人可以采取书面或口头形式自行向作为赔偿义务机关的税务机关提起行政赔偿申请，也可以委托他人提起行政赔偿申请。③救济期限：赔偿请求人请求国家赔偿的时效为两年，自其知道或者应当知道国家机关及其工作人员行使职权时的行为侵犯其人身权、财产权之日起计算，但被羁押等限制人身自由期间不计算在内。在申请行政复议或提起行政诉讼时一并提出赔偿请求的，适用行政复议法、行政诉讼法有关时效的规定。

7.3 跨境电子商务税收

7.3.1 国际电子商务税收模式

1. 国际电子商务免税模式

采用国际电子商务免税模式的代表国家有美国与日本。其理由是电子商务处于发展壮大阶段，征税不利于其发展，而立法技术和信息手段还不够成熟，对电子商务征税将会破坏税收公平等税收原则。未来即使已建立电子商务税制，也应当实行部分免税。提倡国际电子商务免税的国家和地区，主要是电子商务（特别是跨境电子商务）发展处于领先地位的国家和地区，免税模式有利于它们保持作为净输出国的经济利益，维护自身领先地位。

2. 国际电子商务征税模式

采用国际电子商务征税模式的代表组织和国家有 WTO、OECD、欧盟以及新加坡、印度等。其理由是对电子商务免税将会使国家丧失巨额财政收入，从而严重损害财政平衡和税收公平性。国际电子商务征税模式又可以分为税收中性模式和新税模式。税收中性模式以欧盟为代表，主张沿用现行税收制度，不再单独创设新税种，其理由是引进新的税收制度将会导致重复征税，而新的税收制度不仅可能无法解决实际交易和税收管辖权间的冲突，还可能导致税收征管成本上升。提倡新税模式的国家和地区主要有印度和泰国。

知识拓展 7-6

关于跨境电子商务对国际税收的影响，请扫描二维码阅读。

知识拓展 7-6

7.3.2 跨境电子商务税收规范

1. 跨境电子商务税收的特点

（1）税收主体国际化。

跨境电子商务依托互联网进行，互联网可以连接来自各个国家和地区的企业、个人销售者以及消费者。只需一台服务器或者网络终端，交易双方就可以在任何一个国家和地区完成交易行为，无需通过具有物理存在的厂商或常设机构进行，因而税收主体具有国际化特征。

（2）征税对象虚拟化。

和传统商务活动相比，依托互联网进行的跨境电子商务交易，具有征税对象虚拟化的特点。跨境电子商务交易对象除了传统货物贸易，还有无实物交易的服务贸易。虽然软件、音乐等存在实体形式，但无法按照光盘来界定征税对象的商品。

（3）交易环节分散化。

跨境电子商务交易过程中，经常出现纳税主体注册地为 A 地、使用的服务器在 B 地、双方签约地为 C 地、货物交易地为 D 地、网络结算账户设立在 E 地的情况，交易环节非常分散，模糊了所得来源，甚至在一宗跨境电子商务交易完成后，出现无法确定该次交易中销售方的管理控制中心位于何地的情形。企业可以通过互联网平台完成跨境资源配置，最终导致税源分散在各地，出现涉税各国无税可收的局面。

2. 跨境电子商务税收管辖权

（1）跨境电子商务对税收管辖权的影响。

国际税收管辖权分为来源地税收管辖权和居民税收管辖权。

① 对来源地税收管辖权原则的挑战。来源地税收管辖权原则的核心是确定所得"来源地"，通过分析某项所得与特定地理位置之间的联系来决定适用的税法条款。跨境电子商务活动的数字化、虚拟化及隐匿化，致使所得性质及常设机构难以确定，给税务当局认定跨境电子商务的收入来源地带来巨大障碍。

② 对居民税收管辖权原则的挑战。网络平台具有较强的开放性，难以根据跨境电子商务主体的交易行为判定其为哪国居民，因为一次商务活动可能在不同国家的互联网平台上完成交易，而且销售方和消费者可以在交易环节加密 IP 地址、隐匿真实身份，造成自然人居民身份认定困难、法人居民身份难以认定的情况，从而使网络交易者身份的判定具有不确定性。

知识拓展 7-7

关于国际税收管辖权分类的内容，请扫描二维码阅读。

知识拓展 7-7

（2）跨国电子商务管辖权确定的国际经验。

① OECD 跨境电子商务税收范本（以下简称"OECD 范本"）和联合国协定范本（以下简称"UN 范本"）。OECD 范本与 UN 范本均认为，传统税收管辖权下的常设机构标准仍然能够在电子商务环境中适用，但应当结合电子商务，特别是跨境电子商务的特点进行相应修改，丰富常设机构的内涵，扩大常设机构的外延。OECD 范本将符合一定条件的服务器定义为常设机构，UN 范本采用功能等同的方法，即根据网址能够实现与固定营业场所、设施或者营业代理人等同的功能，从而来判定其是否可以在来源地构成常设机构。由于两个范本均在一定程度上存在可操作性不足、判定过于严苛的弊端，所以在执行过程中出现判定困境、部分国家税收管辖权行使困难的局面，继而使国际税收利益分配不公平的情况出现。

② 欧盟规定。欧盟规定所有以数字商品和服务等无形商品为交易对象的电子商务企业必须在欧盟的某个成员方完成税收登记并且缴纳增值税，收到增值税税费的国家税务机关最终负责将税费转移至消费者所在国家。欧盟规定将购买产品或者接受服务一方所在地判定为收入来源地，并且由该来源地实施税收管辖权，由电子商务活动的消费者承担纳税义务是来源地税收管辖权原则的体现，保障了所得来源地的税收利益。

我国是发展中国家，如果在电子商务领域继续沿用传统的常设机构原则，将会影响我国税收利益。我国应以来源地税收管辖权原则优先、以虚拟常设机构为主要判定标准对电子商务征税，维护国家税收利益。

3. 跨境电子商务反国际避税

跨境电子商务反避税的国际经验主要内容如下。

① 强制披露制度。基于交易方法的披露制度，监管部门会主动对纳税义务人可能诱发税基侵蚀的交易进行详细调查；基于税收筹划的披露制度，要求纳税人和税收筹划方披露筹划方法和目的。

② 降低跨境电子商务企业所得税税率。所得税税率差异是跨境电子商务企业在不同国家之间进行税收筹划的主要原因。为避免企业利用不同国家之间的所得税税率差异进行转移定价和利润，可通过降低跨境电子商务企业所得税税率来解决企业避税问题。

③ 定价转移避税的反避税规制。重新定义受控外国公司规则，在判断法律实体是否受控时，不仅要考察控股比例，还要考察经济因素和实质控制情况。提高受控公司的豁免门槛要求，包括制定最低门槛测试及税率豁免，修改受控外国公司所得的判定标准。

7.3.3 跨境电子商务税收国际协作

1. 参与制定双边税收协定文本

（1）参与制定双边税收协定的目的。

签订双边税收协定，能够妥善解决税收管辖权不同带来的双重征税或者双重不征税问题，保护所得来源地税基不受侵蚀。双边税收协定的签署双方可以约定同一行为的税种、税率、收入认定标准和交易规范，明确对等的权利义务，以平衡区域乃至全球税收秩序。

（2）参与制定双边税收协定的内容。

包括我国在内的大部分国家，在签订双边或者多边税收协定时，在很大程度上受到 OECD 范本及 UN 范本的制约，主要包括以下内容。

① 征税权的划分和税收协定的适用范围。两个税收协定范本都将来源地原则确定为协定优先考虑的管辖权原则，通过纳税人的居住地进行免税或者税收抵免的方式避免双重征税。

② 常设机构的约定。两个范本都对常设机构的含义做出了明确约定，即常设机构是指企业进行全部或部分营业活动的固定场所。

③ 预提税的税率限定。OECD 范本将预提税税率限制得很低，而 UN 范本并未明确规定预提税税率，而是提出缔约双方根据各自实际情况进行谈判来确定双边税收协定的预提税限定税率，不同双边税收协定之间不需要达成一致或者接近税率。

④ 税收无差别待遇。税收无差别待遇包括国籍无差别待遇、常设机构无差别待遇、支付扣除无差别待遇及资本无差别待遇。

⑤ 避免国际逃避税条款。措施主要包括税收情报交换以及转移定价条款。

⑥ 在双边税收协定中增加跨境电子商务适用条款。应当充分评估电子商务特别是跨境电子商务对税收制度的影响，积极倡导引入针对跨境电子商务的税收协定，建立相应的协调机制，形成各国

税收利益平衡的共赢局面。

2. 加强国际税收情报交换工作

加强国际税收情报交换工作的目的。

① 国际税收情报交换能够有效打击税款偷逃的行为，有利于跨境征收税款，能够有效避免重复征税的发生，保护纳税主体在跨国经营中的合法权益。

② 加强国际税收情报交换工作可完善我国现行税收情报交换法律体系，使我国积极参与国际税收情报规则制定，健全完善国际税收情报收集机制以保障交换机制的运行效率，加强与各国税务机关的国际之间税务合作。

3. 通过国际协作避免重复征税

（1）电子商务国际重复征税。

跨境电子商务国际重复征税问题的产生根源即居民管辖权和来源地管辖权的冲突。即使在同为来源地税收管辖权原则的前提下，国际重复征税的问题也会因为电子商务交易地点的不确定性和对各国常设机构原则的不同理解而产生。

（2）避免国际重复征税的方法。

① 扣除法。扣除法是指居住国政府在行使居民（公民）管辖权时，允许本国居民（公民）将已经缴纳给非居住国政府的所得税或者一般财产税的税额，在向本国政府汇总申报应税所得、收益或者一般财产价值时，视为税前扣除项予以扣除。居住国向企业征税时，仅就扣除后的部分计算征收所得税或者一般财产税。扣除法虽然能够在一定程度上减轻纳税人的税负，但是并不能完全消除国际重复征税，这种方法已经较少被采用。

② 免税法。免税法也被称为"豁免法"，是指居住国政府对本国居民纳税人所得来自来源国的，并且已经向来源国纳税的跨国所得，在一定条件下放弃居民税收管辖权，允许居民纳税人不将该部分收入计入应纳税所得额，在本国免于征税。免税法能够完全避免居民税收管辖权和来源地税收管辖权的重叠交叉，防止重复征税。一般适用于跨国营业利润、个人劳务所得，还包括财产所得，多适用于居住国为单一实行来源地管辖权的国家。

③ 抵免法。抵免法全称为外国税收抵免法，指居住国居民以居民纳税人的境内外所得或者一般财产价值的全额为基数计算其应纳税额，但对居民纳税人已经在来源国缴纳的所得税税额或者财产税税额，允许从向居住国的应纳税额中扣除。

关键术语

电子商务税收　电子商务税收体系　电子商务纳税主体　电子商务征税对象

电子商务税率　电子商务发票管理　电子商务税收法律关系　跨境电子商务税收管辖权

基本知识与原理

1. 电子商务税收体系的构成

2. 电子商务税收要素的构成

3. 电子商务税务管理制度的内容

4. 电子商务税收法律法规的主要内容

5. 跨境电子商务税收管辖权

6. 跨境电子商务反国际避税方法

思考与练习

一、选择题

1. 我国电子商务税收体系不包括（　　）。

    A. 流转税　　　　　　B. 所得税　　　　　　C. 印花税　　　　　　D. 财产税

2. 下列哪些主体不是电子商务交易的纳税主体（　　）。

    A. 电子商务经营者　　　　　　　　　　B. 电子商务消费者

    C. 电子商务平台经营者　　　　　　　　D. 电子商务中介

3. 下列关于电子商务交易征税对象的表述，正确的是（　　）。

    A. 电子商务交易的征税对象包括货物、劳务、所得

    B. 数字化产品与数字化服务是电子商务交易新型征税对象

    C. 以互联网作为交易媒介在线销售的商品，按照传统征税方式征税

    D. 通过网络下载传播的非实体商品的虚拟化物品不是电子商务交易征税对象

4. 电子商务税务救济程序不包括（　　）。

    A. 电子商务税务调解　　　　　　　　　B. 电子商务税务行政复议

    C. 电子商务税务行政诉讼　　　　　　　D. 电子商务税务行政赔偿

5. 电子商务国际税收管辖权不包括（　　）。

    A. 来源地税收管辖权　　　　　　　　　B. 居民税收管辖权

    C. 非居民税收管辖权　　　　　　　　　D. 公民税收管辖权

二、填空题

1. 电子商务纳税主体是指在电子商务交易中，依法负有_____的主体。

2. 电子商务经营者销售商品或者提供服务应当依法出具_____等购货凭证或者服务单据。

3. 电子商务经营者应当依法履行纳税义务，并依法享受_____。

4．跨境电子商务平台企业对跨境电子商务零售进口商品及购买跨境电子商务零售进口商品的个人，履行_____义务。

5．我国应以_____为主要判定标准对跨境电子商务征税。

三、思考题

1．试述电子商务税收要素的构成。

2．试述电子商务税务管理制度的内容。

3．试述跨国电子商务管辖权国际经验的借鉴。

四、案例分析

跨境电子商务涉税案例——走私血糖试纸的淘宝店主被抓

李某是一家经营多年的淘宝店的店主，其淘宝店主要销售进口血糖试纸、进口血糖仪等医用器械。在经营过程中，李某发现，进口血糖试纸由于质量好，销售量一直在其淘宝店居首位。由于需求量大增，李某急于寻求进货渠道，在此过程中他发现，如果从一些正规的医疗器械公司批发进口血糖试纸在淘宝店销售，成本较高，利润低。

此后李某在网上找到了一家公司，该公司称其能从韩国包税购买进口血糖试纸，包税清关、时效快，价格比市场同种血糖试纸价格低很多。李某认为这个公司是包税进口的，是正常清关缴税的，不是走私的血糖试纸。随后，李某通过这个公司大量购买进口血糖试纸，并通过其淘宝店向全国销售。

然而，令他想不到的是，流亭机场海关缉私分局以走私普通货物罪对这家公司及李某采取强制措施，随后青岛市人民检察院将李某等人批捕，青岛市中级人民法院依法判定了李某偷逃了海关应缴税额近300万元，构成了走私普通货物罪。李某最终被判处有期徒刑3年，缓刑5年，其淘宝店也被查封，禁止销售走私的血糖试纸。

讨论题：

根据案例，结合电子商务税收相关法律法规，回答下列问题。

1．跨境电子商务关税法律制度包括哪些？

2．本案例涉及哪些跨境电子商务关税法律规定？

【学习目标】

1. 掌握电子商务治理及监管的主体
2. 掌握电子商务治理及监管模式的特点
3. 掌握电子商务治理及监管的内容
4. 掌握电子商务治理及监管的措施
5. 掌握我国电子商务生态治理的适用范围
6. 掌握促进电子商务发展的相关内容

微课扫一扫

第8章

【本章重点】

1. 电子商务治理及监管的范围
2. 电子商务治理及监管的措施
3. 我国电子商务生态治理的适用范围

【导入案例】

重庆市万州区浦某通过微信无照经营口罩案

案情：2020年2月24日，重庆市万州区市场监管局接到举报，反映浦某通过微信无证无照销售民用防护口罩。经查，发生新冠肺炎疫情后，口罩紧缺，当事人嗅到商机，便于2020年1月26日开始利用个人微信账号开展进销口罩的经营活动，并未依法办理营业执照。

裁判结果：当事人上述行为违反了《无证无照经营查处办法》第二条规定，构成无照经营行为。重庆市万州区市场监管局根据《无证无照经营查处办法》第十三条规定，作出没收违法所得16 500元，罚款5 000元的行政处罚。

意义：新冠肺炎疫情发生以来，市场监管部门迅速行动，持续加强防疫用品及生活必需品等市场检查，从严从快查处违法行为，有力维护了疫情防控期间的市场秩序。本案中，当事人利用防疫前期防疫用品紧缺、民众防疫心切的心理等，以牟利为目的，通过社交平台的微信账号购进并销售口罩，在其整个经营活动中并未依法办理营业执照。借由此案的查办，市场监管部门明确，除《电子商务法》第十条规定的利用自己的技能从事依法无需取得许可的便民劳务活动、零星小额交易无需办理市场主体登记的情况，无论是在电商平台，抑或是在社交平台，只要开展了经营活动，都必须依法办理市场主体登记。

8.1 电子商务治理及监管

《电子商务法》第七条规定："国家建立符合电子商务特点的协同管理体系，推动形成有关部门、电子商务行业组织、电子商务经营者、消费者等共同参与的电子商务市场治理体系。"这一规定意味着公共治理这一新型监管模式被运用于电子商务监管领域。电子商务的活动虚拟性、复杂性和不确定性等特征决定其市场监管应采取协同治理的模式。电子商务的治理与监管在整个电子商务运行中占很重要的地位，本节将重点介绍电子商务治理及监管的主体和客体、内容以及措施等相关内容。

8.1.1 电子商务治理及监管的主体和模式特点

1. 电子商务治理及监管的主体

打造共治共建共享的社会治理格局，推进我国治理体系和治理能力现代化，全面加强制度建设，治理理念与治理制度化成为我国今后社会治理的主要观念及基本路径。社会治理涉及诸多领域，其中，电子商务治理是一个备受关注的领域。加强我国电子商务治理，就是要推进电子商务领域的协同治理。

电子商务治理的主体，即监管主体，明确监管主体能解决"谁来监管"的问题。根据我国《电子商务法》的要求，我国要建立符合电子商务特点的协同管理体系，形成有关部门、电子商务行业组织、电子商务经营者、消费者等共同参与的电子商务市场监管模式。

（1）政府。

政府监管也被称为"政府规制"或"政府管制"，是指在市场经济条件下，政府为实现和保障公共政策的落实，对微观经济主体进行规范与制约，以达到规范市场、维护权益的目的。政府是最重要的电子商务治理主体，利用政府监管，能够降低电子商务市场的信息不对称程度。《网络交易管理办法》总则提到立法目的"规范网络商品交易及有关服务，保护消费者和经营者的合法权益，促进网络经济持续健康发展"，从中可以看出，政府监管电子商务领域的目的在于防止市场失灵，维护市场规则和公共利益，从而建造一个法律健全、良好有序的电子商务环境，实现公平正义。

目前，我国基本建立了健全的电子商务交易监管体制，政府监管机构从中央到地方形成完整的体系，中央人民政府负责监管电子商务相关业务的主要部门有 11 个，即商务部、工业和信息化部、公安部、文化和旅游部、财政部、国家税务总局、国家市场监督管理总局、海关总署、中国人民银行、中国银行保险监督管理委员会等。

其中，商务部负责拟订国内外贸易和国际经济合作领域电子商务相关标准、规则，组织和参与电子商务规则和标准的对外谈判、磋商和交流，推动电子商务的运用；工业和信息化部负责指导监督政府部门、重点行业的重要信息系统与基础信息网络的安全保障；公安部着重查处各种破坏网络安全和扰乱社会秩序的违法犯罪行为；中国人民银行对电子商务交易支付进行监管；国家新闻出版署负责对互联网出版、数字出版活动进行监管，组织查处互联网出版的违法违规行为；等等。

我国地方各级人民政府也建立了与中央人民政府相对应的监管机构，其职权划分与中央人民政府机构相同或相似，地方人民政府的监管对建立和维护我国网络商品交易秩序起到了十分重要的作用。

（2）行业协会。

行业协会也是我国电子商务监管的重要主体。行业协会是指介于政府与企业之间，商品生产者与经营者之间，并为其服务、咨询、沟通、监督、公正、自律、协调的民间性、非营利性社会中介组织。电子商务治理的共治理念，强调除了政府监管，行业协会也需要发挥自律功能，从而实现政府治理和社会调节、居民自治之间的良性互动，夯实基层社会的治理基础。行业协会有利于加强行业自律，推动生产企业、网络商品经营者自觉履行商品质量保障义务。支持地方行业协会建立地方产业质量标准，并将贯标工作作为企业品控能力建设的基础性工程，建立健全技术、专利、标准协同机制，开展对标达标活动，提高商品质量水平。

我国电子商务领域包括中国互联网协会、中国消费者协会以及大量地方性行业协会，这些行业协会应在电子商务监管中发挥自己的优势，如中国消费者协会倡导理性消费，中国互联网协会加强行业自律，第三方认证及检验检测等机构加强对电子商务安全治理领域的监督。

（3）电子商务经营者。

电子商务经营者作为电子商务市场交易中的经营主体，是被监管的对象，同时，在协同治理体系中又具有重要的监管地位和作用，这是我国电子商务法的特色之一。在我国，电子商务交易在很大程度上通过平台实现，电子商务平台经营者在互联网上进行经营活动，其通过制定和实施的交易规则，获得了事实上的规范平台上的电子商务活动的管理权。电子商务交易平台经营者作为经营者的一种类型，既是电子商务交易市场监管中的被监管对象，也是依法对平台内经营者进行监督管理的监管主体。

《电子商务法》规定的电子商务经营者参与电子商务市场治理体系，主要体现为电子商务平台经营者作为监管主体，承担相应的监督管理职责。电子商务平台经营者通过制定和实施平台内网络交易规则和信用管理制度，实现电子商务交易当事人的自我管理和自我约束。

（4）消费者。

互联网使得消费者的意见得以公开表达，拓宽了消费者的监督渠道，与传统的利用报纸、广播监督相比，消费者利用互联网监督在我国电子商务发展过程中发挥的作用和影响力更大。其主要特点如下。

① 监督主体广泛。网络信息的开放流动和实时共享使得消费者可以随时关注热点事件，自由表达观点并与他人互动交流，真正成为网络舆论监督中的主体。

② 监督渠道多元化。最高人民法院、国家监察管理委员会等官方监督平台建立了网络举报平台和官方网站；人民日报、南方日报等党委机关报陆续开通新浪微博账号，打造手机新闻客户端，借由网络平台使公众能够发声，媒体的全方位监督对我国电子商务的健康有序发展起到了重

要作用。

③ 监督实时高效。网络传播的突出特点就是实时，消费者可以在任意时间、地点，通过网络举报不当言行，或对热点事件发表看法。由于网络的匿名性，消费者能在网络中真实、自由地发表意见，更具真实性。不同于上访、来信案件等须经层层办理，耗费大量人力物力，网民在网络平台中公开发布的信息对所有网民可见，尤其是针对关乎公众利益的社会公共事务发表的意见，能迅速形成舆论，有利于相关部门尽快做出回应。

2. 电子商务治理及监管模式的特点

从《电子商务法》的规定以及市场监管实践看，我国电子商务治理及监管体系由政府机构和社会机构组成。政府机构即我国电子商务监管主体中的政府部分，社会机构即我国电子商务监管主体中的行业协会等民间组织。目前，我国电子商务治理及监管主体之间呈协同治理模式，我国电子商务治理及监管模式具有以下特点。

（1）多元共治。

电子商务主体之间的"多元共治"是指由多方利益主体共同参与电子商务市场交易治理。按照《电子商务法》的规定，电子商务市场监管协同管理体系中，参与市场治理的主体主要包括政府有关部门、行业协会、电子商务经营者、消费者等，不是单一的政府监管。

（2）分工协作。

电子商务市场治理体系的各主体之间，为了实现共同的目标积极互动，按照各自的分工，承担不同的管理职责，并进行信息、资源之间的相互协作，以实现电子商务监管多元共治的目标。例如，在实践中，一些大型电子商务平台和有关政府部门进行合作，通过一定的技术手段和信息共享对电子商务中的售假行为予以打击等。

（3）政府主导。

在协同治理模式下，政府虽然不是唯一的责任主体，但仍然处于中心位置。这是因为，政府是法律制度和规则的制定者和执行者，具有其他参与主体所不具备的权威性和强制性。政府具有发动和推动其他主体参与治理的独特作用，我国电子商务的健康可持续发展依赖于政府在规范和监管方面发挥积极作用。因此，就现实情形而言，《电子商务法》规定，在建立符合电子商务特点的协同管理体系中，政府在该体系的构建以及运行中居于主导地位。

8.1.2　电子商务治理及监管的客体与范围

1. 电子商务治理及监管的客体

电子商务治理及监管的客体，又称电子商务监管对象，明确监管对象能解决"监管谁"的问题。我国电子商务监管对象是指从事电子商务交易的企业组织或个人，即电子商务经营者。

依据《电子商务法》第九条规定，电子商务经营者包括三种不同类型，即电子商务平台经营者、平台内经营者和其他电子商务经营者。所以，电子商务治理客体主要由三个方面构成。

（1）电子商务平台经营者。

电子商务平台经营者是电子商务平台的所有者。电子商务平台是从事电子商务活动的网络信息网站，依照《民法典》的规定，其基本属性为虚拟不动产，是虚拟财产所有权的客体。电子商务平台经营者对电子商务平台具有占有权、使用权、处置权，并从中获益。

知识拓展 8-2

关于电子商务平台经营者的相关知识，请扫描二维码阅读。

知识拓展 8-2

（2）平台内经营者。

平台内经营者是利用电子商务平台进行交易活动的经营者。电子商务平台不属于平台内经营者所有，平台内经营者只有通过与电子商务平台经营者订立服务合同，取得电子商务平台的部分虚拟空间（网络店铺）的占有权、使用权，才能在电子商务平台上进行交易活动。平台内经营者不是通过占有平台空间获得利益，而是通过利用电子商务平台的空间进行经营活动，通过经营活动获得利益。

知识拓展 8-3

关于电子商务平台内经营者的相关知识，请扫描二维码阅读。

知识拓展 8-3

（3）其他电子商务经营者。

其他电子商务经营者，是指除了电子商务平台经营者和平台内经营者，通过自建网站、其他网络服务销售商品或者提供服务的电子商务经营者。《电子商务法》对这种电子商务经营者，未进行明确界定。

知识拓展 8-4

关于其他电子商务经营者的相关知识，请扫描二维码阅读。

知识拓展 8-4

2. 电子商务治理及监管的范围

（1）对电子商务经营者的准入许可监管。

工商执法部门根据相关法律法规，对符合登记条件的电子商务经营主体办理准入登记，通过评审，对符合条件的经营者发放纸质营业执照和电子营业执照，并对相关网站或网页办理身份认证手续，粘贴相关标志和显示登记信息，对违反准入许可的行为，按有关法律法规予以查处。

（2）对电子商务客体的监管。

工商行政管理机关对电子商务客体的监管，主要包括对特许经营商品及服务准入监管以及网上交易商品质量监管两个方面。对特许经营商品及服务准入的监管，要求取得营业执照的经营者必须在核定的经营范围内依法经营，其中需要经过新闻、出版、教育、卫生、药品监督管理、工商行政管理、公安等部门专项审批方可经营的商品与服务必须按规定进行审批，经营者只有取得相关行业许可证后方可从事网上经营活动，负责审批的部门在各自职责范围内依法对互联网信息内容实施监督管理，对网上交易商品的质量进行管理，以维护消费者的合法权益。

（3）对电子商务经营行为的监管。

工商行政管理机关以《商标法》《广告法》《反不正当竞争法》《消费者权益保护法》《民法典》为执法基础，对侵犯企业名誉、商标专用权、无照经营、虚假广告宣传、利用网站开展传销以及销售假冒伪劣商品等违法行为进行查处。

（4）对电子合同的监督管理。

签订电子合同是电子商务最基础的环节。在电子商务中，交易双方通过电子商务系统进行网上谈判，并将商谈结果形成电子文件，明确双方各自的权利、义务和责任，以电子数据交换或数字签名签约形成电子合同。

《民法典》将电子合同纳入法律调整范围。在电子商务飞速发展的形势下，《民法典》在制定时已考虑电子合同这种新形式，并对电子合同的主体、形式、形成条件、管辖权、电子签名的法律地位等有明确规定。工商行政管理机关根据《民法典》对电子合同进行监管。在《民法典》中，市场监督管理部门享有"依法组织实施合同行政监管""对利用合同的违法行为负责监督处理""查处合同欺诈等违法行为"的监管职责。市场监督管理部门应认真研究《民法典》，认真研究掌握电子信息技术，熟悉电子合同的形态及形成过程，以电子合同为切入口，切实有效地实施对电子商务的监管。

（5）对知识产权的保护。

电子商务中涉及的知识产权保护比较广泛，如专利权、著作权、版权等，分别由相关部门进行监管。其中市场监督管理部门主要对企业名称、字号专有权以及商标专用权进行保护，查处网站名称或中文域名造成的侵权行为。

（6）对消费者权益的保护。

保护消费者的合法权益是市场监督管理部门的重要职责，在电子商务中对消费者权益实施保护主要需做好以下四个方面的工作：第一，做好消费者隐私权的保护工作；第二，做好有偿使用电子邮箱的消费者的权益保护工作；第三，注重查处交易过程中侵害消费者权益的各种违法行为；第四，做好在电子商务中所涉及的网站、网上广告发布者、商品提供者、网上经营者、货物配送机构及交易流程各环节的监督管理工作，明确责任，以便在消费纠纷产生时，依法予以追究。

电子商务的发展迫切要求政府积极应对电子商务监管的问题，积极探索监管手段和方法，打破电子商务监管限制，开辟全新的监管服务领域，发挥政府在保障电子商务健康发展中的作用，拓宽电子商务领域，规范电子商务交易行为，推进电子商务发展，为电子商务营造便利、安全、放心的网络消费环境，满足电子商务的需要，使电子商务各方的合法权益得到切实保护。

知识拓展 8-5

关于《电子商务法》的相关内容，请扫描二维码阅读。

知识拓展 8-5

8.1.3 电子商务治理及监管的措施

1. 构建缜密协同的法制体系

① 重视软法建设，建立软法硬法协同共治体系。网络软法既包括国家法律法规中的宣示性条款，也包括网络社会组织、行业协会和企业制定的公约、守则、倡议、协议等内容。

② 加强立法工作，健全网络平台治理法律体系。构建科学完善的网络平台治理法律体系是推进网络平台权力治理法治化的基本前提。

③ 强化法律梳理整合力度，破解法律内容冲突。

④ 细化法律规定，推进法律制度协同配套。要增强现有网络法律的执行性和可操作性，减少原则性规定，出台相应的司法解释和配套措施。

2. 重塑平台时代的法律关系

网络平台权力主体的私有化特征不仅放大了权力运行的失范风险，也使公私主体在网络治理过程中的权力博弈成为现实，而不同属性权力运行边界的模糊，使公私主体在网络空间的博弈更加复杂，给网络空间的法治实践带来一定限制。因此，要不断重塑公权力与网络平台权力的关系结构，不断明晰不同权力的运行边界，使不同权力运行轨道清晰、秩序稳定。

3. 创新权力运行的规制机制

规范平台授权，保障网络平台权力合法性。网络平台权力具有极强的准公共性，其权力规制也必须与国家公权力一样置于法治范畴，通过科学的授权机制设计，明确权力行使的相关要求。具体而言，就是要建立科学的网络平台权力授予机制，明确网络平台权力必须要有法律明文规定方可授予，且需经过一定的授权程序。

4. 营建良性的网络法治生态

依照法治国家、法治社会的建设要求，抓住网络空间法治文化培育的主线，为推进网络平台权力法治化治理塑造良好的文化氛围。在加大互联网内容治理力度的基础上，推进互联网内容供给侧改革，既注重网络内容存量治理，又突出增量强化，将社会主义核心价值观融入网络空间法治文化建设，从源头上引导网络内容生产和传播活动合乎法治要求，为网络平台权力运行营建良好的法治文化氛围。

5. 促进电子商务迈向数字经济

数字经济也被称为互联网经济、新经济和网络经济，是信息科技发展的产物，数字经济通过将知识和信息数字化，从而实现资源的快速优化配置和再生。数字经济发展的动力来自市场，政府需要认清自己的定位，为数字经济的发展提供良好的环境。在数字经济背景下，政府需要提升自己的数字治理能力。政府要制定良好的顶层设计，为数字经济发展规划好战略，提升政策的协同配套能力，推动形成支持数字经济发展的长效机制。政府要维护市场秩序，营造公平竞争的市场氛围。建立健全法律法规，完善反垄断、知识产权保护、隐私保护等相关法律，加强对创新成果的保护，全面提高数字治理能力。

8.2 电子商务秩序及法律规制

电子商务需要一个良好的秩序以保证其高质量发展，其中包括规范平台经济与反垄断规制、识别不正当竞争及对产品质量进行公法制裁，同时也需要关注网络交易规范。本节将围绕电子商务所涉及的法律责任与治理进行综合介绍。

8.2.1 平台经济与反垄断

1. 平台经济概述

平台经济指的是采用互联网信息技术手段搭建虚拟或真实的交易场所，以促成双方或多方交易并从中获取利润的新经济模式。正是互联网技术的高速、平稳发展促使全球产业组织发生深刻变革，而平台作为新的组织形式，逐渐被应用于各个商业领域，平台经济由此兴起。

相对于个体经济而言，平台经济在降低交易成本、扩大市场规模、提高经济效益、深化社会分工、培育经济发展新动能等方面发挥了积极的作用。尤其是在鼓励创新导向的政策环境背景下，互联网平台经济高速增长，平台公司通过技术创新在通信、社交、教育、购物、出行等社会生活的多个方面给消费者提供了更便利的服务体验，吸引并巩固了庞大的用户群体，使市场份额不断扩大，同时也吸引了更多人成为平台上的创业者，创造了较大的社会价值。

2. 反垄断规制

反垄断规制并不是反对企业做大做强，反垄断的目的在于预防和制止垄断行为，维护公平、合理的市场竞争秩序。这样说的原因如下。

① 《反垄断法》并不反对、更不禁止平台经济合法取得市场支配地位，只是禁止滥用市场支配地位，排除、限制竞争，阻碍技术进步，损害消费者和其他经营者的合法权益的行为。

② 关于对经营者的控制和审查，《反垄断法》强调既要防止经营者过度集中，形成垄断，又要有利于国内企业通过依法兼并做大做强，发展规模经济，提高产业集中度。《反垄断法》明确规定：经营者可以通过公平竞争、自愿联合，依法实施集中，扩大经营规模，提高市场竞争能力；国务院反垄断执法机构对具有或者可能具有排除、限制竞争效果的经营者集中，应当予以禁止，但是，如果经营者能够证明，集中对竞争产生的有利影响明显大于不利影响或者符合社会公共利益，国务院反垄断执法机构可以对该项经营者集中作出不予禁止的决定。

③ 《反垄断法》在禁止垄断协议的同时，对中小经营者为提高经营效率、增强竞争力所达成的协议不予禁止。

除此之外，我们还应该看到，以《反垄断法》规范互联网企业垄断行为，有利于加快推进互联网企业的金融监管和资本监管立法，能够有序引导金融资本投资互联网企业，并防范互联网金融无序发展可能引发的系统性风险。

3. 平台经济反垄断

公平竞争是平台经济持续健康发展的重要前提，关键要通过立法强化反垄断和防止资本无序扩张。平台经济与传统经济的运营模式有很大不同，政府需要根据平台经济的特点重新界定垄断的内涵，厘清法律边界，细化反垄断制度，制定符合平台经济运行规律的法律指南，增强《反垄断法》的可操作性。

反垄断不是单纯的拆分而是有效的监管，只有当资金和技术集中到相当高的程度时才能发生规模效应，以数据和流量为基础的互联网企业更是如此。相关部门针对平台经济，不能搞"一刀切"，需要协调竞争与垄断的关系，避免"一抓就死，一放就乱"。政府应在保证经济效率和公平竞争的前提下，结合行业特点，找到市场规模的均衡点，对平台经济的垄断行为进行有效监管，为互联网企业提供有序的竞争环境，鼓励它们进行技术创新与科技研发，提高平台经济的核心竞争力。互联网企业也要按照法规要求，加强反垄断合规工作，定期开展反垄断合规自查，梳理自身经营行为，果断停止任何限制市场竞争、侵犯消费者合法权益的垄断行为。

知识拓展 8-6

关于《中华人民共和国反垄断法》的相关内容，请扫描二维码阅读。

知识拓展 8-6

8.2.2　不正当竞争及产品质量的公法制裁

1. 网络不正当竞争概述

（1）网络不正当竞争的定义。

网络不正当竞争与传统不正当竞争相比，有其独特的表现形式，包括域名竞争、网络链接和恶意攻击等内容，涉及的市场主体较多、波及范围较广，侵权行为较为复杂，具有很强的隐蔽性。从网络不正当竞争行为的表现来看，网络不正当竞争侵犯了其他经营者的合法权益，实施者往往付出较少的成本即可获得高额的利润，破坏了网络竞争秩序。

（2）网络不正当竞争的特征。

目前网络不正当竞争行为主要有以下3个特征。

第一个是在违背其他经营者意愿的前提下，通过插入链接、强制跳转到自己网站以获取不正当利益，侵犯他人合法权益。

第二个是通过诱导、欺骗等方式使消费者关闭、卸载其他经营者提供的网络产品和服务，损害了网站经营者的商业利益。

第三个是利用信息技术手段使网上售卖的产品与提供的服务不对等，如恶意捆绑软件等，从而形成不正当竞争行为，破坏有序的竞争环境，侵害消费者的知情权。

2. 产品质量的公法制裁

《产品质量法》是专门规范产品质量责任以及产品质量监督管理的法律规范。《产品质量法》与其他部门规章、规范性文件共同构成了我国产品质量法律体系。

根据全国人民代表大会常务委员会的要求，国家市场监督管理总局目前已完成《产品质量法》实施情况评估和立法调研工作，形成了《产品质量法（修订草案征求意见稿）》，明确了"三位一体"的立法定位。意见稿从经营者和监管者两方面规定了权利和义务，并加入了"质量促进"和"质量基础建设"相关的条文，最后将现行法的损害赔偿和罚则共同整合成法律责任，构成了目前的草案。从草案内容来看，"质量促进"被单独列章，突出了质量强国的国家战略，探索建立了质量奖励、质量工作考核督查的办法，对我国质量品牌提升具有重要意义。

① 条文所涉及的主体范围相对狭窄。《产品质量法（修订草案征求意见稿）》第四条、第五条明确了企业主体和政府的职责内容，第七条对产品质量社会共治进行了规定，在总则中以原则性的条款对社会参与主体提出了一定要求，故质量促进的主体也应当不限于目前草案所涉及的政府部门及企业（或个人），还应当将消费者、质量技术服务机构、社会组织等其他《产品质量法》涉及的主体包含在内，达到法律内部规制主体的一致性。

② 针对这些主体的属性确定其基本职责，划清各个主体之间的权力边界与义务，做出一般性的规定，将质量促进理念、产品质量管理等质量促进工具涵盖其中。以质量技术服务机构为例，可以利用高水平质量技术服务机构的优势参与质量文化与质量人才培养，提高第三方机构在质量促进工

作中的参与度，新增鼓励高水平质量技术服务机构在质量发展中作出贡献的相关规定。与此同时，将各主体违背具体义务的法律后果对应于第六章"法律责任"中，一方面能做到实体章节各责任主体义务与法律责任的协调统一，在立法上更具连贯性；另一方面也能通过奖罚分明的形式强调产品质量促进的重要价值。

③ 对于未来出台的质量促进法律规定，国家应配合出台保障法律实施的政策文件，如鼓励、支持的财税政策、产业政策等。虽然国务院制定的《质量发展纲要（2011—2020 年）》从六个方面对创新质量发展机制作出规定，但对于中小型企业来说，创新产品技术，建立更高水平的质量标准需要付出反复实验的成本，故而相对宽容的税收政策、灵活的产业政策等能在一定程度上激发其创造性。同时，相应的职能部门应做好监督工作。

8.2.3　网络交易规范

1. 网络交易规范的概念

网络交易规范即网规，不同于网络舆论规范、网络技术规范，特指电子商务平台上的交易规则。网规概念分为广义和狭义两种，广义上的网规指互联网领域内的交易规则，不仅包含电子商务平台自己制定的规则，还包含与网络领域相关的法律、法规、规则、规范性文件等，甚至包含网络领域的行规、商业惯例等，其外延是全部互联网商业社会规则的总和，如网络交易技术规范、网络交易舆论规范等。而狭义的网规仅指电子商务平台的自治规则，是电子商务平台建造者、使用者在电子商务交易领域内所普遍适用的一套交易规则，其大多调整电子商务平台经营者、电子商务平台内经营者、各类电子商务服务商、消费者之间的网络行为，其内容往往是在第三方电子商务平台中自发产生的，由长期电子商务交易习惯逐渐演变而来的，在现有法律法规的框架内，电子商务平台与平台用户共同制定的一种内生性行为规则。

2. 网络交易规范的内容

目前，我国网络交易规范的主要内容包括以下四个方面。

① 准入规则，是出于国家法律法规的要求，维护消费者合法权益和平台运营需要，针对某个行业或特定市场制定的准许进入网络交易平台进行经营的规则。

② 交易规则，是针对交易流程、交易时限、交易资金、交易争议等进行说明、管理的相关规则。

③ 营销规则，是日常及大型营销活动的管理规则，包括商家参加活动的基础门槛规则，商家/商品筛选规则、页面展示规则、消费者参加活动规则及活动对页面展示的要求等。

④ 处罚规则，是通过对商品、流量、店铺等的调控，对用户行为进行管理的规则。

在上述规则中，各交易网站都突出处罚规则的地位，以加强对网络交易的管理。通常将网络交易中的违规行为划分为安全型违规行为、平台秩序型违规行为和合约型违规行为，根据违规行为的程度，分别给予店铺屏蔽、经营和关闭店铺等处罚措施，以加强对交易平台秩序的管理，实现交易安全。

8.3 电子商务生态治理

8.3.1 电子商务生态

1. 网络社会

（1）网络社会的内涵。

社会具有丰富的外延，当以"网络"为限定词时，其内涵也发生了质的转变。理论界对网络社会的认知也未达成统一的意见，从而产生了两大主流认识形态。

① 网络社会是一种全新的社会形态。其是由传统农业社会过渡到工业社会，再度延伸发展而成的。网络社会通过电子技术来寻找新的发展契机，并且通过互联网的技术支持，将散状的点连接起来，在此背景下，信息能够被有效、迅速地传播利用，由点及面地辐射互动起来，这种全新的社会形态进一步革新了物质生产方式，信息时代、简政放权、思想开放成为网络社会的新标签。

② 网络社会是现实社会对应转换的一种形态。即将"社会"划分为线上和线下两个分支，线上依托于线下，线下反馈到线上，网络社会与现实社会具有一定的交叉，并非绝对独立存在。这种观点强调网络社会存在于由互联网技术所构建的特殊信息空间，在此空间中，信息的交互加强了网络社会和现实社会的联系。所以，实时的信息交互让网络社会与现实社会保持同步发展的节奏，这也就难以将其拆分成独立个体，两者的共生共融关系推动着社会向前发展。

（2）网络社会的特征。

网络社会具体有以下几个特征。

第一是速递性，每个使用网络的个体都是一个网络节点，信息在网络节点之间进行传递的时间几乎可以忽略不计，在网络情况正常的前提下，人与人之间可以达到即时沟通。

第二是广泛性，互联网所覆盖的范围非常广，人们传播信息的成本也很低，导致信息能够以很高的速率被扩散。

第三是缓冲性，网络社会的交流不是面对面的交流，接收终端与个体的人之间尚有一定间隔，具有无需即刻反馈的条件和理由。

第四是存储性，人们在网络社会中的言行以及在网络社会中的活动都可以存储在终端本地或者服务器云端，供人们回顾寻找。

第五是把关性，基于缓冲性存在的间隔条件，网络社会可以从终端把关过后的部分信息。

2. 网络社区

（1）网络社区的定义。

网络社区的发展和扩大形成了具有共同归属感的新的社会联合体和社会结构。网络社区的出现，拓宽了人类生活的空间。网络社区的存在表现在一定规模的、人与人之间的互动模式和社会关系上。

这种特定的网上互动模式和社会关系有别于现实社会，并有其独特的形式和功用。

网络社区随着人类社会的发展出现在网络社会中，指在互联网上"某个区域"共同活动的若干人类群体。所谓网络社区，是指一群拥有特别兴趣、喜好、经验的人，或是学有专精的专业人士，通过各种形式的电子网络以及电子邮件、新闻群组、聊天室或论坛等方式进行沟通、交流、分享信息，由于这种社区不需要固定的聚会时间及实体的聚会地点，而是建构在虚拟的网络环境下，因此被称为网络社区，或在线社区。

（2）网络社区的构成要素与表现。

社会学研究揭示的社区的基本特质是：一定的空间（地域）、一定的人群以及相应的组织或团体、公众的参与和某些共同的意识与文化。"社区"作为一种社会实存的特质，在网络社会中得到了相应的表现。

① 网络社区是一个空间单位。

② 网络社区中存在着一定的人群。

③ 网络社区内人与人、人与群体、群体与群体的互动，表现为合作、竞争、同化、冲突、适应等各种形式。

④ 网络社区内有相应的组织对社区进行管理，同时，该组织为社区居民提供服务，以满足社区居民的基本需要。

总之，网络社区是有一定"电子边疆"，并有一定数量的网络行动者持续互动的社会系统。如果网络社区能充分保持这一基本特性，则虚拟的网络社区就是一种社会实存。

（3）网络社区的特点。

网络社区具有以下四个方面的特点。

① 必须以互联网作为传播的媒介。

② 成员通过网络社区能共享信息与沟通。

③ 成员能通过网络社区满足社会生活的需要。

④ 成员对网络社区有一定的归属感。

3. 网络意识形态与网络舆情

（1）网络意识形态。

随着互联网技术的不断提高，网络已经融入人们的日常生活，互联网成为人们在日常生活中重要的交流沟通工具，网络空间同现实社会的联系也越发紧密。随着网络信息技术日益融入人们的日常生活中，网络意识形态安全与国家政权安全也息息相关。做好网络意识形态安全工作不仅有利于凝聚正能量、弘扬优秀思想文化，还有利于促进主流意识形态健康发展、保证国家安全和政权稳定。目前网络意识形态主要面临以下挑战。

① 不同国家之间的意识形态斗争日益激烈。互联网的开放性为信息传播提供了更加便捷的渠道。网络使文化传播冲破了地区之间、国家之间的障碍，有利于不同国家和地区的文化交流传播。

但由于网络信息具有多元性、开放性、易获取等特点，各个国家的社会思潮和价值理念都可以轻易地通过互联网向其他国家传播，在这种情况下，一个国家的主流意识形态便极易受到其他国家的思潮和价值理念的影响。在互联网时代，西方国家往往借着文化交流传播的名义，通过网络向我国输入其价值观，对我国主流意识形态产生不良影响。

② 关键核心的网络技术发展较缓慢。国际互联网是从 20 世纪 90 年代初进入中国的，尽管我国在网络方面的研究与应用起步晚，却取得了长足的发展，涌现出了一大批知名网络企业，在很多技术上取得了突破。但和有些国家相比，我们在关键核心的网络技术方面还有待加强，这也给网络意识形态的治理带来了挑战。

③ 敌对分裂势力对网络意识形态的侵蚀。网络意识形态安全与国家的安全和稳定紧密相连，国家之间的竞争已经转为意识形态领域的较量。

（2）网络舆情。

随着不断改变的社会环境，日益提升的还有新媒体的影响力。目前媒体分为两大类，一类就是纸媒、新闻官网等，这类为传统媒体；而另一类则是以新浪、腾讯、快手等为代表的新媒体，人们可以在新媒体上自由发声。新媒体极大地改变了人们获取信息的习惯、表达观点的方式。由此可知，网络舆情是在一定范围和时期内影响民众对事物的认知和态度，并形成具有一定影响力的意见。网络舆情一般具有以下特征。

① 实时性和自由性。传播载体使得网络舆情具有实时性、自由性的属性。互联网可以使人们自由地参与社会公共事务，它对传统的新闻模式和传播方式有着巨大的冲击力。人们可以利用手机进行沟通交流，也可自由地在微博、微信等平台上发表对热点事件、公共事件的看法、意见，这些看法和意见也会立即在网络上汇聚，大大加快了网络舆情的生成及其传播速度。

② 多元性和多样性。在内容表达上，网络舆情还具有多元性、多样性的特点。因为网络舆情可涉及方方面面，如国内外重大事件、政府新制定的政策法规、官员违法违纪行为、自然灾害等。

③ 虚拟性和现实性。在网络中，很难对每个人进行监管，在网络世界里，个人可以虚拟信息，可以自由发表自己的言论、观点或情绪，这使得网络舆情具有虚拟性。但是，这也同样可以折射出现实中的矛盾、民众的真实需求、社会存在的问题，所以网络舆情不仅具有虚拟性，还是现实社会在网络上的反映。

④ 随时性和自发性。网络具有自由性，这也使得网络舆情带有自发性。一个事件的发布由个人自发而成，不受空间、时间的限制，随时可以通过网络传播，在这个过程中，人们会对事件的起因、经过进行了解和分析，并进行评论，观点汇聚后开始形成舆论，产生很大影响。

8.3.2　电子商务生态治理的法律法规

1. 电子商务信息发布的法律法规

电子商务信息发布人员需要充分认识规范电子商务信息传播秩序的重要性，坚持正确的法律引导方向、舆论导向和价值取向，而监管人员则要对电子商务相关业务、内容进行拉网式排查，做到信息发布全覆盖、环节无死角。

要维护电子商务信息发布的安全，依法办网是核心。随着互联网的不断普及，网络日益与人们的学习、工作、生活融合在了一起。要维护网络安全，电子商务相关部门就应在技术上下功夫，提升网络安全的底数。从事电子商务的相关企业必须承担起社会责任，不给虚假、非法信息传播留空间，把好第一道关。

要维护电子商务信息发布的安全，依法上网不可缺。网络安全为人民，网络安全靠人民。维护网络安全是全社会的共同责任，离不开广大网民的积极参与。若人人都树立正确的网络安全观，自觉承担起维护网络安全的相应责任，则使网络空间更加清朗，电子商务信息发布的真实性也将得以提升。

2. 电子商务个人信息保护的法律法规

我国虽然还未发布成熟的电子商务个人信息保护法，但可以从四个方面来考虑立法。

（1）完整规范的隐私政策，让用户充分享有知情权。

《信息安全技术　个人信息安全规范》详细规定了隐私政策应包含的内容。一个好的隐私政策可以回答用户关注的问题，如该电子商务设计的类型、收集信息的目的、需要申请哪些权限、申请权限的目的、个人信息的使用范围、能否注销账户、注销账户后个人信息的处理方式、用户的权利及实现路径、投诉建议的渠道等。隐私政策是电子商务运营者制定的个人信息收集、使用、处理等全生命周期的规则，是运营者保护用户个人信息、尊重公民个人隐私的宣言，它不仅是企业要遵守的法律法规，还体现了企业的责任担当。

（2）收集个人信息应遵循最小必要原则，并征得用户同意。

用户个人信息一旦以电子数据的形式提交，用户对个人信息的使用、流转、删除等将难以追溯，个人信息的收集环节是个人信息生命周期的起点，是个人信息保护的重要一环。收集个人信息的方式有两种：一种是用户主动填写个人信息，另一种是通过权限自动化收集个人信息。收集的个人信息应为实现该业务功能所必需的最小集，不能把多个业务功能捆绑，要求用户全部同意。通过权限获取的个人信息，仅应在使用相关业务功能时才能申请使用，且通过权限收集个人信息的频率应为满足业务需求的最小频率。在收集个人信息时，应明确告知收集信息的目的，并征得用户同意；在收集身份证号码、身份证照片、银行卡号等个人敏感信息时要征得用户的明示同意；在收集人脸、指纹、声纹等生物特征信息时，应单独告知收集、使用个人生物识别信息的目的、方式和范围，以及存储时间等规则，并征得个人信息主体的明示同意。

（3）规范个人信息的使用、委托处理、共享、转让和公开披露行为，与隐私政策的声明保持一致。

在个人信息的使用、委托处理、共享、转让和公开披露等处理环节，个人信息大都在服务端后台进行处理，用户无法明确感知个人信息是如何被处理使用的。电子商务相关企业在使用个人信息时，应在确保个人信息不被非法窃取和非授权滥用的基础上，严格按照隐私政策声明的收集目的，控制个人信息的使用范围，规范用户画像及基于用户画像的个性化推荐行为，允许用户进行自主选择。另外，需要对个人信息进行委托处理、共享、转让和公开披露的，应按照隐私政策声明的方式进行处理。只有电子商务相关企业做到安全、规范地使用个人信息，做到言行一致，用户才会放心地将个人信息上传提交。

（4）用户具有对个人信息进行查询、更正、删除、注销账号等主体权利。

用户将个人信息提交后，用户的主体权利要得到充分保障，电子商务相关企业在隐私政策中要告知实现以上用户主体权利的途径，提供投诉建议的渠道，并能够实际提供相应的服务。在这些主体权利里，要重点提及的是用户注销账号的权利。一方面，电子商务相关企业应提供便捷的注销账号的方式，不应给注销账号设置不合理的条件。另一方面，在注销账号后，应及时删除个人信息或进行匿名化处理。目前，很多电子商务企业在收到用户申请删除账号时，只是在后台将该用户做删除标记，并未真正删除用户的个人信息或对用户的个人信息进行匿名化处理。通过保留的用户个人信息仍可追溯到个人，这实际上已经侵犯了用户的合法权益。

3. 电子商务网络安全的法律法规

《网络安全法》第七条规定：国家积极开展网络空间治理、网络技术研发和标准制定、打击网络违法犯罪等方面的国际交流与合作，推动构建和平、安全、开放、合作的网络空间，建立多边、民主、透明的网络治理体系。

第十条规定：建设、运营网络或者通过网络提供服务，应当依照法律、行政法规的规定和国家标准的强制性要求，采取技术措施和其他必要措施，保障网络安全、稳定运行，有效应对网络安全事件，防范网络违法犯罪活动，维护网络数据的完整性、保密性和可用性。

第二十七条规定：任何个人和组织不得从事非法侵入他人网络、干扰他人网络正常功能、窃取网络数据等危害网络安全的活动；不得提供专门用于从事侵入网络、干扰网络正常功能及防护措施、窃取网络数据等危害网络安全活动的程序、工具；明知他人从事危害网络安全的活动的，不得为其提供技术支持、广告推广、支付结算等帮助。

第四十一条规定：网络运营者收集、使用个人信息，应当遵循合法、正当、必要的原则，公开收集、使用规则，明示收集、使用信息的目的、方式和范围，并经被收集者同意。

网络运营者不得收集与其提供的服务无关的个人信息，不得违反法律、行政法规的规定和双方的约定收集、使用个人信息，并应当依照法律、行政法规的规定和与用户的约定，处理其保存的个人信息。

8.3.3 电子商务发展的促进

1. 促进电子商务发展的重要性

电子商务是国民经济和社会信息化的重要组成部分。发展电子商务是转变经济增长方式，提高国民经济运行质量和效率，实现国家高速发展的必要手段，对实现我国经济社会发展具有十分重要的意义。近年来，随着信息技术的发展和普及，我国电子商务快速发展，但与发达国家相比，我国电子商务还有一定的提升空间，促进电子商务发展的法律法规急需完善。

第一，推进电子商务有利于促进我国产业结构调整，推动经济增长方式由粗放型向集约型转变，有利于提高国民经济运行质量和效率，形成国民经济发展的新动力，实现经济社会的全面协调可持续发展。

第二，加快电子商务发展是应对经济全球化挑战、把握发展主动权、提高国际竞争力的必然选择，有利于提升我国在全球范围内配置资源的能力，提升我国的国际地位。

第三，推广电子商务应用是完善我国社会主义市场经济体制的有效措施，将有力促进商品和各种要素的流动，消除妨碍公平竞争的制约因素，降低交易成本，推动全国统一市场的形成与完善，更好地实现市场对资源的基础性配置作用。

2. 促进电子商务产业发展的法律法规

《电子商务法》第六十六条规定：国家推动电子商务基础设施和物流网络建设，完善电子商务统计制度，加强电子商务标准体系建设。

第六十七条规定：国家推动电子商务在国民经济各个领域的应用，支持电子商务与各产业融合发展。

第六十八条规定：国家促进农业生产、加工、流通等环节的互联网技术应用，鼓励各类社会资源加强合作，促进农村电子商务发展，发挥电子商务在精准扶贫中的作用。

第七十条规定：国家支持依法设立的信用评价机构开展电子商务信用评价，向社会提供电子商务信用评价服务。

第七十一条规定：国家促进跨境电子商务发展，建立健全适应跨境电子商务特点的海关、税收、进出境检验检疫、支付结算等管理制度，提高跨境电子商务各环节便利化水平，支持跨境电子商务平台经营者等为跨境电子商务提供仓储物流、报关、报检等服务。国家支持小型微型企业从事跨境电子商务。

第七十二条规定：国家进出口管理部门应当推进跨境电子商务海关申报、纳税、检验检疫等环节的综合服务和监管体系建设，优化监管流程，推动实现信息共享、监管互认、执法互助，提高跨境电子商务服务和监管效率。跨境电子商务经营者可以凭电子单证向国家进出口管理部门办理有关手续。

3. 电子商务技术创新的法律法规

（1）电子商务技术的定义。

电子商务技术是利用计算机技术、网络技术和远程通信技术，实现整个商务（买卖）过程中的电子化、数字化和网络化。电子商务技术有着更宽松的环境、更广阔的市场、实现真正供销一体化的特点。电子商务技术可分为 Web 浏览技术、安全技术、数据库技术、电子支付技术、网络数据通信、安全技术、电子支付技术等。

（2）电子商务技术创新的相关法律法规。

《中华人民共和国促进科技成果转化法（2015 修订）》第四章"技术权益"第四十条规定，科技成果完成单位与其他单位合作进行科技成果转化的，应当依法由合同约定该科技成果有关权益的归属。合同未作约定的，按照下列原则办理：

① 在合作转化中无新的发明创造的，该科技成果的权益，归该科技成果完成单位；

② 在合作转化中产生新的发明创造的，该新发明创造的权益归合作各方共有；

③ 对合作转化中产生的科技成果，各方都有实施该项科技成果的权利，转让该科技成果应经合作各方同意。

第四十一条规定：科技成果完成单位与其他单位合作进行科技成果转化的，合作各方应当就保守技术秘密达成协议；当事人不得违反协议或者违反权利人有关保守技术秘密的要求，披露、允许他人使用该技术。

4. 电子商务知识产权的法律法规

（1）电子商务知识产权的定义。

电子商务知识产权，又称网络知识产权，是指电子商务活动中涉及的著作权和域名知识产权。

知识拓展 8-7

关于电子商务与知识产权之间联系的相关内容和知识，请扫描二维码阅读。

知识拓展 8-7

（2）网络著作权的相关法律法规。

《中华人民共和国著作权法》第五十二条规定：有下列侵权行为的，应当根据情况，承担停止侵害、消除影响、赔礼道歉、赔偿损失等民事责任。

① 未经著作权人许可，发表其作品的；

② 未经合作作者许可，将与他人合作创作的作品当作自己单独创作的作品发表的；

③ 没有参加创作，为谋取个人名利，在他人作品上署名的；

④ 歪曲、篡改他人作品的；

⑤ 剽窃他人作品的；

⑥ 未经著作权人许可，以展览、摄制电影和以类似摄制电影的方法使用作品，或者以改编、翻译、注释等方式使用作品的，本法另有规定的除外；

⑦ 使用他人作品，应当支付报酬而未支付的；

⑧ 未经视听作品、计算机软件、录音录像制品的著作权人、表演者或者录音录像制作者许可，出租其作品或者录音录像制品的原件或者复制件的，本法另有规定的除外；

⑨ 未经出版者许可，使用其出版的图书、期刊的版式设计的；

⑩ 未经表演者许可，从现场直播或者公开传送其现场表演，或者录制其表演的；

⑪ 其他侵犯著作权以及与著作权有关的权利的行为。

（3）域名知识产权的法律法规。

《中国互联网域名管理办法》第十二条规定：申请设立域名注册服务机构的，应当具备以下条件：

① 在境内设置域名注册服务系统、注册数据库和相应的域名解析系统；

② 是依法设立的法人，该法人及其主要出资者、主要经营管理人员具有良好的信用记录；

③ 具有与从事域名注册服务相适应的场地、资金和专业人员以及符合电信管理机构要求的信息管理系统；

④ 具有进行真实身份信息核验和用户个人信息保护的能力、提供长期服务的能力及健全的服务退出机制；

⑤ 具有健全的域名注册服务管理制度和对域名注册代理机构的监督机制；

⑥ 具有健全的网络与信息安全保障措施，包括管理人员、网络与信息安全管理制度、应急处置预案和相关技术、管理措施等；

⑦ 法律、行政法规规定的其他条件。

关键术语

电子商务治理　电子商务生态治理　网络交易

基本知识与原理

1. 电子商务治理及监管的主体及其模式特点

2. 电子商务治理及监管的内容

3. 法治化的电子商务监管目标

4. 电子商务生态治理的法律责任

5. 电子商务环境的法律法规

思考与练习

一、选择题

1. 电子商务治理及监管的主体不包括（　　）。

　　A．政府　　　　　　B．普通经营者　　　C．行业协会　　　D．消费者

2. 电子商务治理及监管范围不包括（　　）。

　　A．对电子商务经营者的准入许可监管　　B．对电子商务客体的监管

　　C．对经营行为的监管　　　　　　　　　D．对电子合同的监督管理

3．网络社区的特点不包括（　　）。

　　A．它必须以互联网作为传播的媒介

　　B．它的成员通过网络社区能共享信息与沟通

　　C．它的成员能通过网络社区来满足社会生活需要

　　D．它的成员对它有一定的从属感

4．广义上的网规指互联网领域内的交易规则，包含（　　）。

　　A．电子商务平台自己规定的规则

　　B．与网络领域相关的法律、法规、规则、规范性文件等

　　C．网络领域的行规、商业惯例等

　　D．各种网络技术

5．网络舆情一般具有以下特征（　　）。

　　A．实时性和自由性　　　　　　　　B．多元性和多样性

　　C．虚拟性和现实性　　　　　　　　D．随时性和自发性

二、填空题

1．电子商务治理及监管主体的基本关系是＿＿＿＿＿、＿＿＿＿＿和＿＿＿＿＿。

2．电子商务治理及监管客体包括：＿＿＿＿＿、＿＿＿＿＿和＿＿＿＿＿。

3．电子商务治理及监管范围包括：＿＿＿＿＿、＿＿＿＿＿、＿＿＿＿＿、＿＿＿＿＿、＿＿＿＿＿和＿＿＿＿＿。

4．电子商务环境是以＿＿＿＿＿为中心的电子商务的一种基本形式。

5．电子商务交易法律法规与传统商务法律法规相比较，具有＿＿＿＿＿、＿＿＿＿＿和＿＿＿＿＿等主要特点。

三、思考题

1．论述电子商务治理及监管的相关内容。

2．论述我国电子商务治理及监管模式。

3．论述电子商务发展促进的重要性。

四、案例分析

电子商务法律责任

23岁的河北网络玩家李某是北极冰科技发展有限公司（以下简称"北极冰公司"）经营的大型多人在线收费网络游戏——"红月"的玩家。该游戏的主要产品有获得游戏时间的充值卡数种以及"生化盾牌""生命水"等虚拟装备。李某玩此游戏已有两年，在这两年里，他投入了几千个小时和上万元资金，积累和购买了几十种虚拟生化武器，这些装备使他在虚拟世界里所向披靡。2003年2月17日，当李某再次登录"红月"时，李某发现其ID中所拥有的虚拟装备不翼而飞。他随即与北极冰公司联系，但北极冰公司拒绝协助其找回所丢失的虚拟装备，声称游戏规则——"红月法规"中已有规定："玩家ID账号应由玩家自己妥善保管和维护，玩家账号被盗用期间所发

生的损失应由玩家自己负责，本公司不承担任何责任。"2003年8月，李某认为北极冰公司的行为侵犯了消费者的知情权及人身、财产安全保障权，遂向北京市朝阳区人民法院提起诉讼，请求判令被告承担损失赔偿。庭审一开始，李某就在原来索赔1万元精神损失费的基础上，又提出新要求：北极冰公司应按今年平均兑换价，或按其购买时价格赔偿其购买装备所花费的840余元；因装备丢失导致升级机会丧失，北极冰公司应给予其1 000级玩家应享有的待遇。

法院经审理认为《中华人民共和国侵权责任法》（2021年1月1日起废止）第三十六条，即互联网条款，规定：（1）网络用户、网络服务提供者利用网络侵害他人民事权益的，应当承担侵权责任；（2）网络用户利用网络服务实施侵权行为的，被侵权人有权通知网络服务提供者采取删除、屏蔽、断开链接等必要措施。网络服务提供者接到通知后未及时采取必要措施的，对损害的扩大部分与该网络用户承担连带责任；（3）网络服务提供者知道网络用户利用其网络服务侵害他人民事权益，未采取必要措施的，与该网络用户承担连带责任。

根据规定，考虑到原告是该游戏的玩家之一，被告经营网络游戏，双方形成消费者与服务者的关系。但"红月法规"不能被确认是双方之间签订的合同。由于被告无法找出原告游戏ID内装备丢失的原因，也没有证据表明原告的密码由原告的丢失承担保障不力的责任。关于丢失装备的价值，虽然虚拟装备是无形的，但并不影响虚拟物品作为无形财产的一种获得法律上的适当评价和救济。因此，最终处理结果是被告北极冰公司恢复原告李某在网络游戏"红月"中丢失的虚拟装备，并返回原告购买105张爆吉卡的价款420元，赔偿交通费等各种费用1 140元。

讨论题：

根据本案的判决依据，结合相关法律法规的规定，简述如何分析电子商务法律责任中的民事责任。

参考文献

[1] 温希波，邢志良，薛梅. 电子商务法——法律法规与案例分析（微课版）[M]. 2 版. 北京：人民邮电出版社，2021.

[2] 赵旭东. 中华人民共和国电子商务法释义与原理[M]. 北京：中国法制出版社，2018.

[3] 郭锋. 中华人民共和国电子商务法法律适用与案例指引[M]. 北京：人民法院出版社，2018.

[4] 杨立新. 电子商务法规定的电子商务交易法律关系主体及类型[N]. 山东大学学报，2019.

[5] 张楚主. 电子商务法[M]. 3 版. 北京：中国人民大学出版社，2011.

[6] 李少伟. 合同法[M]. 北京：法律出版社，2009.

[7] 朱晓娟. 电子商务法[M]. 北京：中国人民大学出版社，2019.

[8] 王庆春，王晓亮. 电子商务法律法规[M]. 北京：高等教育出版社，2018.

[9] 凌斌. 电子商务法[M]. 北京：中国人民大学出版社，2019.

[10] 吴景明.《中华人民共和国电子商务法》消费者权益保护法律制度：规则与案例[M]. 北京：中国法制出版社，2019.

[11] 法律出版社法规中心. 电子商务法规汇编[M]. 北京：法律出版社，2018.

[12] 李国旗. 电子商务法实务研究[M]. 杭州：浙江大学出版社，2015.

[13] 电子商务法起草组. 中国电子商务法律法规政策汇编[M]. 北京：中国法制出版社，2018.

[14] 宋燕妮. 中华人民共和国电子商务法精释与适用[M]. 北京：中国民主法制出版社，2018.

[15] 电子商务法起草组. 中华人民共和国电子商务法解读[M]. 北京：中国法制出版社，2018.

[16] 江平. 民商法论要[M]. 北京：中国政法大学出版社，2019.

[17] 王利民. 民商法精论[M]. 北京：商务印书馆，2018.

[18] 龙卫球. 民商法转型与再现代化[M]. 北京：北京大学出版社，2020.

[19] 吴旭华，褚霞. 中华人民共和国电子商务法：原理、实务及案例[M]. 北京：法律出版社，2019.

[20] 杨立钒，万以娴. 电子商务法与案例分析（微课版）[M]. 北京：人民邮电出版社，2019.